腮 红 猫
cyber pink cat

社交媒体深渊

批判的互联网文化与否定之力

［荷］基尔特·洛文克（Geert Lovink） 著

苏子滢 译

黄孙权 校译

重庆大学出版社

总序

腮（cyber）红（pink）猫（cat），一只被美图 App 处理过的萌宠，是网络无名的表象。我们不迷信表象之下还有真实，但求发掘表象本身的厚度和张力。

腮红猫丛书，既处理数码时代网络社会的技术物质，也分析网络文化的美学、新媒体社群关系，更是对人类纪理论之偏离和更新。"腮红猫"是当下人类生存状态的集线器。

丛书下设三个系列：

猫腻媒体：聚焦媒体理论，媒体必然包含猫腻，媒体就建立在人类的猫腻（漏洞）之上；腻作为动词也正指出人类与媒体、媒介的关系。

猫在社会：从社会学的角度回应网络社会遭遇的范式转换，试图以另类 / 另立的视角反观社会现实。社会被技术力量重新塑造，新政治、新经济、新社会亟待新的自我理解。

猫玩技术：从哲学的角度反思技术，确切说来是从技术角度反思哲学中人类中心主义和形而上的顽疾。与其说用哲学来研究技术，不如说哲学（对存在的发问）就是人与技术互动的产物。

中国美术学院 跨媒体艺术学院

网络社会研究所

目录

中译本导言

从互动到交易

基尔特·洛文克（Geert Lovink）

"当民众的注意力被琐事分散，文化生活被重新定义为循环不断的娱乐活动，当严肃的公共讨论沦为哄小孩的话，简而言之，当民众成为观众，而公共事业成为综艺表演，一个民族就处在危险的境地，文化的死亡近在眉睫。"

——尼尔·波兹曼（Neil Postman），

《娱乐至死：娱乐业时代的公共话语》（1985）

"我们需要建构一种系统化的器官学方法，来克服诸如人与机器、生机论与机械论等二分法；为此我们必须回到控制论。"

——许煜，《递归与偶然》（2019）

这是我的作品第一次被译成中文，我把这本书献给李士杰。李士杰是我在"战术媒体"领域满怀激情的台湾朋友和合作活动家，他于2019年5月因蜂窝组织炎并发症去世。在他突然离世的几天之后，英国艺术家格雷厄姆·哈伍德（Graham Harwood）在Nettime邮箱列表中写道："我不清楚李士杰那独特、古怪、有趣又宽宏大量的思维是怎么做到这一点的，但他把全世界志同道合的不合群者都聚到了一起，开展他们疯狂的项目，比如 YoHa 的兰佩杜萨塑料筏。他向我们许多人展示了全球化和跨国主义意味着什么，这与我们被加工食品灌输的支离破碎的版本很不一样。"

我第一次见到李士杰是 1998 年底初次访问台湾的时候，当时我从东京出发，和上野俊哉（Toshiya Ueno）一起旅行。后来，李士杰于 1999 年 5 月来阿姆斯特丹做了一次改变生活轨迹的重要访问，他参加了第三届"下一个五分钟"（Next Five Minutes）活动，现场激烈地讨论了文化网络内部与网络之间的动态关系、网络在科索沃战争中的作用、欧洲数字文化政策辩论、网络女权主义、流媒体技术以及新老媒体之间的战术关系，还有网络艺术原则的问题。这几次见面为我在 1999 年晚些时候更长时间地访问台湾打下了基础；那是在地震的余波中开展的一场令人感动的媒体激进主义之旅，我在《暗黑纤维》（Dark Fiber，MIT Press，2002）一书中记下了这次旅行。在我和李士杰持续二十年的友谊中，我们热烈地讨论过媒体策略，无论是当代艺术的背景，还是媒体激进主义、关于政策的焦虑、他与台湾地区文化机构的斗争、他在台湾"中央研究院"的长期参与以及台湾初创企业面临的威胁。李士杰始终坚信文化交流不仅至关重要，而且最终会形成对促进社会变革的数字技术试验持开放态度的繁荣、多样的媒体文化。

我最后一次和李士杰共事是在 2018 年 5 月，那时他又一次回到了阿姆斯特丹。他带了一小群人来参加我们网络文化研究所（INC）与阿姆斯特丹市共同组织的"飞行的钱"（Flying

Money）会议，会上处理的是加密货币的兴起以及非法资金在这个狭小却又全球化的地方流动的问题。我们提出了一个老问题：活动家、艺术家、研究者和政策制定者该怎么聚到一起做些实质性的改变，不只是见证和批评，而是采取行动来塑造一个共同的未来。我们在我的办公室里录了一段关于网络文化研究所的魔力的采访，正如李士杰在邮件中对我说的，"从关于维基百科研究的'批判观点'项目（Critical Point of View），谈到'飞行的钱'项目，它的生产与独特，谈到你创造的所有东西，以及这一切的根基和背景——阿姆斯特丹文化（数字城市、Waag 基金会、xs4all 项目）"（2018 年 5 月 25 日）。

后来，李士杰和黄孙权教授一起从事他所说的"全球文化实验室比较研究"（comparative global culture lab studies）。那段时间他们往返于台湾文化政策界和新成立的网络社会研究所（Institute of Network Society）——位于杭州的中国美术学院的一个部门——之间。他们带着一个直白的问题来到阿姆斯特丹，即除了像麻省理工学院媒体实验室（MediaLab）和电子艺术中心（Ars Electronica）这样庞大的机构以外，战术性的"文化实验室"还能是什么样子？李士杰最后参与组织的一场活动是"智慧都市网络"（Intellgent Urban Fabric）会议。他们凭着有限的资源邀请来了罗布·范·克莱恩伯格（Rob van Kranenburg，物联网理事会）和阿姆斯特丹 dyne.org 的弗雷德里科（Frederico）、贾洛米尔（Jaromil）和艾斯蓓莎（Aspasia），举办了一场关于"dowse"和"社交钱包"（social wallets）的工作坊。Seb Chan（ACMI/墨尔

本）、李士杰的世界文化入口（Culturemondo）
网络、罗布·基钦（Rob Kitchin，可编程城市
［Programmable City］）和内德·罗西特（Ned
Rossiter，悉尼）也参与了活动。格雷厄姆·哈
伍德以这段话结束了他在邮箱列表里的悼念：
"李士杰是个浪漫派，我见过他单枪匹马与世
界为敌，也有幸见过他寻遍世界，寻找爱，最
终发现它在大伙的花园里，栽培出丰盛的食物，
供养着未来。李士杰是我们的挚友和酒友，是
这个试图拆散我们的世界里的胶水。"

　　是李士杰于 2016 年中旬发起了《社交媒体
深渊：批判的互联网文化与否定之力》（Social
Media Abyss: Critical Internet Cultures and the Force
of Negation，Polity Press，2016）一书的翻译，
黄孙权教授安排了合同。我在 2015 年底写完了
手稿并寄给了李士杰。2016 年 11 月我来杭州参
加中国美术学院的网络社会大会，谈定了这件
事。活动结束后我和李士杰一起去台北参加谈话
和会议。在我的个人生活中，《社交媒体深渊》
是一本特殊的书，因为它是我 2012 年 1 月在阿
姆斯特丹从一次心脏骤停中幸存之后出版的第
一本书。救护车在我发病几分钟后就到了，附
近的 OLVG 医院采取了果断的治疗——这所医
院恰好在我出生并接受之前的心脏直视手术的
Oosterpark 医院的另一边。此后我辞掉了在阿姆
斯特丹大学媒体研究系的第二份工作，我们在法
国中部买了一栋小型避暑别墅（这篇序言是在这
里写下的）。这项研究是我在 Polity 出版社出版
的第二本书，也是我"批判性网络文化"系列的
第五本书，是我康复后三年的成果的总结。

　　本书的标题取自尼采的名言，"当你长久
地凝视深渊，深渊也凝视着你"。《社交媒体深渊》

探入了新数字常规（New Digital Normal）和生活的紧急状态之间的矛盾状况。在斯诺登事件后，人们的意识变得更警觉了——我们知道自己在受监视，同时又表现得好像这无关紧要似的继续生活。尽管脸书、谷歌和亚马逊等公司侵犯了我们的隐私，但使用社交媒体仍然是一项养成日常习惯的活动，在我们忙碌的生活中，社交媒体的使用已经转向智能手机。我们处在对成瘾的焦虑和潜意识、强迫性的使用之间。我们的拇指长了，脖子弯了；就在我们陷入只顾自己、孤独、无聊、迟钝和冷漠的技术深渊时，社会的混乱加剧了。这本书提出了这样一个战略性问题：当数字隐藏进背景之中，艺术、文化和批评将走向何方？

　　《社交媒体深渊》一书对社交媒体平台在（后）通货紧缩时期建立霸权的情况做了总结。关于乔纳森·弗兰岑和乌干达旅行见闻（以及i-network 社区的故事）的文学网络批评的章节，对于我理解广义上的数字文化至关重要，这种数字文化超出了技客（geeks）的想象力（及其批判）和科技巨头傲慢的垄断力。这本书的一篇纲领性文章是"社交媒体中的社交是什么"。本书第二部分交代了这篇文章的背景，也就是平台中对人际与社区工具的有意限制，与学术界和外界在应对这种霸权式、技术主导的"社交"方面持续的智力贫困的结合。如果社交媒体规定了我们之间的关系，那谁是我们的涂尔干或者孔德？在我们迫切需要研究"社会交往"的时候，社会学在哪里？这篇文章描述了公告栏、论坛、MOOs（mud）和邮箱列表中的虚拟社区的衰落，以及一种以个人资料为中心的网络 2.0/ 博客文化的兴起，这种文化逐渐演变为集中的社交媒体平台。为什么如今的"互联网"被简化为一系列法律"隐私"问题，被痴迷于定量分析的官僚社会科学家研究？他们的"数据主义"不情愿地——或者心甘情愿地——使人们的关注点转向了"后果"——必须对这些后果进行监管，以把那些对可能的未来的怪异、思辨性、政治和美学想象推到一边。

在过去的十年间，网络批评已经被简化为必要和没完没了的"对社交媒体的批评"。2018年底，我完成了下一个，也就是第六卷的研究，题为《注定悲伤》（*Sad by Design*），这是在特朗普当选、英国脱欧和剑桥分析公司（Cambridge Analytica）事件的余波中展开的批判性社交媒体研究的延续。从这时起，我关注的重点已经转向网络媒体和审查社会的长期影响。然而，《社交媒体深渊》一书真正的贡献在于有关"自由"的霸权、2008年后加密货币的兴起，以及数字货币和互联网收入模式的讨论的文章。在我们为数据经济传输了数十年的共同财富之后，我们能拿回一些钱吗？全球范围内对硅谷的隐形的数据提取计划的拒斥，什么时候才能产生群聚效应？正如我在书中前面的章节里所说的，自1990年代中期"自由/免费"的统治在加州建立以来，我就一直关注这个话题。程序员在完成了系统和网络维护的重要任务之后可能必须要得到报酬，但除了为数不多的几个初创企业和网络公司（dotcom）时代的创始人之外，其他人似乎都该免费为"网络财富"做贡献。这种状况被当成"不可避免的"，是全球的命运，我们别无选择。随着网络迅速发展，并变得与更大的新自由主义"流动"（precarity）的语境不可分离，矛盾开始在2008年全球金融危机之后的时代爆发——比特币正是在这个时间点开始发行的。正如不存在具有统一规则的全球金融体系，也不存在一条通向货币化和财富再分配的道路。

在有微信、淘宝和支付宝这种点对点支付系统的中国，情况可能有所不同。但也可以说这和非洲的 M-Pesa 这类移动货币转账服务、俄罗斯和欧洲部分地区的非接触式卡支付类似。不是每个人都对各种技术先锋艺术品，会议及社交媒体上关于区块链的辩论（这些讨论在初创公司和他们的"白皮书"中被正式化了）感兴趣。

从互联网作为全球工作场所的角度来看，强调实验以及它们的网络架构前提的多样性是很重要的。众筹可能和全民基本收入、分布式医疗、为自由职业者提供保险的集体基金，以及取代爱彼迎、优步这些全球垄断企业的地方合作社等试验同样重要。从去中心化网络到集中平台的转变，以及在客户（以前被称为"用户"，更少见地被称为"公民"）中实现规模经济的必要性，需要付出很高的代价：点对点交换能否继续掌控自己的金融主权，还是说我们会再次创造出银行和信用卡公司这种大型金融机构？正如美国加密工程师阿民·甘瑟尔（Enim Gun Sirer）所说："加密货币的全部用意就在于让你负责。不是州政府，不是晚登场的某个很有钱的笨蛋，不是建造巨型供暖器的人，而是你自己。"自由主义的加密宗教可能会引向一个自我中心的世界，其中缺乏足够的技术训练与在必要时采取行动的警觉性的用户，要对自己的资产负全部责任。正如 Reddit 上的一个帖子里说的："这就是加密——你是银行，这 100% 是你的错，你该研究如何安全使用这项技术。这和发展的阶段无关。你要么抓紧时间学习，要么离开。"

如果民族国家即将丧失对货币的垄断，又有谁将接管？经济衰退时这些大型商业平台会怎么办？技客们早期的科技想象力和相关的讨论令人大开眼界，它们将形塑未来几十年的讨论领域。与期货市场、外汇交易或高频交易相比，宣扬金融自治的无政府主义资本家和民粹主义右翼导师（他们同时可能也参与了拉高出货，欺骗无知的局外人）可能无足轻重，但那些利用复杂的数字货币工具转移资产以避税的企业精英呢？这与小农、店主和贸易商每天收到的小额却至关重要的支付（又被诱骗进这个或那个支付系统中）有什么关系？事实上，信息和社会关系已经深入"金融化"的过程中，这很可能有合理的原因。互联网不再是一个平行的"赛博空间"，充满被称为形象的古怪的"虚拟"生物和飞行的数据物，而是多年来协调我们经济和社会生活的不可分割的一部分。《社交媒体深渊》见证了互联网成人时代的初期，那时它的形态尚不清晰，是按照青少年古怪的梦想——它们无疑变得十分强大——设计出来的。这些梦仍未从我们的世界离开。

2019 年 8 月

鸣谢

　　《社交媒体深渊》是我从十五年前开始写作的批判性互联网文化系列丛书的第五本。这是继《无缘由的网络》（*Networks Without a Cause*, 2011 年 4 月）之后，在约翰·汤普森（John Thompson）、他的团队和审稿人的努力下，我与 Polity 出版社合作出版的第二本书。我要感谢信息科技知识创新中心（Create-IT Knowledge Centre）的负责人萨宾·奈德罗尔（Sabine Niederer）和我们的网络文化研究所（Institute of Network Culture）所在的阿姆斯特丹应用科学大学（Amsterdam University of Applied Sciences）媒体与创意产业学院院长盖莱恩·梅耶（Geleyn Meyer），他们两人都很支持我的工作。2013 年，盖莱恩·梅耶给了我把每周三天的兼职工作变成全职的机会，这意味着我与阿姆斯特丹大学（University of Amsterdam）媒介研究学院的告别，2006 年以来我一直在那里参与为期一年的新媒体硕士学位课程设计。

　　阿姆斯特丹大学近期资金来源不稳定，应用研究集中在"创意产业"方面。尽管荷兰削减了文化预算，并加大了促使人从事商业领域的工作的压力，网络文化研究所仍然成功组织了一系列研究网络、出版系列和会议，主题包括"别赞我们：社交媒体中的替代性选择"（Unlike Us: Alternatives in Social Media, 2011—2013）、"我的创意血汗工厂：最新创意产业批判"（My Creativity Sweatshop: an Update on the Critique of the Creative Industries, 2014）、"混合出版工具箱：数字出版格式研究"（Hybrid Publishing Toolkit: Research into Digital Publishing Formats, 2013—2014）、"查询社会：搜索引擎的政治和美学"（Society of the Query: the Politics and Aesthetics of Search Engines, 2013）、"货币实验室：对互联网收入模式的持续性集体调查"（MoneyLab: an Ongoing Collective Investigation into Internet Revenue Models, 2014—2015）和"批判的艺术：艺术批评之未来的荷兰/弗拉芒式探索"（The Art of Criticism: a Dutch/Flemish Initiative on the Future of Art Criticism, 2014—2016）。2015年初，网络文化研究所的一部分作为"出版实验室"（The Publishing Lab）分离了出来，由玛格丽特·里伐艮（Margreet Riphagen）负责管理。

我在世界各地举办为期两天的硕士课程（masterclasses）期间，产生了许多想法。我尤其感谢2013年和2014年皇家墨尔本理工大学（RMIT）数字民族志研究中心（Digital Ethnography Research Centre）的拉里萨·亨杰斯（Larissa Hjorth）和海瑟·霍斯特（Heather Horst）对我的邀请；也要感谢负责乌得勒支艺术学院（Hogeschool voor de Kunsten Utrecht, 简称HKU）硕士课程的汉克·斯雷格（Henk Slager）与我的长期合作；感谢特隆赫姆艺术学院（Art Academy Trondheim）的弗洛里安·施内德（Florian Schneider）和沃尔夫冈·席尔马赫（Wolfgang Schirmacher）在萨斯费欧洲研究生院（The European Graduate School in Saas-fee）（我在那里指导了我的第一批四名博士生）举办的为期三天的年度课程；感谢新学院（New School）的克里斯蒂安·保罗（Christiane Paul）促成了2010—2012年的三节课；感谢加州大学洛杉矶分校（UCLA）的利亚·列夫诺夫（Leah Lievrouw）、伦斯勒理工学院（Renselaer）的迈克尔·森图瑞（Michael Century）、新加坡国立大学（National University of Singapore）的英格利·胡德（Ingrid Hoofd），以及感谢马丽拉·耶里圭（Mariela Yeregui）为我安排了布宜诺斯艾利斯之行。

我一直都在合作；与充满热情的其他人一起写作、推进话语的边界、打破自己隐藏的前提，是我的一大激情。这本书也有三个需要提及的共同作者。首先是悉尼媒介理论学者奈德·罗西特（Ned Rossiter），他既是我的朋友也是这本书的评论员，组织化网络（organized network）（这个项目将会是即将出版的另一本书的主题）的概念是我和他一起提出的。第二个人是网络文化研究所的大使兼新闻行家帕特里斯·里门斯（Patrice Riemens），比特币一章是我与他合著的。最后是华威大学（Warwick University）的纳撒尼尔·提卡兹（Nathaniel Tkacz），我们在2012—2013年度一同发起了"批判观点"（Critical Point of View, 2009）和货币实验室项目，并合作完成了有关货币实验室的一章。

洛杉矶的彼得·卢恩菲尔德（Peter Lunenfeld）鼓励我钻研当代美国文学。我想感谢他近二十年来的慷慨和友谊，书中关于乔纳森·弗兰岑（Jonathan Franzen）的论文是献给他的。

若是没有阿里·巴鲁尼瓦（Ali Balunywa）的慷慨支持，关于乌干达的一章便不可能完成；阿里之前是阿姆斯特丹大学的硕士生，他安排了我于 2012 年 12 月的乌干达之行。

我还要感谢乔斯特·斯米尔斯（Joost Smiers）、塞巴斯蒂安·奥尔马（Sebastian Olma）、米克·盖瑞岑（Mieke Gerritzen）、丹尼尔·德·泽乌（Daniel de Zeeuw）以及迈克尔·迪特（Michael Dieter）满怀鼓励的阿姆斯特丹式谈话；感谢玛格丽特·里伐艮、米里亚姆·拉什（Miriam Rasch）和帕特里夏·德·福瑞斯（Patricia de Vries）在网络文化研究所做的工作；感谢亨利·华威（Henry Warwick）与我们的线下图书馆项目的合作；感谢萨斯基娅·萨森（Saskia Sassen）的大力支持，以及伯纳德·斯蒂格勒（Bernard Stiegler）和弗朗哥·贝拉尔迪（Franco Berardi）的友谊。

在我写作期间，《法兰克福汇报》（*Frankfurter Allgemeine Zeitung*）的出版商弗兰克·席尔马赫尔（Frank Schirrmacher）因心脏衰竭在法兰克福去世，医护人员未能及时拯救他。弗兰克恰好和我同龄（生于 1959 年），尽管我们的政治观点有很大分歧，但在过去的几年里，他一直在他最喜欢的媒体推特上鼓励我拓宽我作品的公众关注。和弗兰克一样，与美国同事直接交流、创造欧洲的另类出路的愿望也是我的动力。尽管我最近经历了绝望与挫折，这本书还是在他的精神感召下完成了，旨在建立起独立的欧洲公众对话和基础设施。我未来的研究议程中的一个话题，便是媒介理论与物流（logistics）的相遇。

书中的部分章节是早些时候由摩根·柯里（Morgan Currie）在洛杉矶编订的。瑞秋·欧雷利（Rachel O'Reilly）在我的友人兼长期德语翻译安德烈亚斯·卡尔费尔茨（Andreas Kallfelz）的协助下，出色地完成了编辑工作；卡尔费尔茨这次很早就加入了工作，着手在英文原稿中查找缺失的片段。《社交媒体深渊》一书献给我一生的挚爱琳达·华莱士（Linda Wallace），和我们做 DJ 的儿子卡兹密尔（Kazimir），我们一起克服生活的巨大考验，变得强大。给你们一个家人的拥抱。

阿姆斯特丹，2015 年 9 月

//Intr

导论

duction

导论 为不寻常的启程做铺垫

　　标题党:"开端在即"(黑客组织匿名者〔Anonymous〕)——"互联网就像一本我在牙医候诊室里随意拿起的烂杂志,你忍不住想拿起它来看,但它毫无意义。"(乔安娜·迪比亚斯〔Joanna DeBiase〕,"拉高出货"〔Pump-and-Dump〕)——"别期待记者能造成什么持久的影响"(约翰·杨〔John Young〕)——"但脸书上是这样说的!"——"你最可恶的敌人不是和你对立的人,而是那个占着你的位置却不干事的人。"(乔吉·B.C.〔Georgie B.C.〕)——"艺术家只能靠别的渠道谋生。"(X)——"如果你想大海捞针,首先得有一片大海。"(戴安娜·范斯坦〔Dianne Feinstein〕)——原本无形的东西都固化成了僵死的机构——"装出你在领英(LinkedIn)上最好的样子来。"(西尔维奥·拉鲁索〔Silvio Larusso〕)——"网上算在我名下的那些励志名言,都是我从来不会说的废话。"(艾伯特·爱因斯坦〔Albert Einstein〕——他只读影响力低的杂志。)——"天下没有免费的午餐,没有免费的搜索引擎,没有免费的邮箱,没有免费的云存储。"(米科·哈普宁〔Mikko Hypponen〕)——网络空间:我们无用真理的

1 译注：一译迷因，也称为米姆、谜米、弥、弥因、弥母、文化基因等，这个词是1976年理查·道金斯在《自私的基因》一书中创造的，将文化传承的过程，类比成做生物学中的演化繁殖规则。迷因包含甚广，包括宗教、谣言、新闻、知识、观念、习惯、习俗甚至口号、谚语、用语、用字、网络爆红事物等。

2 本书写于2015年，距nettime列表的发起，以及理查德·巴布科（Richard Barbook）和安迪·卡梅伦（Andy Cameron）声名狼藉的论文《加州意识形态论》（Californian Ideology）已经过了20年。2015年11月，网络文化研究所（The Institute of Network Cultures）发布了这篇论文的20周年版。

大本营——"每个人在被打脸之前都有过计划。"（迈克·泰森［Mike Tyson］）——"这场对话还缺你的声音。"（Vimeo）——"自己付费吧"（Get Real）——"恶联网"（The Internet of Thugs）克里斯蒂安·麦克雷［Christian McCrea］——日常灾难的操作性理论——"加速退场：（系统）迁移的政治学"（电子书标题）。

《社交媒体深渊》一书力图描述一种逐渐枯竭的视域：当初互联网的广阔空间正被屈指可数的几个社交媒体软件取代。在这全球性萧条中，谷歌、脸书等技术资讯巨头已不再无辜。现存的管理模式已丧失了其运作所必需的共识。斯诺登（Snowden）事件后，硅谷展现了它根深蒂固的妥协态度：它为国家监控提供便利，并转卖客户的个人数据。这是硅谷第一次遭遇维基解密、匿名者和斯诺登这一波对谷歌、优步（Uber）和爱彼迎（Airbnb）的激进行动抗议。潮水已经决堤，随着对这种网络文化的反对的兴起，双方的争议正转化为公开的冲突。如今许多人已明白，"共享经济"这一流行迷因（meme）[1]是个骗局，不证自明的"加州意识形态"已不再起作用。此时距"加州意识形态"一文的发表已过去了二十年[2]，曾经强有力的自由主义者的霸权终于遭到挑战——但又有什么能取代它呢？

为了回答这一问题，我从社交媒体的架构与互联网收益模型出发展开研究，试图触及它们组织化堆栈（stacks）：该如何延长从华尔街占领运动到曼谷抗议这一系列示威运动的寿命，并加强它们彼此的关联？运动的爆发是否会转化为政党，还是说去中心化的无政府主义倾向将占上风？这听着像后1848时代的重演——我们在等待新版本的巴黎公社吗？但目前这种被一波接一波的异议搅动的停滞状态，表明我们身处后革命时期：旧政权（Ancien Régime）已丧失其合法性，但还紧握着权力不放，而反对势力还在摸索新的组织模式。

在斯诺登揭秘事件的余波中，互联网用户们发现自己处于紧张状态中，这正是到目前为止掌握互联网控制权的实用主义工程师阶层一向试图避免的。每个人在互联网上都暴露无遗，但似乎又不必为此担心。过去的几年中，社交媒体逐渐巩固，整体的重心正从个人电脑向智能手机、从已有的市场向新兴市场转移。[3]这一战局的可悲之处或许是"互联网已经坍塌"，但"我们输掉了战争"的说法更准确地描述了我们的失败：不知有谁能修复互联网，也不知该如何重建它。[4]白人男性技客们名副其实的技术乐观主义认为，一个由反叛性的代码联系在一起的免费、开放的互联网将永存，但如今这一信念已被数字化的国家垄断资本主义（这是列宁当初的定义）取代。自由放任之共识的天真时代无疑已彻底结束。有朝一日人们是否会足够重视资本主义的基础设施，使它不再任由一群投机者掌控？

来谈谈平台资本主义（Platform-Capitalism）吧

如果说 1980 年代诞生了媒介理论，1990 年代后的十年则属于网络，那么如今我们生活在平台（platform）的魔咒之下。正如"平台"

3 美国社交媒体统计数字，见 Mobile Messaging and Social Media 2015。

4 激进的选择是有限的，因为还没人能提出一个"切断"互联网的具体提案（甚至在如威廉·巴罗斯［William Burroughs］的艺术性、颠覆性观念中都还没有）。人们对"巴尔干化"怀有很深的恐惧；如今没有人还会梦想一个怪异的平行宇宙，甚至连丝路（Silk Road）和其他暗网先驱也不会想实现它。协同操作性（Interoperability）是一切传播系统不言而喻的前提，剩下的唯一选择就是加密。

5 2015 年 8 月 27 日，"脸书突破了纪录：日访问量达到十亿用户"。"'这是我们首次达到这一里程碑，对于连接整个世界来说，这才刚刚开始'，马克·扎克伯格写道。

6 塔尔顿·吉莱斯皮，《平台政治学》(The politics of platforms)，New Media & Society，12(2010)，第 248–350 页。他写道："平台尤为扁平化，它没有特征，且对所有人开放。它们是预先设计的，但并不随意。平台一词本身便暗示着一种进步和平等主义设计，它承诺支持平台上的人；这个词也保留民粹主义道德观：一个代表直白、有力地和选民对话。从'平台'的各种含义来看，被抬高、平级和易用性既是平台的意识形态特征，也是它的物理特性。"

7 见萨沙·洛布 (Sascha Lobo) 在 Spiegel Online 上对平台资本主义的评论，2014 年 9 月 3 日；以及塞巴斯蒂安·奥尔马的《别管共享经济了：这里是平台资本主义》(Never mind the sharing economy: here's platform capitalism)，2014 年 10 月 16 日。

一词所暗示的，它的趋势是向上运动：集中、整合与综合。网络意识形态吹捧的是它去中心化的性质，而平台文化则自豪地宣布，人类大家族已找到了共同的家园。[5] 塔尔顿·吉莱斯皮（Tarleton Gillespie）在他 2010 年的论文中，准确总结了"平台"概念从网络公司泡沫破裂的余波中兴起的多种原因。在吉莱斯皮看来，"平台"一词是个策略性的选择，凭借这个词，在线服务矛盾重重的活动能够被呈现为 DIY 用户和各大媒体生产者的中立的基础，同时，隐私与监视的企图、社群与广告投资间的冲突也在此上演。[6] "平台"也暗示着要通过每个参与者实现参与者的整合，即凭借一系列应用程序将他们整合进更高的综合中。

设想一下你可以"不喜欢"一切东西。积极的改革者们会想尽办法阻止我们发挥否定性赋权（negative empowerment）的潜力，批判的力量很快就被斥为"极端"（甚至斥为恐怖主义）。对群体可能突然取消关注并解散的恐惧，会使人联想起关于狂热的民粹主义暴徒的旧创伤——这种（自我）管理层面的恐惧到了平台资本主义时代也没有变。等我们把互联网炒作得过热之后，这些不定形的集体能量将流向何处？为什么想象一个取消了一切平台或"中间人"（intermediaries）（如谷歌、脸书和亚马逊）——不仅是旧平台，而且尤其是那些最新潮、最酷的平台——的世界如此困难？

我与其他许多人一道，主张提出一种技术、文化、经济性的中间人批判理论。[7] 柏林网络批评家迈克尔·泽曼（Michael Seemann），在其论著《数字失控》（Digital Tailspin）中呼吁"平台中立性"（platform neutrality），同时他也清楚"中立性"一词隐含的陷阱。[8] 他论证说，"筛选的主权"（filter sovereignty）应当成为新的信息伦理。从积极的方面看，泽曼承认"这些平台最重要的特征在于它们能具有无限、多重的网络效应"。在有关社交媒体的争论中，我们急需走出抱怨的文化——它在本质上是随着资产阶级对于丧失隐私的强调一同产生的。一方面，我们的确要深入理解私人数据的政治经济学；但另一方面是，这种理解不一定会自动转化为政治计划。对于泽曼来说，"失控"是重新组织的重要出发点，目的是提出新的策略：[9] "摆脱平台依赖的最有效的办法，是建立各种去中心化的平台。"Whats App 一度是脸书之外的替代选择——直到脸书收购了它。

近几年来，我们曾有过为数不多的几次尝试，试图开展作为一门独立学科的"平台研究"，但都不太成功。[10] 我们还得再等一段时间，关于"平台资本主义"的全面理论才能形成。在曼纽尔·卡斯特尔（Manuel Castells）经典的三部曲《网络社会》（Network Society）出版二十年后，《平台社会》（Platform Society）一书能否像托马斯·皮凯蒂（Thomas Piketty）或娜奥米·克莱恩（Naomi Klein）的著作那样，引起公众的广泛关注？如今互联网已被完全整合进社会中，这方面的学术研究却还没有。一部分原因是机构性的：互联网研究依然悬在各个稳固的院系中间，人们既不允许它成为羽翼丰满的独立学科，也没有其他学科愿意将它吸纳。在近二十五年来，互联网领域以令人窒息的速度突飞猛进，学者们无论多么努力，也很难始终保持领先；留给他们的任务就只剩下衡量新的 IT 发明对越来越多的相关行业造成的影响。

8 迈克尔·泽曼，《数字失控》，阿姆斯特丹，网络文化研究所，2015年，第39—42页。在这篇策略性的文本中，泽曼表明"平台为之后的社会"的运作提供基础框架；在将来，每个政治活跃者都要学习怎么和平台打交道。"进一步的讨论可见（德文）迈克尔·泽曼与塞巴斯蒂安·吉斯曼（Sebastian Giessmann）于 2015 年 5 月在柏林"Re:publica"的现场对话。

9 汉斯·马腾·凡·登·布瑞克（Hans Maarten van den Brink）在他编辑的一小本荷兰语选集中提出了类似的观点，他指出传统媒体制作人"独立性的丧失"正是构建新公共媒体图景的起点，见汉斯·马腾·凡·登·布瑞克编，《开关：论文化与媒体的独立性》（Onaf, over de zin van onafhankelijkheid in cultuur en media），阿姆斯特丹，Nieuw Amsterdam Uitgevers，2013 年。

10 这里显然可以参考麻省理工学院"平台研究"系列丛书，尼克·德蒙福特（Nick Montfort）、伊恩·博格斯特（Ian Bogost）编，2009 年。另一个参考文献是安妮·赫尔蒙德（Anne Helmond）在阿姆斯特丹大学的博士论文（于 2015 年 8 月在线出版），题为《作为平台的网络：社交媒体中的数据流》（The Web as Platform: Data Flows in Social Media）。

社交媒体深渊：批判的互联网文化与否定之力

11 泽伊内普·图菲克兹，《弗格森标签下发生的事情也影响了弗格森》（*What happens to #Ferguson affects Ferguson*），medium.com，2014 年 8 月 14 日。

12 见《福布斯》（*Forbes*），2014 年 8 月 26 日。

13 见拉维·索马亚(Ravi Somaiya)，《当点击掌权，观众即是国王》（When clicks reign, the audience is king），"纽约时报"，2015 年 8 月 16 日。"媒体世界各处都有人抱怨说，在线新闻已经退化了，如今它只关注病毒式的东西，而忽略了实质性内容。"

在这种垄断下，市场只是展现给迷茫的局外人看的虚假的信念系统。华尔街、硅谷和华盛顿的联合已经取代了竞争（尽管官方还继续这样声称），权力正成为黑箱，算法是它最好的寓言。泽伊内普·图菲克兹（Zeynep Tufekci）曾明确地描述过，算法是能产生影响的：她对 2014 年弗格森（Ferguson）示威的分析清楚地反映了脸书的筛选算法与政治因果的具体关联、危机爆发时中立规则的不可能，以及推特用于判断哪些是"热门话题"，哪些不是的古怪而难懂的逻辑。[11]

生活中全方位的电子化与网络化进程尚未减速，还存在着许多未被中介的"无辜"领域。但正如弗兰克·帕斯奎尔（Frank Pasquale）在他的《黑箱社会》（*The Black Box Society*）一书中准确表明的，最令人担忧的是技术本身逐渐模糊化，慢慢被隐藏起来。应用性更强的网络批判（正如阿姆斯特丹网络文化研究所所实践的）一向关注特定的在线服务，如搜索、社交媒体、维基百科、在线视频等；但我们从这些案例研究中了解了什么？我们是否只是在重新排列泰坦尼克号甲板上的躺椅？思辨的批判理论在社会科学与人文科学的日益分裂中，又处于怎样的位置？我们能否自信地说，发展替代性的新工具是颠覆现有平台的最佳方式？

互联网发展中的"热月政变"已经来临，这清晰体现在"点击诱骗"（clickbait）的技术中。点击诱骗是指，发布者给文章起一个怂恿人点进去阅读的标题，但对文章的实际内容只提供少量信息。[12] 这是小报新闻 2.0 版本，是全球范围内的纳粹式"一体化"（Gleichschaltung）。[13] 点击诱骗的意图是引起一种模糊不定的好奇心；它把一个算不上是新闻的条目当作新闻呈现，用某种格式和技术散布在新闻网站和社交媒体中。"点击诱骗"技术已经要被赶下台了，如今网络读者已经普遍意识到这只是一种为增加在线广告收入的恶意伎俩；媒体公司很快就得另找其他吸引注意力的方式。另外，还有一种脸书版的"点击诱骗"；据说脸书已经开始处罚那些"大量发布重复性内容、导致'点赞诱骗'（like-baiting）"的页面。"点赞诱骗"是指一条博文直接要求使用动态消息（News Feed）的读者点赞、评论或分享链接。全球热点事件新闻也已变成了完全互动式的：帮助新闻网站管理员微调网页内容的 Taboola 软件就是一个很好的例子。Taboola 的创始者解释道："每当有一个人讨厌某条内容，也会有许多人喜欢并点击它。所以我们会把它标记为热门故事，留在那里，让更多人读到。如果没人点击或在推特上转发它，我们就把它删除。"[14]

最近我们注意到了一种文化转变，原本主动且有自我意识的用户变成驯服无知的仆人。科瑞·罗宾（Corey Robin）最近写的关于保守派的一些文章，我们或许要为互联网用户感到难过，把他们当作受害者。在公众的想象中，用户已从赋权的公民逐渐反转为无望的输家。如今我们的参与是悲剧性的，却不知哪种重复、哪段历史（见弗兰岑［Franzen］）能适用于目前的状况；用户们既愤慨、确信他们初衷是正当的，却又清楚他们不大可能英勇胜利。无论我们是贫穷、富裕还是处在二者之间，这种悲剧性的用户都是我们当中的某人。[15] 但为什么要因目前无可挽回的失败而变得谦卑？虔诚与尊严是不相容的。借用阿多诺和霍克海默

14 见 Taboola 创始人，2014 年 9 月 30 日在 BBC 新闻网上发表的论述。

15 科瑞·罗宾，《反动派心态》（The Reactionary Mind），纽约，Oxford Universitg Press，2011 年，第 98-99 页。关键在于对保守派的去政治化与再政治化，将它看作在更广的技术文化语境下运作的角色。

16 柏林被普遍认为是计算机黑客、技客和数字公民权利活动者的（全球）中心，也是创业文化和依旧活跃的当代情境所在地，首先是因为这里房租较低、食品价格低廉、公共基础设施完善；随之而来的大量聚集者也方便了人们在柏林外组织NGO和集会活动（如TacticalTech和irights.info）。

17 挪威籍澳大利亚裔学者吉尔·沃克（Jill Walker）在她对2015柏林跨媒体聚会（Transmediale festival）的报告中写道："到目前为止，太多的项目都只是一边倒地批判数据化和社交媒体，这种过度简化让状况变得更加糟糕。把我们关注的各种事物的名单念一遍似乎很酷，但一旦念完了，继续一遍遍地这样做还真的有帮助吗？"柏林策略显然是对这种交互被动态度——对大数据研究的无辜性辩护、将批判贬低为主观抱怨——的更好的回应方式；为了处理这些问题，基于社会不同领域（从Chaos Computer Club、Transmediale和Berliner Gazette到Netzpolitik及其republica集会）的柏林数字权利运动结成了联盟，将真正的互联网争论摆上长期政治议程。

的说法，用户该如何在这"被管制的世界"（administrated world）中再次成为自己命运的主人？也许这只有通过破除监视性的基础结构才能实现。比如说，通过斯诺登的文件，那些关于如何安置摄像头、机器人、传感器和软件的知识便清楚地暴露了出来，这对于我们的时代而言，就像是冷战时期的核威胁。只有当技术退役（decommissioned），变得中立，集体的恐惧才会消散。第一步是要"把情况揭露出来"，这正是珀特阿斯（Poitras）、格林沃尔德（Greenwald）、阿佩尔鲍姆（Appelbaum）和阿桑奇（Assange）等人所做的。目前"柏林策略"（Berlin' strategy）[16]实践的也是这样：要创造数量庞大（critical mass）的非盈利性公民技术情报组织，用接连不断的信息披露行动搅得资产阶级心神不宁。[17]

硅谷现实政治

戴夫·艾格斯（Dave Eggers）在他的硅谷寓言故事《圆圈》（*The Circle*）中，用了这样一句奥威尔式格言："战争是生，和平是死"。这一主题如何体现在如今企业垄断式合并的时代中？在这全面整合（Total Integration）的时代，已经没有要被推翻的旧工业巨头了；如今的工业大亨生活在硅谷山景城，省去了战争和帝国式的占领（imperial occupation）。一种看法是，旧金山湾区的工业园是《全球目录》意外的科技演化的产物，只是它逐渐转型，被拉拢和腐化了；而我主张将硅谷看作是自由派保守主义朝向与它自身设想的实现相反方向的堕落。科瑞·罗宾的《反动派心态》一书启发了我，它的论点在互联网背景下有很强的解释力。罗宾的思路扭转了我们原本对硅谷的看法——堕落的嬉皮士们违背了进步的目标，而将他们残酷而单纯的心态本身看作反动的：他们意在强化那保守的1%的人的权力。真正的嬉皮士早已退场，他们的遗产也很容易被抹除。[18] 罗宾的视角使我们能自由地将网络公司时代重新解读为由"失落的好战精神"主导的"道德感薄弱"的年代。按照罗宾的描述，资产阶级社会的问题在于它缺乏想象力："和平令人愉悦，愉悦是暂时的满足。"和平"抹去了一系列的记忆：令人耳目一新的冲突、强有力的异见，和通过我们对抗的敌人界定自己的乐趣"。[19] 在硅谷不再单纯后，它花了一段时间才意识到它促进了战争和冲突。

　　与大多数华盛顿智囊团不同的是，硅谷没去抵抗末世的灾难，而是正筹划着它。硅谷向来明确的口号是："放马过来吧。"谈到新保守主义者，罗宾这样写道："与他们的残局（如果他们还有残局的话）不同的是，如今善与恶、文明与野蛮正在上演末日对抗；这些异教冲突的范畴与美国全球化的自由贸易精英们'没有边界的世界'的想象截然相反。"[20] 硅谷缺乏这种公开的冲突，它对那句老话"不作恶"的过分赞同以及随后的放弃说明了一切。不同于最初那种"做好事"的心态，我们需要采取投机资本家的导师彼得·蒂尔（Peter Thiel）的态度：他愿意带着邪恶思考，他也是少数几个公开指出技术精英们的自闭倾向的人之一。蒂尔在《从0到1：创业与构建未来须知》（*From Zero to One: Notes on Startups, or How to Build the Future*）一书中为创业者指出了四条原则："1. 鲁

18 无论历史研究（如斯坦福的弗雷德·特纳［Fred Turner］）或以迈克尔·史蒂文森（Michael Stevenson）和WebCultures邮件列表（webcultures.org）为核心的网络文化圈的历史有多重要，它们都倾向于采取过去的解读，而非现在的解读。随着商业和金融的加入，1990年代以来的断裂已变得过大，再加上1970年代就开始的"保守主义革命"，都使我们不能太过潦草地表述互联网的历史性当下。

19 罗宾，《反动派心态》，第171-173页。

20 罗宾，《反动派心态》，第193页。

21 译注：lean platform 也被翻译成精益平台，专指"先发展再营利"的企业模式，如爱比迎以及优步，按照尼克·斯尔尼切克（Nick Srnieck）《平台资本主义》（*Platform Capitalism*）一书的估计，约可省下30%的劳动力成本。

22 彼得·蒂尔，《从0到1：创业与构建未来须知》，伦敦，Virgin Books，2014年，第20页。

23 弗兰克·帕斯奎尔，《黑箱社会：掌控金钱与社会的秘密算法》（*The Black Box Society: The Secret Algorithms That Control Money and Society*），马萨诸塞，剑桥，Harvard University Press，2015，第141页。

24 朱利安·阿桑奇，《当谷歌遭遇维基解密》，纽约/伦敦，O/R Books，2014。如果说蒂尔扮演的是右翼自由主义者、一个理想的代理商挑衅者，埃里克·施密特则是个理智的现实政治家，有些像欧洲工党政治家。

莽地冒险比平庸好，2. 坏计划比没有计划好，3. 竞争性市场会破坏利润，4. 营销和产品同样重要。"要想成功，企业必须"精益"（lean）[21]，这也就是"非计划（unplanned）的精髓/准则"："你不需要知道你的生意接下来会怎样；做计划是自大且不灵活的。相反，你应该去尝试、反复尝试，把创业当作不可知的实验。"[22] 这些说法适用于由冷血的犬儒主义主导的战争经济逻辑，它瞧不起自由市场推崇者们天真的理想主义。

彼得·蒂尔公开责备霍布斯式"维持现状"的思维方式。弗兰克·帕斯奎尔（Frank Pasquale）也得出了类似的结论，不过他主张的是一种新的社会现实主义。面对竞争的减弱和合作趋势的加速，"如今大多数创业者都选择被谷歌或脸书等企业收购，而不是取代它们。与其期盼着或许永远不会出现的竞争，我们要确保如今搜索和社交网络领域内的自然垄断进程，不会对经济的其他方面造成过大伤害"[23]。在朱利安·阿桑奇（Julian Assange）的《当谷歌遭遇维基解密》（*When Google Met Wikileaks*）一书的内容简介中，我们能看到黑客和解密者阿桑奇与谷歌执行官埃里克·施密特（Eric Schmidt）的差别。"对阿桑奇来说，互联网的解放性力量以自由和无国籍性为基础；而在施密特看来，解放是美国对外政策的目标，它受到将非西方国家卷入西方的企业和市场这一动机的驱使。"[24]

有关注意力研究的最新进展

我们来看看近几年互联网理论研究方面有什么进展。除了常见的技术乐观主义以及硅谷营销大师们的陈词滥调以外，还有两种值得一提的思路。美国的进路来自尼古拉斯·卡尔（Nicholas Carr）、安德鲁·基恩（Andrew Keen）和杰伦·拉尼尔（Jaron Lanier）——除了谢里·图尔库（Sherry Turkle），他们都是商业作家，不是学者——批判了社交媒体的肤浅性：人群的"回音室"（echo chambers）[25] 内快速、简短的信息交换（卡尔试图证明这甚至能影响到大脑）正导致孤独感和注意力减退。最近魏玛的佩特拉·洛夫勒（Petra Löffler）在她对本雅明和齐格弗里德·克拉考尔（Siegfried Krakauer）作品中"分心"（distraction）[26] 的作用的研究中，对这一观点做了欧洲式的历史性附会。[27] 她对美国作家乔纳森·弗兰岑（Jonathan Franzen）欧洲式的"网络愤慨"（net resentment）的分析也属于同一思路。网络批判的确不能故意忽视特里伯·肖尔茨（Trebor Scholz）和梅丽莎·格雷格（Melissa Gregg）等学者讨论的信息过载、多任务处理和注意力减退的问题；但有时我们也得先搁置下这种焦虑，转而关注在背后对社交媒体时间轴施加沉重压力的物质基础。

不同于美国主流观点的道德转向，欧洲学者伯纳德·斯蒂格勒（Bernard Stiegler）、伊波利达（Ippolita）、马克·费希尔（Mark Fisher）、狄泽亚娜·泰拉诺娃（Tiziana Terranova）和弗朗哥·贝拉尔迪（Franco Berardi）——也包括我本人——更强调数字资本主义（及其危机）

25 译注：回音室效应，"在媒体上是指在一个相对封闭的环境中，一些意见相近的声音不断重复，并以夸张或其他扭曲形式重复，令处于相对封闭环境中的大多数人认为这些扭曲的故事就是事实的全部"。

26 译注：distraction 一字有"分心、打扰"和"娱乐消遣"的意思，书中根据上下文翻译有所不同。

27 佩特拉·洛夫勒，《分散的注意力：关于消遣的媒体故事》（*Verteilte Aufmerksamkeit, Eine Mediengeschichte der Zerstreuung*），苏黎世，diaphanes，2014 年；也可参考我和她的访谈（关注她处理的历史材料与当下论题的关系）：《散布式注意力的美学，与德国媒介理论家佩特拉·洛夫勒的访谈》（The Aesthetics of Dispersed Attention, an Interview with German Media Theorist Petra Loeffler），发表于 nettime 列表，2013 年 9 月 24 日，以及 NECSUS #4，2013 年 11 月。同时见她在 Unlike Us 第三期的讲座，阿姆斯特丹，2013 年 3 月；第 2 章还会继续讨论这一话题。

28 伯纳德·斯蒂格勒也将这种张力解读为，新一代人被依然掌控着大多数机构的所谓"类比原生代"（analogous natives）抛弃的症状："大众媒体药理学（的主要目标）在于，取代'处方'在代际间的传递；这些在文明入口处就已经暗含的处方，被行为控制取代了，并通过编程产业的生产（市场的主要载体）被市场营销不断转化着。"（States of Shock，剑桥，Polity，2015年，第219页）

29 大卫·温伯格，《知识的边界》（Too Big to Know），纽约，Basic Books，2012年。

更广的经济和文化背景，这一背景正在产生它的"药理学"（pharmacological）效果（与通过药物自我调节直接相关）。[28] 在这些欧洲学者看来，应当采用更具体的研究方法（embodied approach），以克服简单地从网络中撤离的那种"离线浪漫主义"：当我们感到应付不过来、仿佛被网络的惯性控制时，很容易采取这种立场。互联网政治及其界面美学应当超越斯洛特戴克式（Sloterdijkian）思维训练的方案（即通过改变生活的个体化惯习"克服"科技的诱惑）；在处理数码的问题时，我们提出的治疗处方必须结合经济金融化、全年无休（24/7）与不可见的基础结构、气候变化意义的政治经济学立场。

暂且不论我们对技术（它过量的数据正将我们压垮）的感慨与愤慨，我们该如何应对大卫·温伯格（David Weinberger）指出的这种状况——一切都"大得无法把握"，中看不中用的信息视觉化也无法提供简单的答案。[29] 无论我们是北美工业的敏感分子，还是欧洲理论的支持者，目前关于分心与劳力规训的批判理论生产之衰落意味着这恰恰是问题所在。虽然道德迷因有时也会介入——比如使在公共场合盯着手机看的做法一夜之间不再时髦。

到目前为止，其中一个能有效超越信息过载这种说法的作者是叶夫根尼·莫罗佐夫（Evgeny Morozov）。在他2013年的研究《要想拯救一切，点击这里》（To Save Everything, Click Here）中，莫罗佐夫提出了一种能超出表层媒体和再现分析的理论。他主要批判的是他称之为"解决主义"（solutionism）的IT营销策略。降低成本并搅动市场（disruption）已成为企业的核心目标，它能够且将被运用于生活的方方面面。莫罗佐夫的第一本书是关于美国外交政策与前国务卿希拉里·克林顿的"互联网自由"法案的，之后他又将批判扩展至对医疗保健（量化的自我）、物流、时尚、教育、人口流动以及公共领域控制的分析。他警告说技术不能解决社会问题：这些问题要靠我们自己解决。带着对人性的怀疑态度，他指出程序员应考虑到人的习俗与传统的复杂性，避免作出过于大胆的论断。[30]

有意思的是，2015年初莫罗佐夫改变了策略，在《新左派评论》（New Left Review）的一篇长篇个人采访中，他重点讨论了IT基础架构的所有权问题："应该把数据中心社会化！"——"我质疑谁该营运与拥有IT基础设施和其中的数据，因为我已不再相信我们能容忍让这一切服务都由市场提供，只在已成事实后再来调控。"[31] 他也不赞同欧洲试图管制谷歌的做法。[32] 欧洲的搜索算法做不到这一点："只要挑战者们掌握不了谷歌控制的那一批用户数据，谷歌就将继续处于支配地位。"欧洲要想发挥作用，就必须面对数据以及产生数据的基础架构（传感器、手机等）在主要经济活动是关键要素的事实。欧洲之所以难以摆脱它对美国企业的依附，是因为这样做所必须采取的措施"与欧洲当前新自由主义的立场背道而驰"。莫罗佐夫主张，公民数据永远不应掌握在某一公司手中："公民可以掌握自己的数据而不出售它，以使人更加公共（communal）地管理自己的生活。"

30 更多关于莫罗佐夫的评论见我在《开放的民主》（Open Democracy）中对《要想拯救一切，点击这里》的评论，2013年4月23日。我不同意莫罗佐夫对于他所谓"麦克卢汉式的媒介中心主义"（在这里指互联网中心主义）的批判。在我看来，我们需要更多严肃对待互联网的批判性学者，并从内部理解互联网——作为一种技术、文化技术（Kulturtechnik）和政治经济学的基础结构——的运作，而不只是用文化研究的方式解读它的民粹主义外观。在这条学习弧线中，技术决定论是一个关键的阶段，对新自由主义社会及其历史的更广的理解则是另一重要支柱。同时在莫罗佐夫的世界中，艺术家、社会活动者和程序员要么是缺席的，要么只作为傻瓜出现。

31 叶夫根尼·莫罗佐夫，《社会化数据中心！》（Socialize the data centres!），《新左派评论》，第91期（2015年1、2月），第45—66页。

32 根据史蒂芬·费德勒（Stephen Fidler）在布鲁塞尔为《华尔街日报》写的报道，欧洲既不会采取旧有的调控，也不会选择中国的模式（用一个阿里巴巴来替代亚马逊，用百度替代谷歌）；相反，它将采用"圈内人"的模式。按照欧盟的奥汀格尔（Oettinger）先生的说法，"欧洲产业领军者将建构一个能主导未来的数字平台"（2015 年 5 月 22 日）。这不仅意味着美国公司会被排斥，欧洲的创业者也会遭到阻挠，更不用说公民社会的开创者了。

33 弗朗哥·贝拉尔迪，《起义：诗歌与金融》，洛杉矶，Semiotext(e)，2012 年，第 15 页，提到了比尔·盖茨给约翰·锡布鲁克（John Seabrook）的一封信。

34 与斯蒂格勒《震惊态：21 世纪的愚蠢与知识》（*States of Shock, Stupidity and Knowledge in the 21st Century*）一书的简介导论相呼应，剑桥，Polity，2015 年，第 3 页。

在成为一切事物的总基础构架之后，互联网进入了成熟期。"物化"（reification）不是我们的社交媒体的问题，"合理化"也未能准确描绘当前富于挑战性的幕后进程。在《起义：诗歌与金融》（*Uprising: On Poetry and Finance*）一书中，弗朗哥·贝拉尔迪（Franco Berardi）表明"在数码时代，权力都是关于怎么让事情变得简单的"。[33] 如今数据化和金融化进程已经抛开了大众教育和阶级妥协的现代时期（那时它们是在福利国家的保护伞和冷战的背景下运作的），成为新自由主义控制社会（society of control）的两股主导性力量。无疑存在着一种"数码物的普遍理性"，但它都包含什么？数码物没有明显的规划或决策，却将自身呈现为令人安逸但又无可置疑的新规范：再也没有什么要核实、要看的了（除了可爱的猫之外）。一窍不通的新派用户们忙于日常生活，他们都安上了软件，登录、创建账号，同意条款，进入了平滑顺畅的世界。欢迎来到有限的舒适领域，享受无法承受的刷、点、赞之轻。[34]

本书的主题正在于此：未来的挑战并非互联网的无处不在性，而在于它的不可见性本身。因此"老大哥"的设想是不恰当的：社交媒体绝对不是庞大骇人的机器；屏幕这可爱的"眼睛"是吸引我们的景观（spectacle）。如今的思维控制更为微妙，它并不凝结于有示例性的图像或物件中。社交媒体的影响力是在背景发挥作用的。我们需要提出新一代的技术精神分析，激进地革新自弗洛伊德和卡内蒂（Canetti）以来的消失的"大众心理学"，以解释各种新形式的集体无意识。这些洞察也需要与一批新社会学家相配合，他们应充分考察由数码化和自动化导致的工作的抽象化。该如何把社会学从大数据处引开，使它再次为批判理论做出贡献？需不需要再次展开方法论讨论（Methodenstreit），或者还能以什么方式逆转目前对量化分析的退步的沉迷？无须赘言，我们的表现主义式科学必须克服它防御性的抑郁状态，其中一种方法是，彻底地重估"法国理论"和最近人们对它机械的运用。[35] 梦想着"集群"（swarm）并强调网络化的诸众（包括警惕其黑暗面）的确很好，但设计新的社会性形式来驾驭这些能量也同样重要——例如构建侧重长期合作而非自发的一次性集会的"集体意识平台"（collective awareness platform）。概念的力量——它被实践出来，并开始按自己的轨迹展开——即将到来，本书中也有不少这样的例子。

你要到哪里找一同工作、生活、互相关爱的同志？该如何设想既水平又垂直的新组织形式；既有外部支持，又有丰富的内部结构？我们为政治集结的网站和超本地的（hyper-local）社交信号做好准备了吗？能产生技术影响力的"点赞"会是怎样的？又该怎么从 Avaaz 式的"点击行动主义"（clicktivism）转向既能应对突发事件，又有长期议题的可扩展的本地组织？点对点（peer-to-peer）的团会会是什么样子？[36] 这正是 2009—2012 年匿名者黑客事件（由加布里埃尔·科尔曼［Gabriella Coleman］[37] 记录）如此具有颠覆性和启发性的原因——尽管一系列悲剧性的失误和背叛导致巴雷特·布朗（Barrett Brown）等人被长期关押。[38] "该怎么办"不

[35] 其中一种做法是批判性地重读经典文本及其遗产，如斯蒂格勒在他 2012 年的《震惊态》一书中所做的。他重点分析了利奥塔所说的"后现代"时期，试图从数字政治经济学的角度，思考哲学思潮与知识产业转变的平行关系。他的一条结论是："哲学的政治经济主张的无力，在事后看来似乎可以说是一种可怕的无知：对那与保守主义革命以及初步金融化同时展开的东西的无知。"（第 100 页）另一种进路则是如安德鲁·卡尔普（Andrew Culp）的博客"无内容的无政府主义者"（Anarchist Without Content）主张的，从"欢乐的德勒兹"转向"黑暗的德勒兹"："在这个强迫性积极的世界中，欢乐有什么好处？是时候从教堂转移到地窖了。建立一种反准则（counter-canon）的材料已经足够充裕了。"黑暗的德勒兹的词汇表包括如"毁损世界"（Destroy Worlds）、"不对称"（Asymmetry）、"阻断"（Interruption）、"开褶"（Unfolding）、"灾变"（Cataclysmic）和"假的力量"（The Powers of the False）。

[36] 一个例子是伊恩·波普（Ine Pope）和萨姆·尼姆斯（Sam Nemeth）的艺术项目，2015 年 5 月，他们在希腊莱斯沃斯岛度假期间遇上了叙利亚难民。他们与其中一个叫 Ideas 的人成为朋友，并决定在 WhatsApp 上持续汇报他的行程。

37 加布里埃尔·科尔曼，《黑客，恶搞者，告密者，间谍：匿名者的多重身份》（Hacker, Hoaxer, Whistleblower, Spy: The Many Faces of Anonymous），伦敦、纽约，Verso，2014年。

38 巴雷特·布朗是一位被囚禁的美国记者，在他2010年宣布与匿名者组织断绝关系之前，一直被当作匿名者的非正式代言人。2012年FBI突袭了他的家，之后他面临与2011年Startfor公司黑客事件有关的12项联邦指控。和数据入侵有关的最具争议的指控被撤销了，但2015年布朗仍然被判了为期63个月的徒刑。

39 科尔曼，《黑客，恶搞者，告密者，间谍：匿名者的多重身份》，第43页。

40 斯马里·麦卡锡，《构建逃离法西斯主义之路》是麦卡锡在FSCONS 2013免费软件大会上的一篇主题发言，写于斯诺登解密事件之后。麦卡锡的目标是"将一切去中心化、加密，强化一切终端"，并将这些服务继续提供给50亿人；"底线是：如果你开发软件，又不是为了全人类的福祉而开发，你就是在帮助法西斯主义者。"

只是在世界领袖们开峰会时想怎么对付它们，它也涉及该如何设计一种数码感受力（digital sensibility），以直接、持续地与目前未知的他者互动。

此外，正如迈克尔·泽曼所说："只有当数据保持开放，去中心化的方案才能运作。只有开放的数据才可能集中地被查询，且避免被盗用。"[39] "联邦网"（federated web）能否成为目前中心化策略外的别样方案？"结成联邦"又意味着什么？联邦无疑是个古老的政治概念，它指自愿联合并组成更大的国家单位。在互联网背景下，联邦不仅是直接的、点对点的连接，它也能够处理协议和治理的问题。我们能否实现联邦的能力？当我们在自己的浏览器中将来源不同的数据混在一起，这便是对中心化的数据烟囱（data silos）逻辑的挑战；这能有力地回应一边倒的数据中心的兴盛吗？人们或许会将这个思路斥为科技修复方案（techno-fix），但我们应严肃看待斯马里·麦卡锡（Smari McCarthy）主张的《构建逃离法西斯主义之路》（Engineering Our Way Out of Fascism），将其视为一项策略贡献。[40] 这里的法西斯主义指"国家与商业的完美联合"。如今，政治组织问题从本质上说是技术性的：马基雅维利、霍布斯、黑格尔或施密特的支持者们不断重复着统治精英们的问题，蓄意用某种更高的机构（如政党）遏制社会运动及其动力，并协调和控制政治异见。

技术总是政治性的，人们或许能在这一点上达成共识，却很难设想政治本质上也是技术性的。我们总是被分散的谋略之纯粹性所吸引，以为利益冲撞、权力游戏都在这里上演——却很少直面阿尔伯特·施佩尔（Albert Speer）的遗产：我们是程序员，黑客行动主义者和技客，技术专家却总是别的人。

我们需要从注意力经济学转向意图之网（web of intentions）；我们的策略应当是用"有效果的网络"（networks with consequences）来凝聚社会。目前的社交媒体架构只捕捉商业价值，它们监控事件、将新闻商品化（而不生产新闻）并呈现给观众，再把他们的用户偏好卖给报价最高的人。抽象化是我们的黑洞。在此我们提出的解决方案是建立焦点用户群（即组织化的网络），它们能在"点赞"经济及其弱连接（weak link）外运作，在"推荐"产业之外互相协作，在爱彼迎和优步之外分享。对互联网的合作式复兴是能实现的。[41] 我们也不应放弃设计通用软件和相关机器语言的各种尝试，因为这是我们对抗垄断的中间商的唯一有效策略。必须找到一种介于联邦主义和"再去中心化"（re-decentralization）之间的有吸引力的混合体、赞美集体意义的美学，并开发能体现我们所珍视的社会原则的工具。只有当我们在所有层面告别免费和嵌入式反货币化（counter-monetization）程序时，才能做到这一点，因为只有这时，礼物才能再次变得珍贵，而不是狡猾、隐蔽的默认模式。为此我们需要夺回网络，使之成为一种特殊形式，有别于政党、企业的工作组，有别于军队和宗教组织的旧阶层制度。作为社会实践的网络如何像法治的合法社一样？这种策略性思维将使我们摆脱亚历克斯·盖洛威（Alex Galloway）所谓的"网状悲观主义"（reticular pessimism），这种悲观认为"网络的镣铐是我们无从逃脱的"。[42] 盖洛威概括说："和其他中介一样，网络也是一种中介。"因此让

41 见《国家》（Nation）杂志 2015 年 5 月 27 日的专栏，由珍妮·奥尔西（Janelle Orsi）、弗兰克·帕斯克奎尔、纳撒尼尔·施耐德（Nathaniel Schneider）、皮娅·曼奇尼（Pia Mancini）和特里伯·肖尔茨合写。他们讨论了技术平台必须向普通人开放的方式："我们有一个选择：持续使用扩大了贫富差距的平台，或建构作为公地的技术平台。"（珍妮·奥尔西）关键在于共同所有权和控制。特里伯·肖尔茨提出应开始开发平台合作社应用："为使好的数字劳动成为现实，旨趣相投的人必须组织、结成自我组织的核心，为云工作者的基本民主权利奋斗。"

42 大卫·贝利（David Berry）与亚历克斯·盖洛威，《网络是网络是网络：对计算机与控制社会的反思》（A network is a network is a network: reflections on the computational and the society of control），《理论，文化与社会》（Theory, Culture & Society），2015 年。

我们仔细看看前方、网络内外的那些未曾预料到的组织可能性，让我们身处前沿，去理解网络作为新的机构形式吧。

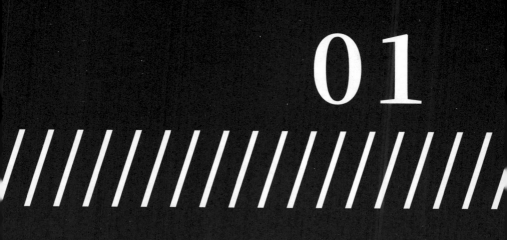

01

\ 01　社交媒体中的社交是什么？

给少数人的标题：“下次你雇人的时候，别管什么人格测试了，去看看申请人的脸书简历就可以了。”——“斯蒂凡妮·渡边（Stephanie Watanabe）周四晚上花了将近四个小时，删了约700个脸书好友，她还没删完呢。”——“俄亥俄（Ohio）人得选一个：在脸书上道歉或者进监狱。”——“研究表明：脸书用户正变得越来越不友好。”——“女性通常对于谁查看了她们的个人信息页面的情感反应更剧烈。”玛丽·麦登（Mary Madden）——“精心打扮却发现没地方可去。”（《华尔街日报》）——“我最近在社交上花了更多工夫，因为我不想一个人，我想见人。”辛蒂·雪曼（Cindy Sherman）——“人们发布的 30% 的内容都符合美国精神病协会对抑郁症的判断标准，人们表达了无价值、绝望、失眠或嗜睡，以及难以集中注意力。”——“在脸书上人肉搜索柏林警官行纳粹军礼的照片。”——“15 岁的孩子在脸书上咒骂、抱怨她的父母。后来她父亲一气之下用枪打烂了她的电脑。”

如今信息技术语境下对“社交”（social）[1]一词的使用，可以追溯到控制论刚刚诞生之际。社会学中也产生过一个叫社会控制论（socio-

2 见维基百科。

3 引自克里斯·切舍尔手稿中的一章,《计算机网络如何是社会的》,见克里斯·切舍尔、凯特·克劳福德(Kate Crawford)和安妮·邓恩(Anne Dunn),《互联网转型:语言,科技,媒介与权力》(*Internet Transformations: Language, Technology, Media and Power*), Palgrave Macmillan, 2015 年——原定出版已取消。

4 比如,很少有人知道早在 1953 年,两台位于不同地方的电脑就能通过调制解调器互相"对话"了。

cybernetics)的分支,专门研究优化和调节信息系统的"影响人类行为的社会力量网络"。[2] 随着软件的不断开发,"社交"一词伴随 1980 年代"协作软件"(groupware)的出现而诞生。也正是这时,德国媒介理论唯物主义学派的弗里德里希·基特勒(Friedrich Kittler)将"社交"一词的使用斥为不切题的错误(电脑只会计算,而不会干预人的关系,所以我们不应该把自己过于人性的无聊欲望投射到电子电路中,等等)。[3] 然而,同时期《连线》(*Wired*)杂志学派的那些整体论的嬉皮们则无视古老欧洲对机械知识的犬儒,转而提倡一种积极、人性的态度,将电脑视为实现个人自由的工具。之后,斯蒂芬·乔布斯又将这种心态转化为设计、销售机器的原则。在网络公司(dotcom)的风险投资占据了信息技术产业之前(1980 年代后期),运算的不断发展主要是为了研发工具,它关注两人或多人的合作;不是为了"分享",而是为了完成工作。在这一语境下,"社交"指孤立的节点之间的交换。这种"另类"的开端,在一定程度上使加州那些个人主义创业者们在强调界面设计的炫酷和易用性这些个性方面的同时,也不忘在网络中投资"社群"建设。但这种加州式的社交还只是用户间的分享,与集体所有或公用事业相距甚远。

计算机实际上是社会与后人类(post-human)的杂交。计算机的工业生命刚开始时还是巨型计算器,但早在那时不同部件(units)之间的连接就已经是可能且必然的了。[4] 悉尼媒体理论学者克里斯·切舍尔(Chris Chesher)在他的一篇未发表的文章《计算机网络如何是社会的》(How Computer Networks Became

Social）中，勾勒出了"离线"（offline）科学——研究人际网络的动力学——的历史性与跨学科式发展脉络：从社会计量学（sociometry）和社会网络分析（可以追溯到 1930 年代），到格拉诺维特（Granovetter）1973 年关于"弱连接"（weak links）的论文和卡斯特尔（Castells）的《网络社会》（*Network Society*，1996）一书，以及如今聚集在"行动者网络理论"（Actor Network Theory）保护伞下的技术科学家的图绘工作。这里最关键的变化在于，原先的群、名单、论坛和社群转变成网络中松散相连的个体的赋权。这一转向从新自由主义盛行的 1990 年代就已开始；计算机运算能力、存储能力和网络带宽的提高，以及越来越小的设备（手机）上操作界面的简化也推进了这一趋势。从这里起，我们进入了社交的帝国。

如果我们要问如今社交媒体中的"社交"究竟是什么，或许可以从社会的消失出发：法国社会学家让·鲍德里亚（Jean Baudrillard）提出主体向消费者转化的理论。在鲍德里亚看来，从某一时刻起，社会就丧失了它的历史性角色并崩塌为媒介（media）。如果社会已不再是政治化的无产阶级危险的大混合、等待着下一次反抗机会（无论打着何种旗号）的受挫的失业大军和在街上游荡的脏兮兮的流浪汉，那么这些社会要素又如何能在数码网络时代显现出来的呢？

"社会问题"或许还没有被解决，但这几十年来，西方人已经感到它似乎已经被消解了（neutralized）。第二次世界大战后，关于如何管理社会的工具性知识被视为必须，以至于在智识和技术意义上对"社会交往"的讨论就被托付给了职业专家们相对封闭的小圈子。如今在全球经济滑坡的背景下，我们能否设想社会交往的回归甚至复兴？还是说"社交媒体"（social media）的兴起只是用词上的巧合？我们能否说，在 2008 年经济危机挥之不去的余波中，社会和阶级意识正在增强？如果是这样，这种趋势能否延伸到电子领域？尽管失业使生活越发艰辛、收入差距正日益扩大、华尔街占领运动也取得了一些成就，但即使是这样，全球联网起义也不太可能迅速扩大。哪怕示威运动看似连网的，它们的成功却恰恰是由于它们的地方性。迷因可以以光速传播并将其基本理念扩散开，但该如何将彼此分离的工作、文化、政治实体与全球背景下的通信网络连接起来，使信息（比如通过推特）和人际间通信（电子邮件、脸书）能对世界事件的具体组织产生影响？

在此我们必须在一个更大的策略背景下重新思考社交的问题，不能只采取典型的"社交媒体问题"的姿态。或许某一刻，所有这些被精心管控的联系人列表和通信录都将倾泻而出，像约会网站暗示的那样，脱离虚拟领域而进入现实。我们分享信息、经验和情绪难道只是为了镜像般（mirroring）地复制它们？还是说我们作为"社群"（social swarms）也能密谋、能向现实突袭以发起所谓"真实世界"中的事件？联系人能否摇身一变成为同志？社交媒体确实解决了五十年前的婴儿潮和城郊人口所面临的一些社会组织性问题：无聊、孤立、抑郁和欲望。现在我们又该如何以另一种方式团结起来？我们是否无意识地恐惧（或期待）着如今生活不可或缺的基础设施（infrastructure）瓦解，我们开始真正需要彼此的那一天？或者我们是否应当把"社交的拟像"（Simulacrum）看作一种有组织的痛苦——在家庭、婚姻和友谊碎片化之后面对共同体的丧失的痛苦？我们应当本着怎样的原则将不断增加的联系人列表以另一种方式整合起来？被贴上"朋友"标签的他者（Other）能否不再只是未来的顾客，不再只是我们动荡的生意往来中的救命稻草？已经有了哪些新形式的社会想象？这些问题的另一方面是：面对如今作为文化理念（Kulturideal）扩散的"社交"压力，我们是否应当像尼采和艾茵·兰德（Ayn Rand）主张的那样，以孤独（solitude）作为回应？⁵ 我们对他者的管理何时才能蜕变成某种截然不同的东西？"加好友"会不会像许多其他的新媒介实践（如 Usenet 论坛、用远程登录服务器，还有我们自己的网站也用过的、曾被广泛采用的 HTML 编码）那样，在一夜间消失，沉入数码的涅槃中？

　　"社交网络"（social Web）概念曾经就像一个容器，包含着形形色色的网站，比如 MySpace、Digg、YouTube、Flickr 和维基百科；五年后，"社交网络"一词有所扩展，将一大批软件和硬件（包括个人电脑和笔记本）也涵盖在内，被重新打造成"社交媒体"。这一进程毫不怀旧，它并没有重新唤起"社交"一度具有的危险潜力——愤怒的暴民要求终结经济不平等；相反，用鲍德里亚的话说，被复兴的社交只不过是种拟像，装作能够创造出有意义且持续的社会关系。浏览着虚拟的全球网络，我们感到自己对传统共同体中的角色（如家庭、教会、政党、工会和邻里）的投入越来越少。一度被定义为有特定权利的"公民"或者"阶级成员"的历史性主体，如今却成了代理的主

5 尼采："为了不从众人的池中饮水，我步入孤独。当我生活在人群中我就像他们那样生活，我想我并没有真的思考。一段时间之后，我总感到他们似乎想将我从我自身中驱逐、夺去我的灵魂"。《朝霞：关于道德偏见的思考》（*Daybreak: Thoughts on the Prejudices of Morality*），茂德玛里·克拉克（Maudemarie Clark）和布莱恩·莱特（Brian Leiter）编，R. J. 霍林德尔（R. J. Holling-dale）译，剑桥，Cambridge University Press，1997 年，第 491 页。

体（subjects with agency）：他们是被称为"用户"的精力充沛的行动者、抱怨的顾客和产消合一者（prosumers）。"社交"一词甚至也不再指社会（society）——这一洞见困扰着我们这些理论家和批判者，因为我们的经验性研究表明人们依然相当牢固地镶嵌在特定文化、地区，尤其是等级结构中，即使它们的外在表现不一定如此。抛开一切形而上学价值，社交正成为酷似人际关系废墟的占位符（placeholder），成为新自由主义瓦解社会后的残余物，成为诸多"弱连接"松散的拼合。这一概念既缺乏"共同体"的宗教色彩，也不像"部落"（tribe）一词有着回溯性的人类学内涵。用市场营销的话说，如今的"社交"只是某种技术性、含糊的"开放"（open）物——是你、我以及我们的好友之间的空间。

因此，社会交往不再以阶级、运动或者暴民的形式凸显出来，它不再像第二次世界大战后福利国家时期那样将自身制度化（institutionalize），甚至后现代式的解体和消亡似乎也结束了。如今社交呈现为网络形式。它的实践从 20 世纪组织的围墙外展开，一点点腐蚀着社会规范（conformity），于是网络就成为社会的现实形态。对政治和商业来说，重要的是网络分析及其相应的数据视觉化所呈现的"社会事实"（social facts）。生活的组织性维度也完全变了样子，社会数据的日常基础正在消失、迅速退入讨论的背景中，变成无关紧要的东西。或许我们想保持乐观，坚持认为未来的某一天机构内部形式化的权力结构能与信息网络日益增强的影响力交汇，实现某种综合；但这种愉快的"第三条路"的有用性和现实性都缺乏依据。按照一种公共关系驱使（PR-driven）的信念系统的看法，社交媒体总有一天会被整合进有效的机构组织和基础设施中，这种观点可能只是一种在稀缺资源引发的紧张感与日俱增的时代中产生的新世纪（New Age）乐观主义。在这种紧张感中，社交就好像一只万能胶，可以修补或者润色历史性的毁坏，也可以立刻转化为爆炸性的材料。哪怕是专制国家也几乎不可能彻底杜绝这种爆炸性，把社交媒体当作背景杂音忽略掉的做法也容易走火。因此从医院到大学的各种机构，都会雇佣一大批临时顾问来帮他们管理社交媒体。

社交媒体实现了交流即交换的承诺：它并不禁止回应，相反，它要求人们回复，或至少需要一种技术性的交互性（reciprocity）概念。类似鲍德里亚对早期媒体形式的描绘，我们今天的网络也是"话语与回应的交互性空间"[6]，它引诱用户说话，说什么都行……后来鲍德里亚改变了他的立场，不再相信对媒体回话（talking back）的解放性：重建符号交换没有用——更不用说，这一特征正是社交媒体以解放的名义提供给用户的。对晚期的鲍德里亚来说，沉默大多数的优势地位更算数。

在迈克尔·哈特（Michael Hardt）和安东尼奥·奈格里（Antonio Negri）2012 年的小册子《宣言》（*Declaration*）中，他们避开了从宏观的社会性维度讨论共同体、团结和社会；他们观察到的是一种无意识的奴役："人们有时奋力争取受奴役的状态，仿佛这是对他们的拯救。"[7]这些理论家对社交媒体的兴趣主要是在个体的权利（entitlement）而非整体的社会交往："当人们自愿地交流、表达、写博客并活跃于社交

6 让·鲍德里亚，《大众：社交在媒介中的崩塌》（The masses: implosion of the social in the media），玛利亚·麦克林（Marie Maclean）译，《新文学史》（*New Literary History*），16.3，《论文学史的写作》（On Writing Histories of Literature），1985 年，第 577–589 页。

7 所有对迈克尔·哈特和安东尼奥·奈格里的引用都出自《宣言》，纽约，Argo-Navis，2012 年，第 18–21 页。

8 两处引用均出自哈特与奈格里，《宣言》，第 35 页。

9 译注: precarious labor 指的是无契约、零工、临时派遣工, 常译为"非典型劳力", 这里考虑到劳动条件和生活状况的流动不定, 译为"流动劳动"或"流众"。

10 见 2012 年 3 月初 nettime 列表中关于"1000 亿美元的脸书问题: 资本主义能熬过'价值过剩'吗?"的讨论。布莱恩·霍姆斯（Brian Holmes）在另外一个话题中写道："在我看来关于所谓网络 2.0 的讨论中, 对马克思'剥削'概念在严格意义上的使用是有局限性的, 即这种说法: 你的劳动力异化进了商品生产中、得到交换价值作为回报, 是有局限性的"; "多年来一种常见的拒绝思考的态度一直让我感到诧异, 这种态度居然是基于欧洲历史上最伟大的政治哲学家马克思的作品的。"它存在于这种主张中: 社交媒体在剥削你, 玩就是劳动, 脸书是新的福特汽车公司; "'捕获的装置'这个由德勒兹和加塔利提出, 又由意大利自治主义者、巴黎'诸众'（Multitudes）团体发展为真正的政治经济学的概念也类似, 尽管它没有直接使用剥削的概念"; "社交媒体不会像你的老板那样剥削你; 它确实会把你与朋友、联系人展现才能和欲望的方式的数据卖给恶心的公司, 它们试图

媒体, 他们实际上会不会正服务于一种相反的压抑性力量?"对我们这些已然媒体化的人来说, 工作和休闲已经无法分开了。但为什么哈特和奈格里没有对人的彼此连接的积极方面表现出同样的兴趣?

哈特和奈格里将社会网络简化为媒体问题是个错误, 他们的说法就好像互联网和智能手机只是用来检索信息的。就交流的作用, 他们总结说："没有什么能击败肉身的聚集, 以及作为集体政治智慧和行动之基础的身体性交流"。与之相比, 社交媒体上的联系就显得微不足道, 它其实只是个甜蜜而机灵的世界。但按照这种说法, 网络上被中介的社会交往生活依然未被关注, 也未被考察。我们不一定要把社会交往与媒介的相遇看作黑格尔式的综合、社会历史演变的必然方向, 但今天"在那里"、在平台上展开的社交活动的强大而抽象的聚集还有待理论总结。哈特和奈格里（绝望地）主张拒绝中介的思路没有触及问题本身, 正如他们自己说的："我们需要通过网络交流中的个体殊异性（singularity）与在场, 创造新的真理。"我们既需要网络连接, 也需要阵营。按照哈特和奈格里对社交的理解, "我们像虫子一样聚集", 表现得像"去中心化诸众的个体, 在同一水平面上交流"。[8] 但从这一聚集中（或伴随着它）产生的实质权力结构与冲突还有待讨论。

当我们陷入在线的社交问题时, 回去从 19 世纪欧洲的社会理论中寻找相关的讨论的做法, 是勇敢却无效的。这使得有关马克思的"流动劳动"（precarious labor）[9] 和脸书内部的剥削的讨论显得吊诡。[10] 相反, 我们需要从字面意义上理解社交化的进程, 克制善意的政治意图。

社交媒体的运作是微妙、非正式和间接的。我们该如何超出善恶的框架，通过它冷酷与亲密的两面来理解新媒体的社会转向——正如以色列社会学家伊娃·伊洛斯（Eva Illouz）在她最近的《冷酷的亲密》（Cold Intimacy）一书所描述的那样？关于媒体产业和 IT 的文章总倾向于回避这些问题的复杂性。便捷性、易用性这些优点无法解释人们"在那里"、在网络中寻求的东西，关于信托的专业化、新自由化的讨论——它们试图在新的非正式性与规章制度日益鲜明的法律逻辑之间建立联系——也有同样的弱点。

　　尽管社会学这一学科到目前为止还是和我们一道的，前文所说的那种"社会的消除"还是导致了批判性互联网讨论中对社交理论重要性的低估。与这种趋势相反，一种基于网络的社会学如果能摆脱真实 - 虚拟的二分法，不再把研究范围局限在"技术的社会影响"（如研究网瘾现象）方面，那么它对于探讨阶级分析与媒体化日益紧密的关联，将发挥重要作用。伊娃·伊洛斯就这一问题对我说过："如果传统上社会学要求我们把精明和警惕用在区分的艺术上（区分使用价值与交换价值、生活世界与生活世界的殖民化等），那么今天我们面临的挑战，便是用同样的精明研究一个不停地突破这些区分的社会交往世界。"[11] 阿姆斯特丹网络社会学的先锋、SocioSite 网站编辑阿尔伯特·本思乔普（Albert Benschop）主张应彻底克服这种真实 - 虚拟的区分。他借用社会学中经典的托马斯定理，提出了这样的口号："如果人把网络定义为真，它们就能产生真实的影响。"换句话说，对本思乔普来说互联网不仅是个"二手世界"，它的物质虚拟性也影响着我们的现实。同样的

捕获你的注意力、规定你的行为、拿走你的钱。在这个意义上，社交媒体的确试图控制你，你也为它创造价值，但这不是全部，因为你也用社交媒体做了些你自己的事。令人惊讶的是，'玩 - 劳力'（playbour）等理论忽视了这样一个事实：我们每个人除了被剥削和控制之外，也是潜在的自主创造力涌出的源泉。对这一点的忽略（可惜会忽略这一点的主要左翼人士）阻碍了自主的潜力的探索与实现"。

11 私人邮件联络，2012 年 3 月。

12 阿尔伯特·本思乔普，
《虚拟社区》（*Virtual
Communities*）。

13 见罗伯特·普法勒，
《交互被动的美学》
（*Ästhetik der Interpas-
sivität*），汉堡，Plilo Fine
Arts，2008 年（德语），
以及吉斯·范·欧能的
《不是现在! 关于交互
被动社会》（*Nu even
niet! Over de interpas-
sieve samen-leving*），阿
姆斯特丹，van Gennep，
2011 年（荷兰语）。

说法也适用于社交。不存在一个有另一套社交法则和习俗的第二人生，因此在本思乔普看来，不需要另设一个学科。[12] 对社交形态的讨论与我们每个人都息息相关，它不应只掌握在技客和创业者手中，任由他们捏造。

在这里，我们也会注意到传统的广播媒体和目前社交网络范式的主要区别。社交媒体不再需要传统媒体的主持人，而是需要我们持续的参与（点击），但无论媒体替我们塑造了多少思想、情感，或试图让社交资本膨胀，机器都不会替我们建立起关键的连接。正如普法勒（Pfaller）、齐泽克和范·欧能（van Oenen）所说，我们进入了一种"交互被动"（interpassivity）状态。[13] 但"交互被动"的说法主要是描述性的，对于分析没有什么帮助，它未能质疑目前社交媒体使用的结构和文化。更进一步说，此类批评不仅受到某种隐藏、被压抑的离线浪漫主义情绪的驱使，还涉及对"过度曝光"的反感——暴露于信息中，也暴露于他人的生活中，这正是参与式媒体对于"加入"（opt in）的强制要求。我们有时的确需要从热闹喧哗的社交中撤出，但谁能无限期地脱离交往的纽带呢？

伴随社交定义的转变，对个人（personal）的定义也因此被不断地翻新。为了参与其中，社交媒体中的"社交"要求我们将个人历史体验为某种有待和解与克服的东西（无论是家族纽带、村庄或郊区、学校、学院、教堂，还是工作的同事）；但与此同时，我们还应该对自我在当下和历史中的种种形式表现出自豪，并展现（甚至热衷于炫耀）自己。社交网络被体验为一种实际的潜能（actual potentiality）：我可以联系这个或那个人（但我不会这样做），

我也会表示我喜欢哪个牌子（即使没人问我）。社交是把彼此连接的主体，想象为临时的统一体。大多数人都已经感到了与多人相连之潜在意义的力量与重要性。

海德格尔的那句"我们并不呼唤，我们是被传唤的"如今已变得空洞。[14] 在网上，机器人会直接联系你，其他人的状态更新（无论是否和你相关）都会传递给你并被筛选。在脸书上是无法独处的，你总会收到毫无意义的"好友"申请。对于一个被动的接收者而言，筛选确实失败了。一旦你身处社交媒体匆忙的流之中，来自软件的"存在之传唤"（Call to Being）就会邀请你回应。后现代镇定、放松的无动于衷（作为一种虚假的颠覆性态度）已经终结，因为让自己不被打搅也毫无意义：我们本来也不是"好友"，这是算法为我们决定的。那为什么还继续用脸书呢？忘了推特、删除 Whats App 吧——这些主张听起来很酷，但没有解决问题。用户已经不再身处 1990 年代的体制中了，对于社交，谁也不能再采取"无动于衷"这种装聋作哑的主权姿态。鲍德里亚所说的大众的沉默本身似乎是个古怪的乌托邦，社交媒体已经变成了某种鼓动人滔滔不绝地说话的聪明伎俩，社交媒体的成瘾性不可忽视，我们都被重新激活了。如今公共观点的淫荡性及其对我们的私人生活细节日复一日的出卖，已经植根于软件中，吸引了成千上万不知该怎么脱身的用户的参与。怎么才能在不被别人注意的情况下从社交生活中脱身呢？

鲍德里亚当时提出的脱身策略，是暗中颠覆着社会真实存在的民意调查（opinion poll）。也就是说，他以一种讽刺性的、对象化的大众，

14 见阿维塔尔·罗奈尔（Avital Ronell），《电话簿》（The Telephone Book），Lincoln，University of Nebraska Press，1989 年，引用部分从第 2 页起："你的回答是肯定的，几乎是自动、突然的，有时甚至是不可逆的。你接电话意味着电话来了，它还意味着：你是它的受患者，你被叫来满足它的需要、还你的债。你不知道电话是谁打来，也不知道你会被叫去做什么，但你还是听了它，放弃了一些东西、接受命令。"这里举了一个历史上的例子，是海德格尔 1933 年接到纳粹风暴军团局（SA Storm Trooper Bureau）的电话（第 6 页）。海德格尔把他和国家社会主义的关系追溯到了这通电话。罗奈尔试图证明海德格尔落入了一个圈套，"我想把这个圈套追溯到某一天、某个时间。我会多次接这同一个电话，并试图摆脱它"（第 16 页）。

15 鲍德里亚，《大众：社交在媒介中的崩塌》。

16 斯特林写道："在2012年谈论'互联网''个人电脑生意''电话''硅谷'或'媒体'越来越没有意义，更有意义的是研究谷歌、苹果、脸书、亚马逊和微软。美国这五大垂直组织的烟囱式公司正按照他们的图景重塑世界。如果你是诺基亚、惠普或日本电子生产商，它们会偷走你全部的养分。2013年这五大实体之间将发生更多事情；他们从不正面交锋，但都热衷于'干扰'。"

17 根据2014 Incapsula机器人流量报告，这一年网络上大部分流量都来自机器人；这一年中56%的网页流量来自机器人，29%的机器人被认为是"不好的"，27%被认为是"好的"。

来取代异化了的实体之大众的沮丧观点。但如今媒体时代已深化了三十年，即使是鲍德里亚理解的那种大众，也已经被媒体整合了。在脸书的时代，调查不用人的直接参与，就能通过详尽的编码数据挖掘不停地记录我们的偏好。这些算法运算在后台运作，把每一次点击、关键词搜索，甚至是键盘上的每一次敲击所产生的信息都记录下来。对鲍德里亚来说，这种"被积极地吸收进计算机的透明性中"[15] 比异化更糟糕，大众（The public）已经转化成一个充满用户的数据库。"社交的邪恶天才"要想表达自己，只能在手机转发和数码相机记录所产生的诸多观点的引导、见证之下，才回到街道和广场上。"作为用户的主体"的选择就更少了：你可以在评论栏里输入几句像是演讲的话，或者继续潜水，偶尔偏离常规出来捣乱。正如鲍德里亚把民意调查的结果看作是普通民众对政治/媒体系统的微妙报复，如今我们也需要质疑大社会数据操作的客观真实性，正如布鲁斯·斯特林（Bruce Sterling）于2012年指出的，这种操作产生于微软、谷歌、苹果和脸书尚未登场时的"堆栈"（the stacks）。[16] 用户有一大群尽忠职守的软件机器协助，被大量虚假、不活跃的账户包围着。许多数据流动都没有用户的参与，只发生在服务器和服务器之间。物导向的哲学必须掌握这种对无用且空洞的偶然性的批判。

社交媒体不再如鲍德里亚几十年前对媒体经验的描述那样"使我们陷入呆滞状态"，[17] 相反，它向我们展示了越来越酷的软件和各类产品，巧妙地推着我们喜新厌旧。我们无须完全抛开旧有的平台，只要通过简单的点击、按键、拖动，就可以登录其他的东西来分散自己的注意力。那些网络服务可以在几周之内就被突然抛弃——我们已经想不起它的图标、书签和密码了。我们不用反抗网络 2.0 时代的新媒体，抗议它们所谓的侵犯性隐私政策；我们通常只是自信地离开它们，清楚它们会像 19 世纪老 HTML 的幽灵城市那样在那里游荡着，引发永恒回归的悖论。

鲍德里亚在旧媒体的时代描述了这种状况的开始："臣服于民意调查、信息、公共性和统计数据是我们的命运：我们不停地遭遇对我们行为的（预料之中的）数据证实，被我们上一次行动不断折射出的效果所吸引，再也无法直面自己的意志。"[18] 鲍德里亚分析指出，这种体现在对个人偏好的持续展示（对我们来说是在社交媒体平台上展示），将导致一种淫秽。存在一种"社交的冗余"，一种"群体对自己的持续的窥视癖：它必须每时每刻都清楚自己想要什么……社交通过这种自动信息（auto-information）和永久的自体中毒，变得自我沉迷"。

鲍德里亚写下这些早期文章的 1980 年代，与三十年后的今天的区别，在于民意调查的逻辑已渗入生活的方方面面。我们要对每个可能的事件、观念或产品有自己的看法，数据库和搜索引擎也对这些非正式的判断感兴趣。人们主动谈论各种产品，不再需要外来的刺激。推特问一句"有什么新鲜事？"就可以捕捉到整个未编码的生活。任何事，哪怕是在线公众提供的最微小的信息火花也（潜在地）是有意义的，它随时可能被归类为"病毒的"（viral）或热门的，注定要经历数据挖掘（data-mined），而且它一旦被存储，就有待与其他细节联系起来。这种捕捉热点的设备完全不关注人们所说

18《在沉默的大多数的阴影之中……或社交的终结》（In the shadow of the silent majorities...or, the end of the social） 一文的英译版由保罗·福斯（Paul Foss）、保罗·巴顿（Paul Patton）和约翰·约翰斯顿（John Johnston）翻译。

19 这是"教授教授"（Professor Professor）的一个流行词，"教授教授"是 2007 年 BBC 动画系列《鬼马特工队》（*The Secret Show*）中说着有浓重德语口音的英语的巴伐利亚人。

的内容——谁在乎你的观点呢？这归根结底只是个数据问题：成为它们的数据，等待被挖掘，重新组合并廉价出售；如"维克多，你还活着吗？"[19]问题不在于参与、记忆或遗忘，我们互相传递的只是"我们还活着"的信号。

对社交媒体的解构不用再关注对友谊话语的重新解读（"从苏格拉底到脸书"），或者对"线上自我"的拆解。类似地，"交互被动性"这一概念或许也会鼓励人关注休息（"马上预订你的离线假期吧"），但这类批判估计也很快会淡去。相反，我们需要的是"控制论 2.0"时代中勇敢的先驱，延续最初的梅西会议（Macy conferences，1946—1953 年，会议首次讨论了控制论的问题）的思路，考察社交媒体内部的文化逻辑、重估代码的反身性（self-reflexivity），并思考怎样的软件架构才能从根本上改变并重组网络社交体验。为此我们需要批判性人文学科和社会科学的知识，也要与计算机科学平等交流。"软件研究"的先驱能胜任这一任务吗？时间会说明这一点。到目前为止，只偏重数据可视化的数字人文学科，和对计算机一无所知的人文学者（他们就像是无辜的受害者）的合作，坏了开局。我们不必再给无知者提供更多工具，而是需要技术知识充足的新一代人文学科。为此我们需要以批判理论和文化研究为主导，由编程理论家、哲学家和走出绘画和电影范畴的艺术评论家共同运作的研究项目。同时，也要改变艺术和人文学科对硬科技产业的屈从态度。人文学科不该像受虐狂一样屈从于数字领域，我们应当勇敢地回击，但这首先要求我们不再回避问题。

哲学对这样一场运动能有什么贡献？我们不用再拆解西方自我认同的男性主体，把它对立于虚拟游戏世界中随处可见的自由网络身份（即头像）。为此，我们急需一种对 IT 领域有所了解的、有关具体网络和组织的后殖民理论。情感（affects）在这里又起了怎样的作用？就理论本身来说，我们要把德里达对西方主体的质疑扩展到软件的非人类代理上（正如布鲁诺·拉图尔和他的行动网络理论［ANT］追随者们所说），只有这样才能更好地理解聚合器（aggregators）的文化政策、搜索引擎被忽略的作用和维基百科内部无休止的编辑战争。

对于社会学家而言，对作为"社交的复兴"的大数据的强调，显然是一种"实证主义社会科学"，然而到目前为止还没有哪个批判理论学派能帮我们准确解读"作为用户的公民"的社交光环。"社交"一词实际上已被犬儒地简化为"数据色情片"（及其引发的不满）。"社交"一词先是被当作私有平台的时髦概念复兴，又整合了英国的媒体研究，它似乎既不是一种异见，也不是亚文化。"社交"将"自我"组织为一个技术 - 文化实体，软件的特殊效果，一种让大量用户上瘾的实时反馈机制。在如今有关互联网的讨论中，社交与"社会问题"毫无关联，也完全不会使人想起社会主义观念或作为政治纲领的社会主义。

同时，脸书的简洁性使网络体验变得相当人性化：这种人性化的目标是他者而非信息。在理想状态下，这个他者此时此刻就在线。交流最好是全天候的、全球的、移动的、快速而简短的。人们最欣赏的是好友用户之间以聊天的速度进行的即时交换。这就是社交媒体的最高形态。人们期待我们"像打嗝一样把你此刻的想法说出来，无论论它的质量如何、与你其他的想法有怎样的关联"。按照学者的说法，年轻人的社交仪态和行事风格是默认的（按照学术文献的说法）。我们创造一个社会雕塑，然后就像对待大多数概念或参与性艺术品一样，很快就将它抛弃，等着无名的工人将它清除。各种社交媒体的信念和命运也是如此——它将作为"后9·11时代""非团结"（non-togetherness）的历史特殊形式被人记住，直到下一次消遣耗尽了我们无休止的当下，人们又将愉快地把它遗忘。

人们说，社交媒体产生于虚拟社区之中并突破了它（正如霍华德·莱茵戈德［Howard Rheingold］在他1993年的同名著作中描述的），但这一被不断重申的确切谱系图又有多值得关注呢？许多人怀疑目前作为百万人平台的脸书和推特，是否还能带来真正的在线社区体验。现在唯一算数的是流行话题、下一代平台和最新的软件。研究硅谷的历史学家们总有一天会解释社交网络网站是如何从网络公司危机的废墟中产生的：电子商务的繁荣与破产边缘上的少数几个幸存者，重新改造了网络1.0时代的某些可行理念，进而强调将用户赋权为内容生产者。2003年以来开始运转的网络2.0，其秘密就在于它结合了数码材料的（免费）上传与对其他人上传内容的评论。交互性总是由行动与反馈组成的。克里斯·克里（Chris Cree）将社交媒体定义为"发布由用户生成的内容，并允许一定程度上的用户互动的交流模式"，这个不妥的定义会把很大一部分早期计算机文化也包括在内。仅把社交媒体限定为上传和自我推销是不够的。如果只把社交媒体理解为一对多的营销频道，我们便很容易误解它；一对一的个人反馈，以及在小范围内像病毒一样扩散的内容也不容忽视。

20 安德鲁·基恩，《数字眩晕》, St Martin's Press, 2012 年，第 13 页。

正如安德鲁·基恩在 2012 年的《数字眩晕》（*Digital Vertigo*）中所说，社交媒体中的"社交"首先是个空的容器。用他典型的空话来说就是，互联网正"成为 21 世纪生活的连接组织"。在基恩看来，社交是一股将沿途的一切都变得扁平的潮流。他警告说我们即将终结于一个反社交的未来，其特征是"彼此连接的人群中各自隔绝的人的孤独"[20]。用户被限制在脸书、谷歌以及类似软件的牢笼中，被鼓励将社交生活局限于信息的"分享"。自我媒介化的公民持续不停地向不定形且麻木的"朋友"群体公布他或她的状态。基恩是警告我们关注过度使用社交媒体的副作用的美国（以美国为主）批评家之一，如今这样的批评家越来越多。从谢里·图尔库（Sherry Turkle）对孤独的再三强调，尼古拉斯·卡尔（Nicholas Carr）对思维能力和注意力丧失的警告，到叶夫根尼·莫罗佐夫（Evgeny Morozov）对非政府组织乌托邦世界的批判和杰伦·拉尼尔（Jaron Lanier）对创造力丧失的担忧，这些评论家的共同点是他们都回避了一个问题：社交除了是脸书、推特所规定的那样以外，还能是什么样子？社交有一种令人不安的性质，它会以一种陌生且常常是不被认可的议程呈现出来：在一无是处的迷因驱使下的含糊的、民粹的议程。

他者是市场机遇，是渠道，还是阻碍？任你选择。将一个人的个人环境"自动量化"从未如此简单：我们只需要看看自己的博客来访量、推文数量，推特上的关注人数和粉丝数，在脸书上查一好友的好友，或者去 eBay 上买几百个会给我们最新发布的图片点赞的"好友"（比真实的好友更可靠），就自己最新的装备侃侃而谈。听听简易资讯聚合（RSS）的发明者和全球机器人博客（ur-blogger）戴夫·维纳（Dave Winer）是怎么看待这个领域内新闻的未来的吧：

建立一个内容流，把你最钦佩的博主发布的内容和他们读的其他新闻来源汇集在一起。和读者分享你的来源，要知道没有谁完全是来源或完全是读者，要把它们混在一起。准备一锅观点，时常品尝一下。和每一个对你来说重要的人连线，越快、越自动越好，把油门踩到底，松开刹车。

如今的程序员就是这样把一切黏合在一起的，把从用户到数据对象再到用户都连接起来。这就是今天的社交。

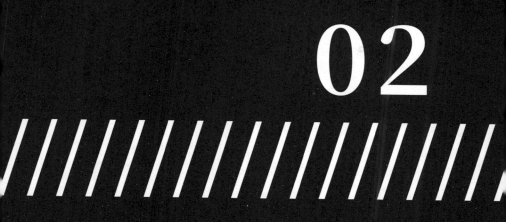

02

\ 02　社交媒体高潮之后：处理信息过载

　　"你不能靠脸书上的声誉获得住房抵押贷款。"（杰伦·拉尼尔）——学会如何无视请求——"我半夜三点感到筋疲力尽却又睡不着的时候，有时会打开推特，读几条无聊的胡言乱语，进一步激起我对人类的愤怒，然后听汤姆·威茨（Tom Waits）来重新建立我的信念。"（米奇·麦克多纳［Mickey MacDonagh］，情绪的管理［Government of Temper］）——"我不是先知，我的工作是在原本是墙的地方建造窗户。"（米歇尔·福柯［Michel Foucault］）——"胡说八道是新的智慧。"（杰夫·贾维斯［Jeff Jarvis］）——"我知道结果会是什么：总有一天人们会宣布我是'仇网'（web-hostile）人士并找我算账。天啊，为什么这么多互联网理论都如此可怕？"（叶夫根尼·莫罗佐夫）——灾难性交流公司——iEnhancement 变得越来越无关紧要——"脸书要告诉用户他们是被追踪的。"（*NYT*）——"我的数据比你的大。"（伊恩·博格斯特［Ian Bogost］）——"论坛是网络中的暗物质，是互联网的B级片。但它们很重要。"（杰夫·艾特伍德［Jeff Atwood］）——总会有这种帖子："这我们不是已经做过17次了吗？"——

1 这一章将延续我在《无缘由的网络：社交媒体批判》（*Networks Without a Cause: A Critique of Social Media*，剑桥，Polity，2011 年）一书中第一章"信息过载的精神病理学"（Psychopathology of information overload）的研究。

2 丹比萨·莫约，《西方如何迷失》（*How the West was Lost*），伦敦，企鹅图书（Penguin Books），2011 年。

3 彼得·斯洛特戴克"互联网是关于：精神世界的思维工具、全球民主的科技基础、新水晶宫和宇宙市集的一切。同时它也是数字火车站街区，最多是个虚拟的海德公园，每个被激怒的公民都可以在箱子里大肆抱怨"（作者译），见 *Zeilen und Tage: Notizen 2008–2011*，柏林，Suhrkamp Verlag，2012 年，第 325 页。

"既然世界正朝着狂躁的方向发展，我们也需要从狂躁的角度理解它。"（让·鲍德里亚）——猎头公司将它标记为"不予理会"。

对"社交媒体"的公开争论正从对其副作用的研究——如孤独感（谢里·图尔库）、愚笨或大脑的变化（安德鲁·基恩）——转向伦理性设计问题。换句话说就是，该如何管理我们繁忙的生活。[1] 当我们走出最初的过热与普遍采纳的阶段，开始认真思考平台的长期作用，通往伦理学与自我技术的福柯式转向就发生了。我们带着智能手机还能否生活得有意义？还是说只能关掉手机，不再想它？我们的余生一定要受到推文转发的骚扰吗？能不能打个电话问硅谷：社交的狂热何时才能结束？我们似乎已经快准备好进入下一个阶段了。到了上传最后一张搞笑猫（lolcat）图片的时候了。

距离斯宾格勒以浮士德的方式探讨第一次世界大战已经过了一个世纪，我们又在这里用到了类似"西方的没落"的说法（但这次是由经济学家丹比萨·莫约［Dambisa Moyo］[2] 准确阐释的）。进入社交网络已不再困难，那些还在强调社交网络的乌托邦性质与民主性的理论必须调整思路。2012 年叙利亚内战时互联网做了什么？它促进而非抑制了"伊斯兰国"在 2014 年的崛起。与此同时，主流网络话语已经变得索然无味。还记得史蒂文·约翰逊（Steven Johnson）、克莱·舍基（Clay Shirky）和杰夫·贾维斯这些"有用的傻瓜们"的好日子吗？叶夫根尼·莫罗佐夫又是如何与他们论战，取得迷因上的优势盖过了美国自由派的舆论空间？技术布道者们都到哪里去了？似乎互联网已经完全成为没人想要它成为的样子。[3] 社交媒体是对在大混乱中被边缘化的专栏作家阶层的致命打击吗？社交媒体无疑导致了主流媒体可信度的降低：[4] "推特是一大堆誓言、愿望、法令、诉求、诉讼、请愿、法律、抱怨和牢骚的混合（詹姆斯·格雷克［James Gleick］）"。[5] 目前谁能指引我们开展对数码和网络化交流的规则、责任与禁令的探寻？在民粹主义暴怒的大海中，哪里能觅得斯多葛式的平静？

互联网和智能手机会保留下来，顺利融入危机重重的新自由主义时代——这一时代的特征是经济停滞、民粹主义焦虑和媒体景观。问题不再是"新媒体"有什么潜力、能如何影响社会，而是我们该如何应对这种超现实的现实。不是写监视与惩罚的福柯，而是写自我的伦理性关照的晚期福柯。同时发生着这么多事情，我们该如何形塑"生活的艺术"？博客研究已经强调了福柯描绘的谱系学的告解形式（confessional form），并把网络 2.0 时代的用户生成内容理解为一种自我推广机器。对自拍的批判性研究也指出了一种类似的"自恋文化"。[6] 人们的注意力已从最初强调的网络"赋权"潜力转向心理与生理健康的美学。能说有一种告诉我们该说什么、什么时候闭嘴、保存哪些东西、什么时候加入、什么时候离开、从哪里参与进去的"联网的德性"（virtue of networking）吗？在这一商品与服务标准化的时代，如何能让每个人的生活成为一件艺术品？

大多数艺术家、社会活动者和学术研究都强调社交媒体是一套统治技术，而我在这一章讲的作者们探讨的则是它改变生活方式的可能性。嬉皮士设计疗法，潮人写程序，但并不是每个人都能忽视科技日常的繁忙信号而采取主

4 见德国周刊《时代报》（Die Zeit）关于互联网时代的真理与宣传的系列文章，2015 年 7 月。

5 詹姆斯·格雷克，《推特世界的图书管理员》（Librarians of the Twitterverse），《纽约书评》（New York Review of Books），2013 年 1 月 16 日。

6 在此有必要重读克里斯托弗·拉什（Christopher Lasch）的《自恋主义文化：期待降低的时代中的美国生活》（The Culture of Narcissism: American Life in an Age of Diminishing Expectations），纽约，Warner，1979 年。我们可以很容易地按照今天的状况重写、重构这篇经典文本的副标题；尤其是"我们爱上自己了吗？"这个问题，它已经被回答了。他在第 43 页写道："作为美国文化组织框架的宗教已被取代，治疗式的观点有可能取代政治"。我们都同意这一过程已经完成，它导致了"民主赤字"，这种期待的降低又引发了新的抵抗与不满。

权态度。更何况分心也不是"完全不好"。作为深深刻在我们的人类系统中的动物残余，它能帮助我们觉察来自不同地方的潜在威胁。现在我们还能把这种同时处理多个任务的能力看作天赋吗？婴儿潮一代的思维在这里冒头了，但其中确实也包含一些严肃的思考。

让我们先关注欧洲，投身历史，讨论一下德国文学研究者佩特拉·洛夫勒（Petra Löffler）的作品，她对 20 世纪注意力史的研究于 2014 年以德语出版。洛夫勒对这一问题的研究思路不太偏重媒体考古学的角度，而侧重诠释学的话语分析。按她所说，所谓的注意力减退和如今人们阅读较长、较复杂的文章的困难，已经开始影响到学术研究的未来本身。社交媒体让情况变得更糟糕。当人们忙着在智能手机上开展多任务，人类再次开始走下坡路。教育部和 IT 产业正在推广在课堂上使用平板电脑（比如说借助最近流行的大量公开网络课程［MOOCs］），但只有少数几个专家对这种做法的长期后果提出了警告。严肃的讨论与政策的缺乏滋生了一系列流行迷信。争论很快就变得两极化，任何忧虑都被简化为一代人就技术恐惧症的争辩与指责。不过成千上万的计算机工作者罹患的疾病显然各式各样；包括视力损害、注意缺陷多动障碍（ADHD）、腕管综合征（Carpal Tunnel Syndrome）、肢体重复性劳损（RSI）和相关的药物问题（利他林［Ritalin］），以及由于周围设施设计不合理导致的错误坐姿引发的普遍的脊柱、腰间盘问题。人们还谈到大脑也在发生变异（比如，德国精神病学家弗雷德·施皮策尔［Manfred Spitzer］的著作）。随着后现代疾病令人忧虑地扩散开来，"白日梦疗法"还有立足之地吗？洛夫勒研究的惊人之处在于，她指出克拉考尔和本雅明对分心/消遣实际上是持赞同态度的。米歇尔·德·蒙田（Michel de Montaigne）很早便指出，消遣是对受苦灵魂的慰藉。在洛夫勒对早期电影的研究中，我们也发现娱乐是工人阶级的权利，也是劳动力再生产的必要条件之一。消遣被看作一种切实的阶级需求，而不只是统治力量"愚弄"臣民的阴谋。从这一角度看，注意力就成了一种规训性力量。在我对洛夫勒的采访中，她表示"与哲学家康德或心理学家里沃特（Ribot）一样，我相信一定程度的分心不仅对于生活的平衡而言是必需的，它也是身心的一种普遍状态"。[7] 在洛夫勒看来，我们生活在一个不确定的转变阶段：

因此那些声称能提供简单的解决办法的方案很受欢迎。神经科学的概念常常从身心关系的片面模型出发，而忽略了社会和环境的因素。从康吉莱姆（Canguilham）和福柯这些科学史家那里，我们了解到大脑缺陷和心理异常的精神病学模型不仅是社会焦虑的映现，还产生了关于什么是"正常"的知识。我们需要考察这类话语，为如今的焦虑命名。不过，我不会把分心看作一个比喻：它其实是身体的特定阶段，是心灵的一种状态。它是真实的。你不能靠称它为缺陷或疾病，简单地吃药片或是关掉电子设备来对付它。

按照福柯的思路，问题在于如何将支配最小化，并重塑新的自我技术。至于为何互联网产业培养了自己的中心化和控制的怪物（通过谷歌、脸书、苹果和亚马逊的联盟），却又促进了它的对立面这一问题，还没有答案。互联网之父们在这一问题上保持沉默是很好理解的，

7 基尔特·洛文克，《散布式注意力的美学：与德国媒介理论家佩特拉·洛夫勒的访谈》（The aesthetics of dispersed attention: an interview with German media theorist Petra Löffler），NECSUS，2013 年。

而且人们还没有细究其产业发展历程，追究他们的直接责任。我们清楚他们是问题的一部分，而不是解决方案。就思维空间和能动性而言，我们如何在这一困境中生存下来的问题更加令人困扰。哪些技术能有效减弱社会噪音和持续不断地尖叫着吸引注意力的数据流？哪种在线平台有利于长期的组织？我们谈的不只是能删除垃圾消息、"抹除"你前任的数码痕迹的筛选器。正如目前关于互联网艺术的讨论所表明的，这一切都涉及习惯、训练和重复（正如亚里士多德早已强调的）。终极的解决方案并不存在。我们需要随时调整自己的心理状态以集中注意力，同时对那些动摇了我们的生活轨道基础的新趋势和历史性跨越保持开放。问题不仅在于注意力的合理分配：我们何时该欢迎他者，何时该阻止外来物？何时才能停止搜索，开始创造？有时我们需要让各种实时通信武器开火，调动并暂时占领奇观，在晚上也必须放松，为感官敞开其他的门。但这要等到什么时候才能切实地发生呢？

事实已经证明，公开批判世界上像脸书这样的社交平台是不够的。人们希望年轻人很快就会感到无聊、用户开始转移，最后一次登出现有的社交平台几周、几月后就彻底忘记它们，就像忘记 Bibo、Hyves、StudiVZ、Orkut 和 MySpace 一样。与你的父母、家人和老师用同一个平台一点也不酷。这种说法假定，少数几个最先退出社交平台的人的"英雄之举"将带动大众默默离去。长期来看，这种情况或许终将发生，但从一个服务器不断转向另一个服务器丝毫不会缓解集体的不安，也不会减弱我们对不断产生的无知与文化性怀疑的敏感。

按照比利时通俗精神病学家、《边缘时代》（*Borderline Times*）的作者德科·德·瓦克泰（Dirk De Wachter）的说法，西方公民正在慢性的空虚感中挣扎。德国精神病学家曼弗雷德·施皮策尔（Manfred Spitzer）似乎与瓦克泰志同道合，他在《数字痴呆》（*Digital Dementia*）一书中主张，在学校使用平板电脑和社交媒体会导致学生社交技能减弱和抑郁。这样，更广义的社会分析要把社交媒体高强度的使用纳入考察，把网络与注意力缺陷多动障碍和全球化等问题关联起来。与其将社交媒体解读为某种独特的无法触及之恶的时代精神症状，我们应当把互联网问题看作使用的文化与系统创建者和编码者的技术前提之间的相互作用。

　　我们需要设计一种网络主权的日常仪式，不能在不断浏览、网上冲浪和搜索中迷失自己。到目前为止这更像是 1990 年代的怀旧行为（坚持住！），一旦技术-社会性日常变得无意义，我们就会面临"虚无主义"（rienisme）的危险，甚至没有什么东西可汇报了：我们不能再把无聊与技术分开。在电梯里或站台上等车，漫无目的地划手机的时候，你需要想出一种有激情的方式来摆脱虚拟世界。但问题在于，该怎么对某种被设计得生机勃勃的东西丧失兴趣呢？这个问题不同于 20 世纪晚期记忆与遗忘的辩证法。脸书上没有什么值得记住的社会大事（大多是分手和离婚），人们更难忘记的是各种小创伤，如一条不合适的评论、撞见前任、跟踪者、霸凌和令人尴尬的图片。这些归根结底只是数据流量。在这种控制论环境史中，该怎么处理平淡无奇的事件（就像坐在赛博之河的岸边盯着水流过），依然是个问题。[8] 由于其"非

8　RSS 发明者和博主戴夫·维纳最喜欢的比喻就是河流，他把这个想法转化成了一套完整的社交媒体哲学。

正式性的专政"（tyranny of informality），社交媒体是流动的，它太次要、太未完成，以至于无法被恰当地存储，故而也难以被记忆。《删除：数字时代遗忘的美德》（*Delete: The Virtue of Forgetting in the Digital Age*）一书的作者维克多·麦尔 - 荀伯格（Viktor Mayer-Schönberger）论证说，一切数字信息都能被且将被存储下来、很难遗失，这或许有道理。但如今社交媒体的架构同时也在向相反方向发展。如果你发现五年前某条推文、邮件或脸书更新突然显得很重要，算你好运。流动的数据库是一种临时的参考系与更新系统，它很难用搜索引擎检索，已被卷入自我的永恒当下中。

如果只考虑互联网方面的讨论，我们知道，主导着喧嚣的 1990 年代的新世纪（New Age）思潮正逐渐丧失其支配地位。身心整体论的思路已被一波波的社会冲突否决。新世纪这一派回避了否定的批判，尤其是关于公司资本主义的批判。但无论如何，谷歌（表面上）不是邪恶的。我们还能以"蓬勃发展"（thriving）为目的使用技术。按照维基百科的集体性"启示"（oracle），"蓬勃发展是一种超出单纯生存的状态，它暗含着生长与积极的发展"。这种乐观主义坚称，我们的意志应当强大到足以"扭转"机器以让它最终会为我们服务——而不是反过来。这样说来，IT 世界并不需要改变，一切都是我们自己的错！在这种技术模式下，我们被告知，只要勤勉认真的公民 - 客户聚在一起，商业团体就会追随我们的要求。不存在脸书的阴谋（比如他们与中央情报局和国家安全局的合作），因为"我们"就是脸书：我们是它的雇员、投资人、最初的改编者、程序员、社交媒体经销商，等等。美国国家安全局的事确实会令我们（暂时）失望，但对互联网创业公司的商业模式的怀疑多少是在拒绝对话（non-conversation）。

9 克莱·A. 约翰逊，《信息食谱：有意识消费的案例》，塞瓦斯托波尔，加州，O'Reilly，2012 年。

在这一背景下，支持社交媒体的有害行径的人（他们天真地相信社交媒体是最便捷的向善力量），总认为他们已经报名参加了一场自我提升课程。用户忙着在接连不断的推文流、状态更新、系统提醒、ping 和邮件中"蓬勃发展"，直到改用下一个设备。相应的，这种误导性的乐观主义，还产生了很多自助类书籍，如加州 IT 工作者克莱·约翰逊（Clay Johnson）的《信息食谱：有意识消费的案例》（*The Information Diet：A Case for Conscious Consumption*），他在书中讲到了"信息超重"还有如何识别其症状。[9] 约翰逊谈到了一种"健康的"信息食谱包括哪些要素，以及该如何掌握信息阅读能力以获取信息。当一个社会关于什么是真理、什么不是的共识削弱，任何一条零散的信息都能在表面上获得知识的重要地位的时候，就会发生信息超重。在约翰逊看来食物消费和信息消费的平行关系不是比喻，而是真实的。不存在所谓信息过载，问题只在于要有意识地消费信息。

要想处理消遣的巨大力量而不陷入自助书籍中，需要一种更细微的思维方式。确实，我们一开始为什么会把生活理解为一种需要我们管理的东西？这不是因为我们希望看到自己的工作、生活和自我能实现某种东西吗？

我们想读到多少条事实就能读到多少，但它们通常无法成为一个体系。有人说，在线思维过程涉及一种能把接近我们的信息阻挡开的

　社交媒体深渊：批判的互联网文化与否定之力

10 彼得·斯洛特戴克,
《你必须改变你的生活》
*Du musst dein Leben
ändern*, 法兰克福,
Suhrkamp, 2009 年, 英
译为 *You Must Change
Your Life*, 剑桥, Polity,
2014 年。

保护罩,这使得大多数信息碎块(info-bits)很难被充分消化。鲍德里亚终其一生都在赞扬这种镇定,他称其为"消极的无动于衷"。如今这已经成为文化常规,结果通常是一种"认识的闭合"(epistemic closure)。长期暴露在实时互动的媒体下,会导致人们的时间感减弱和注意力松懈。约翰逊也注意到自己的短时记忆在减退。长时间过度摄入专门化的知识也会导致一种超真实(hyper-reality)的扭曲感。"信息素食主义"(info-vegan)提出的解决方案是锻炼意志力——意志力是一种可以训练的执行力,训练的目标在于延长人的注意力时长。比如有些人在电脑上安了"挽救时间"软件,它能记录你都关注了哪些东西,每周向你反馈一个生产力分数。

另一个更重要的话题是,彼得·斯洛特戴克(Peter Sloterdijk)早在 2009 年的《你必须改变你的生活》一书中提出的那种训练方式。[10] 正如斯洛特戴克所说,人类学 - 技术进路的古怪和激进之处,在于它不同于工程师理智的 IT 世界,它既不是线性的也不是断裂性的,而是循环的。比起概念和纠错(debugging),斯洛特戴克更关注真正的解决方案。自我提升必须来自整个(技术性)文化运动场内部。身体的锻炼必须有规律地重复,不然没有用。如果我们想作为个体在社交关系中存活下来,同时还保持(可能具有成瘾性的)与小设备和网络平台的某种关系,就必须达到并维持真正健康的状态。访问一个社交媒体匿名者小组在特殊情况下可能也有帮助,但普通用户需要一些不那么戏剧性的触发因素,以激发从电子设备的世界中抽身或与它更好地相处的持续和平凡的过程。

在一个改善不停发生、范式可能在一夜间转变的环境下，重复的逻辑作为一种学习和改善的方法，很容易被当作保守和反创新的。但斯洛特戴克对练习和重复的强调，结合理查德·桑内特（Richard Sennett）在《手艺人》（*The Craftsman*）中说的技艺，能帮助我们着眼于一些使我们能在早上制订目标、晚上反思一天收获的工具，如日记。实时新闻和社交媒体的中断性也要在这一模式中找到位置。显然，斯洛特戴克对信息技术的使用的态度始终含糊，他几乎没有考虑过这个问题。在他 2012 年（涵盖2008—2011年的内容）出版的共637页的日记《行与日》（*Zeilen und Tage*）中，我只找到一小段关于互联网的内容，他将互联网描绘为一个全球集市或者海德公园的蔬菜箱（Gemüsekiste）。齐泽克（他承认他不是这个世界上最嬉皮的哲学家）也是这样，[11] 他们都大量使用电脑、互联网和维基百科，但媒体（暂且？）还不是他们严肃的研究对象。

11 见 Salon.com 对他的采访。

除了象征性否定、退出的特权和好看的标语外，没有什么方法能简单地解决我们眼下的数据危机。该如何应对日复一日的数据相对主义、精神疲惫和腰痛？下载 StayFocussed 和 Freedom 这类抗压软件（"让计算机使用者至多连续八小时不上网"）是一种方法，但不能只靠下载更多的软件来解决问题。我们需要克服的不是技术本身，而是这种被实实在在地安装到我们身上的习惯——尤其是和浪费时间的流行应用软件有关的习惯。与我们取得的或碰巧遇到并存储下来、解读、传播、记忆的知识不同，我们应对信息过载和多任务处理的态度需要不

12 霍华德·莱茵戈德，《网络智慧：如何在网上蓬勃发展》，马萨诸塞州：剑桥，MIT Press，2012 年。

断练习，不然便会没了"状态"，退回之前惊恐和无动于衷的模式中。

对霍华德·莱茵戈德来说，这个话题并不新鲜。他已明确讨论过心理意识（mental awareness）与计算机桌面整理之间的平衡。他2012 年的《网络智慧：如何在网上蓬勃发展》（ Net Smart: How to Thrive Online ）一书借用了1970 年代早期的大脑研究和"神经语言学编程"，以批判那种被接连不断的状态发布困住的局面，试图拉开与屏幕的心理距离。[12] 重点在于要重新获得控制感，获得信心并重新独立。这种撤离是战术性的，"成瘾"的比喻在这里是有误导性的，因为从网络中撤离并不是全然投入后彻底退出。出于经济的和社会的原因，彻底退出社交媒体往往不可能。谁敢拿自己社交资本冒险？莱茵戈德清楚这一点，他为读者提供了一系列关于如何对付掌控者的媒体（master's media）的实用纲要。他不是一个一流的论辩家，他就当前美国技术悲观主义浪潮的讨论也不太有说服性（毕竟他大半生都在湾区，研究在线交流的精神性和集体性），但他确实指出了一些有用的数字素养（digital literacies）。

《网络智慧》和莱茵戈德这些年来关于这一话题的网络视频课程之所以如此吸引人，是因为它们与日常生活息息相关，既避免了单纯的乌托邦式思考，也避免了对硅谷巨头们的公司议程的无情解构。莱茵戈德既非凯文·凯利（Kevin Kelly）或斯图尔特·布兰德（Stuart Brand）那样硬核的硅谷创见者，也不是欧洲大陆的批评家。作为科技作者，他并不从事学者这一典型的美国职业，尽管近几年他也在斯坦福讲课。他是一位杰出而细腻的导师，相信"内在的准则，而非禁欲式抽离"。《网络智慧》本质上说是一本鼓励公共教育的小册子。自我控制和其他阅读社交媒体的能力一样需要学习，我们不是一出生就掌握这些技能，因此必须学习如何践行"实时规划"。追随着《省察的大脑》（The Mindful Brain）的作者丹尼尔·西格尔（Daniel Sieger），莱茵戈德提出我们应当从自动化的生活中清醒过来。正如西格尔所说，我们需要的不仅是有意识，"还需要对心灵本身的各方面有所意识。省察能帮助我们清醒"。至于有多少人会选择这种心灵状态而不是消遣的快乐，则是另一回事。我们知道，人们普遍喜欢用逃避主义的社交媒体在被非人包围的非空间中消磨时间，这正是"意识到我没有意识到"背后的犬儒逻辑。莱茵戈德则教给我们很多技巧来训练大脑（如通过呼吸练习），并将这些训练转化为习惯。他的书总结道："在那些知道如何用社交媒体促进个人发展和集体行动的人，和不知道的人之间，正出现一道数字鸿沟。"

在我看来，《网络智慧》一书中最重要的内容，是莱茵戈德所说的"废话检测"（Crap Detection），在这里他还放大展示了自己的电脑桌面。"废话检测"是 1960 年代的对信息持批判态度的一种说法，它确实值得复兴。说话人的政治、宗教和意识形态背景是什么？我们得核查一下。1960 年已经有了许多在线工具，但很少有人知道它们。那时经典且主要的问题是人们普遍不会用搜索引擎。欧内斯特·海明威（Ernest Hemingway）和尼尔·波兹曼（Neil Postman）主张说，理想状况下每个人都应该有一个内在的废话检测器。这个时代的公关机构

13 汤汤姆·查特菲尔德，《如何在数字时代蓬勃发展》，伦敦，PanMacmillan，2012 年。

员工和沟通顾问的人数是记者（传统上他们是负责核查事实的人）的十倍，互联网用户越来越需要自己做好全部的功课。日益扩张的用户群体还不熟悉"人不能完全相信他读到的东西"这一认识。该怎么剖析智囊团、责任编辑和顾问提供的假信息？《网络智慧》的其他章节支持媒体操纵的传统价值，但也将这种考察与管理各种在线搜索工具的详尽知识相结合，包括它们的功能性与界面易用性。莱茵戈德完整展示了他的电脑桌面：屏幕很大、同时打开了许多菜单，但每个都在他的掌控下。这被称为个人仪表盘设计，我们了解得还不够多，因为人们往往把个人桌面的管理看作私人事务，甚至感到不好意思。莱茵戈德谈到桌面管理时用了"信息力"（infotention）一词，他定义信息力为"利用信息工具将你的注意力习惯共时化"，目的是更好地"搜寻、指引和管理信息"。

社交媒体常被描绘为必不可少、不可避免的渠道。在莱茵戈德和约翰逊看来，这些渠道会一直保留下来。婴儿潮一代外向的欧洲人或许会把社交平台看作虚无主义的助推器，是加强了我们被排除在外、错过良机的感觉的毒药。链接、点赞和分享延续着系统化的无聊感和虚无感，我们感到这是我们正经历的夸张的、商品化的"事件"文化的结果。因此读汤姆·查特菲尔德（Tom Chatfield）的《如何在数字时代蓬勃发展》（*How to Thrive in the Digital Age*）会使人吃惊——这本书是阿兰·德波顿（Alain de Botton）"人生学校"（School of Life）系列的一本小册子，它试图复兴"自助书"这一类别。[13]此书中没有道德主义的警告或善意的小提示（比如叶夫根尼·莫罗佐夫在截稿期限临近时把智能手机和网线藏进箱子里这种办法）。令人惊讶的是，查特菲尔德的方案是本着占领运动、维基解密、匿名者组织（Annonymous）、海盗党以及反版权在线点对点交换项目的精神，将这一领域政治化。我们已经有太多关于如何不用智能手机、节约时间的小提示了，离线浪漫主义生活方式是一种徒劳无益的解决方案。[14] 就连"慢速政治"（slow politics）在这方面也比自欺欺人的后数字田园牧歌更有帮助。放弃所有的加速事件、暂时什么都不做、体验衰落的感觉、假装与自然和谐相处并享受应得的休息，会使人感到解脱，但之后又该怎么办？吸引我们的（依然）是新形式的集体生活。我们发现自己立刻又被拽进了那些事件、故事、情境和人群中，它们使我们忘记催促的邮件、接连不断的汤博乐（Tumblr）图片和推特上的日常事务。这漫长的等待何时才能结束？

　　这里值得再次回到佩特拉·洛夫勒，我曾向她咨询过关于阿多诺的道德主义立场和他对媒体成为轻娱乐持否定看法的问题——如果阿多诺还活着，你觉得他会如何评价互联网？洛夫勒这样答道：

　　按照阿多诺的否定性思维，艺术是个自律的、替代性的社会领域，艺术的他异性和自律性正是它颠覆资本主义秩序的力量的前提。因此在这些思想家看来，拒绝流行的大众媒体娱乐并非道德问题，而是"本体论"问题，因为这些媒体没有给反思资本主义社会中的存在模式留下空间。

　　但洛夫勒也发现，阿多诺的立场也不是像乍看上去那样明确：

我读《启蒙辩证法》时惊讶地发现，在阿多诺和霍克海默看来，消遣的全面过剩在极端情况下与艺术非常接近。我感到这一点与齐格弗里德·克拉考尔（Siegfried Kracauer）1920年代分析现代大众媒体（尤其是电影）时提出的消遣的乌托邦相呼应。在这里，阿多诺和霍克海默在一段话里说——在我看来这一点是革命性的：消遣的累积与强化也能完成原本属于艺术的否定的任务，因为它彻底改变了主体在世界中的状态。想到这一点，猜测阿多诺对互联网的评论也会变得很有趣，会不那么精英主义。

03　脸书以外的世界：
"别赞我们"（Unlike Us）的选择

技客说出后技客文化的台词："政府检查站和'伊斯兰国'检查站的士兵，都会向人索要脸书密码。"——"主体无法被保存。"（Das Ich ist nicht zu retten）（厄恩斯特·马赫［Ernst Mach］）——"我担心等到技术与人性重合的那天，世界上就只剩下一整代的傻瓜了。"（艾尔伯特·爱因斯坦）——"我可以买一辆福特、丰田、宝马或Smart，用同样的汽油在同样的道路上行驶。除了用来开车门、发动引擎的钥匙以外，一切都是可互换的。我们的交流系统在各个层面也都应按照这样的模型运作。"（戴夫·温纳［Dave Winer］）——"选一个立场，做一名作家。"——"将社交领域拆分为'集体的'和'个体的'的想法，在我看来就如同把动物领域拆分为'蚂蚁'和'狮子'。"（赫利金［Hellekin］）——"这是从分配（distribution）向散布（dispension）迈出的一小步……"——"大多数已有的东西都需要被重新发明。"（Most wheels need reinventing）——"无论是信息还是

1 欧洲正出现一种阴暗
的观点："我们见证了
一种新的绝对权力的兴
起。谷歌将它激进的政
治学从赛博空间转移到
了现实中，它要通过了
解、操纵、控制现实并
将其切成碎片来赚钱。"
（FAZ，2014 年 4 月 30
日，肖莎娜·祖波夫
［Shoshana Zuboff］）。

药物注射都不能让你在获得它时感到快乐，只会让你没有它时感到痛苦。"（米歇尔·塞尔［Michel Serres］）——"我侵犯了自己的隐私，现在我要把它全部卖掉。但我又值多少钱呢？"（费德里科·扎内尔［Federico Zannier］）——"我不是什么反社会人格，我只是不那么'用户友好'。"（技客俗语）

　　无论我们是否正处于又一个互联网泡沫中，我们都承认社交媒体主导着互联网和智能手机的使用。在非正式对话、持续上传和用户生成内容激增的推动下，应用程序和基于网络的用户对用户服务的出现促进了"参与文化"的产生。一小撮社交媒体统治了信息时代。考虑到"社交媒体"到底会造成什么样的影响和后果，人们的焦虑和紧张就不断上升。[1] 原本的互联网意识形态还承诺提供一个开放、去中心化的系统，但为何我们越来越感到自己被锁在了密闭、中心化的封闭平台（walled gardens）中？新的创业公司再也无法威胁那些垄断巨头，它们反而都急着被收购。为什么个体用户那么容易被吸引到平台中，然后却发现难以退出？这是人类的本性使然，还是只是由保守的权力贩子（从天真的嬉皮士蜕变而成）的错误设计所致？我们是否明白，社会将为这些备受喜爱的"免费"服务的易用且简洁的界面付出长期代价？

　　社交媒体的加速发展是史无前例的，这造成了如今技客、艺术家、学者和社会行动者的深切困惑。我们所有人都（还在）忙着加好友、排名、推荐、转发、创建圈子、上传图片和视频、更新状态。[2] 但尽管在线社交媒体有庞大的用户基础，它的现象从本质上说依然是脆弱和次要的。社交是流动的，它很容易在巨大的虚无中消散。想想大多数社交网络网站的命运：谁还记得 Friendster？ MySpace[3] 突然的崩塌令人吃惊，它正好和英国的 Bebo、荷兰的 Hyves、德国的 StudiVZ 同时倒闭。人们也假定谷歌、推特、脸书将会衰落，这只是又一代杰出软件的消逝——"替代性"社交媒体的推崇者依然以这一观点为前提。"网络入口协议"（protocological）的未来不该是固定不变的：人们期待互联网总有空间供我们开展各种技术-政治性介入。与其不断重复"初创企业转变为庞大企业"的模式，当务之急是将互联网重构为真正独立的公共基础设施，能有效抵御企业的主导和政府的控制。但社交媒体批判者的政治规划依然模糊。人们认为主流平台必须被研究和批判，但不一定要调控它们。也没有证据表明布鲁塞尔[4] 愿意趁着调控还能起到效果时调控社交网络。不过还有一些其他的文化模式可以指望：等到某一天人们开始觉得无聊时，加好友狂热的终结就指日可待。无动于衷是解放背后巨大的推动力。认为朋友和家人需要想出新的办法来了解你的生活，就已经是个颠覆性的想法了。而且如果一个人的社会状况在一次次状态更新后依然没有改善，人也会突然产生"不如把时间浪费在别处"

2 见特里·伊顿（Terry Eden）："我认识的每个人真的都在做令人兴奋的事！人们的确会抱怨上下班一路上有多糟糕，或者抱怨遗失的圣诞节礼物，但每个人都乐观得吓人。我在想，这会对我们的心理健康产生什么影响？当你看到的总是朋友们没完没了的欢乐，却突然意识到自己的悲惨，是件相当令人痛苦的事。你的朋友总是坐飞机去异国度假、买新车、有令人兴奋的职业，而你却只是穿着内衣坐在那思考逛 Vimeo 而不是 YouTube 算不算是一次重要人生经历……问题不再是'跟上邻居的脚步'——你现在必须不惜代价地跟上你遇到的每个人。"

3 迪克·厄尔·德玛西亚多（Dick El Demasiado）在脸书上写道："我刚注意到所谓更新过的 Myspace 把每个人的对话和互动都删除，只是因为营销策略的转变，他们甚至没有事先警告就抹除了他们服务器中原本具有的一丝人性。这意味着整整一代人失去了他们的恋爱笔记、粉丝对话、文化交流和初次接触的记录。如果安妮·弗兰克［Anne Frank］用 MySpace 的话，我们就再也不能了解她的心情了。"（2013 年 7 月 28 日，来自约瑟芬·博斯玛［Josephine Bosma］）

4 译注：此处布鲁塞尔应暗指欧盟等政治机

构，因为欧盟的总部设在布鲁塞尔。

5 见泰娜·布彻（Taina Bucher）的博士论文，《编程化的社交：社交网络网站软件研究》（Programmed sociality: a software studies perspective on social networking sites），奥斯陆大学文学院，2012年。布彻在这篇文章中提出了一种关于社交媒体的详尽理论，她将社交媒体定义为黑箱，回归了这一概念最初的控制论含义。

的冲动。

　　该如何研究短暂的、半封闭的空间？我注意到博士生们从最近新兴的"软件研究"学科的新观点中学到了不少。但他们无疑也正面临这样一个问题：可能还没等到他们提交论文，他们的研究对象就会消失。为研究社交网络网站的算法文化而提出"黑箱"理论[5]是一回事，但如果算法对于我们这些非技客而言始终是个黑箱，又该怎么办？互联网研究是否会沦为闲谈，追求微不足道的影响力，最终被划为文化研究的分支？有可能会这样，不只是因为艺术和人文学者缺乏计算机科学的知识，也因为我们还要不断与货真价实的企业机密、信息封锁和相关的专利权做争斗。量化的社会科学探索仍然在很大程度上主导着社交媒体研究，但这些研究所处理的，仅仅是从应用软件界面获取的数据，以及基于这些数据得到的可视化模型。

　　在社交媒体研究的最初阶段，美国学者丹娜·博伊德（Danah Boyd）和丽莎·中村（Lisa Nakamura）等人引领的社会科学进路，汇集在互联网研究协会这一学术联盟之下。举例来说，那时的研究计划主要关注网络上日常的种族主义，或者社交媒体的年轻用户的道德恐慌感，也考察性别、隐私和身份盗用的问题。这些研究往往采用欧文·戈夫曼（Erving Goffman）过时的自我表征理论（self-representation theories）、福柯的自我技术概念和基于图像的社交网络分析（这一方法沿用至今，用于研究社群意见领袖和新闻中心）。这些早期的研究缺乏从别处另寻知识和分析工具，安排与人文学科（包括艺术与设计）的长处碰撞的意愿，也忽略了新兴社交媒体巨头的政治经济学——更不用说待在自己的世界里的技术人员，以及只处理技术性、规范性议题的网络协会了。社会科学和技术研究这两种不同的进路从未真的汇合，这便错过了为批判性互联网研究创造多学科传统的机会。从这一错失中获益的显然是硅谷本身——比起面对批判性的公众，它更喜欢排外的 TED 论坛和类似的商业网络，这还能让它在"自家"（local）会场上宣传自己。

只把社交媒体研究看作批判媒体研究和争论的"补充"，就像把社交媒体企业家看作资本主义最坏的孩子一样不合适。哪怕推特和脸书一夜间消失，加好友、点赞和排名也只会作为嵌在软件中的习惯更广泛地传播。社交媒体的绝妙和深刻之处在于，它们要求我们以新的方式理解商业／政治、非正式网络／普遍的公众、用户／生产者、艺术的／标准化生产的、原创／复制、民主化／权力剥夺等传统的二分。为何要看重网络？在我们周围建立一个社交安全网以对抗孤立，是一种原始需要吗？或者说往列表里增添好友、扩大潜在客户和其他社交圈是一种内在倾向？网络是一种新教堂，或者是我们时代特殊版本的乡村部落吗？除此之外它还能是什么？

6 惠特妮·菲利普（Whitney Phillips）在她关于恶搞的博士论文，《这就我们无法拥有美好的事物的原因》（This is why we can't have nice things）中表达了同样的恐惧："越来越明显且令人痛苦的是，我不能再写关于新兴亚文化研究的文章了。相反我开始总结亚文化生活方式的编年史……我一整晚都无法入睡，担心着没等我写完论文，它就已经过时了。"（第45页）她的研究已经出版：《这就我们无法拥有美好的事物的原因：图绘线上恶搞与主流文化的关系》（This Is Why We Can't Have Nice Things: Mapping the Relationship between Online Trolling and Mainstream Culture），马萨诸塞州：剑桥，MIT Press，2015年。

如今的社交媒体平台太大、太封闭，没有人能在现有的数据专利机构之外独立地研究它。换句话说，我们在这方面要依赖企业和营销公司。但我们需要发明一套捕捉特定的程序流、将其转化为恰当故事的方法。要记住，如果没有对案例的解释力和其基础材料，就没有"精神分析"。问题不仅在于研究对象的改变，而是材料本身消失了。在我们分析文本、将这一领域理论化并提出特定的批判性概念、记录方法论的考量和复杂的数据集之前，我们的研究对象就已经发生了巨变。研究不得不面临这样的风险：它产生的可能只是塞满了网络评估和其他伦理性思考的历史档案。[6] 像是爱因斯坦的量子力学的变异，并不是因为我们观察了对象，对象才变化，而是因为我们研究了它们。但即使是这种倒置的观念论说法也解释不了实际情况。研究无效的主要原因在于，我们集体地沉迷于观察技术的影响，而非它的结构体系。无论研究的是简单易用的非正式网络，还是复杂的体系，都是如此。社交媒体乍看上去似乎是19世纪大众生产（例如"关系网"意义上的网络）和正在发生的大写历史两者间的完美综合。但这里几乎没有"延异"（différance）的运作。从这个角度说，比起后现代的"机器"，社交媒体更像是1990年代后数字全球化转向大众文化潮流的现代主义的产物。

谈到最近的研究趋势，我们发现人们越来越倦于在理论上讨论社交媒体中的"剥削"问题，而倾向于量化分析，包括"点赞经济学"之类的分析。垄断的力量以及相关的控制和偏执已变得太过明显、乏味，不值得作为研究发现呈现出来。从 IBM、微软到谷歌、脸书这些 IT 产业的权力配置已是人尽皆知。普通的用户不愿意自寻社交死路，也承担不起在这种非正式名誉经济中掉队的后果，于是不得不随波逐流。我们还需要习惯于网络现实的两个侧面：网络很适合快速扩张，因此先驱者可以创造新的公众群体；在风投资本的资助下，所谓的公共网络技术或应用会迅速被垄断势力接管。但与这种速度和规模的现状相反，网络也有分散、去中心化、非正式和"准私人"的一面。近来社交媒体公司强调第一个侧面而忽视了第二个，不惜一切代价地沉迷于快速扩张中。

在这整本书中我试图表明，不应把社交媒体的极度流行看作社会交往的"死而复生"。网络系统不是为了让人与他者相遇而设计出来（尽管在线约会网站的流行展现了这一面）。我们始终待在"朋友"的圈子里。相反，社交媒体承诺的（如果它承诺什么的话）实际上是设计并运行一套防御性系统，在计算机生成的非正式性中重建"部落"这种已经丧失的集体感受。社会交往一度是个阶级社会争取解放的危险概念，如今已变成了防御性的，它正面临着预算缩减、私有化和公共资源耗尽等挑战。在这里，情境主义者的批判模式是空洞的：在如今的"查询社会"（society of the query）中，

7 让·鲍德里亚,《大众:社交在媒介中的崩塌》,玛丽·麦克莱恩(Marie Maclean)译,《新文学史》(*New Literary History*),16.3,《论文学史的写作》(On Writing Histories of Literature),1985 年,第 577 页。

8 见汉娜·阿伦特在《论革命》(*On Revolution*)一书中关于"社会交往问题"的章节,纽约,The Viking Press,1963 年,第 6 页:"马克思用'剥削'一词将社会交往问题转化为政治力量,'剥削'的说法意味着贫困是掌握暴力手段的'统治阶级'剥削的结果。"

脸书完全不是景观性的。它既不悲剧,也不骇人听闻,至多是可爱又可怜的。

在社交媒体封闭的领域内,表征理论(representation theory)这一批判装置的应用范围十分有限。相反,我们需要将鲍德里亚所说的"社会之死"进一步激进化。[7] 他所说的社会在媒体中的崩塌早在脸书诞生的 20 ~ 30 年前就发生了:人群杂乱、有潜在危险的街头生活,逐渐转为公共空间的最后残余中受控的交流,和局限在公寓、咖啡馆和办公室范围内的后福特式互动。网络 2.0 时代"社交"这一流行词的复兴,并不是在 21 世纪以复古的方式重提 20 世纪的"社会交往问题"。这里没有阶级斗争。社交媒体的打算不是回到"历史的原点"(Omega Point of History)、绕开广岛和奥斯维辛事件,另在某个方便或欺骗性的地方延续"人的故事"。这种社交概念只是用来榨取价值的。社交媒体问题围绕聚合(aggregation)、数据挖掘和用户画像(profiling)等概念展开,这也印证了汉娜·阿伦特的观察:社会问题在剥削概念中表现为政治因素[8]。对人机互动的算法式剥削故意把赌注押在社交的黑暗面上(暴民行为和系统自杀[system suicides]),相信它们是能被调控的。

考虑到那些探索替代性方案的广泛的雄心勃勃的努力,我们似乎有必要将"社交媒体"一词究竟指什么清楚地限定下来。有些人会追溯到网络文化初期,强调"虚拟社区"的公共领域属性。但在 1990 年代末,在风投资本和来自投资银行、退休金的"用不完的钱"的赞助下，初创企业登台所带来的巨大冲击，使得"虚拟社区"这个有些基督教色彩的词丧失了主导地位。在网络公司黄金时代的狂热中，人们的视角从作为公共领域的互联网，转向了电子购物中心的景象。用户不再被看作网络空间的全球公民，而是成了顾客。2000 年 1 月的网络公司崩盘（引发了全球金融危机）使这一趋势戛然而止。再加上"911 事件"后的监控镇压，这段历史深远地影响了互联网的自由。

为了在世界 IT 市场恢复其主导地位，硅谷被迫重构自身，发起了一次名为网络 2.0 的复兴运动。当公司能趁着宽带的出现和手机互联网的到来，从互联网文化"主流"中获利时，承载着美国创业精神的网络 2.0 运动就把用户放进了驾驶舱。互联网 2.0 时代的核心标语是"用户生成内容"（user-generated content）。随着谷歌成为这一时代的主要玩家，获取利润的渠道开始从收费内容的生产和购买转向对用户数据的剥削。从博客到图片分享和社交网络，其核心思路是降低复杂性和用户的自由，以换取易用的界面、无须订阅的免费服务和更大的免费内容数据库，供用户浏览。

网络 2.0 时代的意识形态赞美初创企业激增的"多样性"，在美国西岸的流行新闻网站上跟踪报道他们的消息——想想 TechCrunch 和 Hacker News，还有 Slashdot、Wired、Mashable 和 ReadWriteWrb，以及 O'Reilly 公司的图书和会议等各种活动，如 SXSW（奥斯丁）、LeWeb（巴黎）和 Next Web（阿姆斯特丹）。但"社交媒体"一词实际上却标志着以合并和整合为特征的媒体转型：说到社交媒体，我们指的主要就是脸书、推特、汤博乐（Tumblr）、Instagram、Pinsterst、职业联系所用的领英、专业人士用的 Google+ 或 Academia.edu 这些相关企业，还有如 longreads.com、medium.com 一类的后博客时代平台。在人们还毫无察觉时，缩简过程就发生了，这完美地示范了公司所渴望的在交流方面的共同标准的协议——这在不断变动的环境下是不可能的。

社交媒体体现了从基于 HTML 的开放网站链接实践，向封闭系统内部的点赞和推荐的转变。"点赞经济"的间接性与肤浅性使得用户难以理解开放网络是怎么回事。加好友、点赞、推荐和更新这类信息行动中，社交媒体在你与他人之间引入了一层不可见的新代码。这导致了社会关系的复杂性在编码（coded）中降低，一个只有"好友"的社交世界变得扁平（见查蒂·史密斯［Zadie Smith］在《纽约书评》（*New York Review of Books*）中的评论）。Google+ 也是作为没有对抗性的程序，回应着新纪元世界观的可能性而被发明的。这正是民主化互联网的矛盾之处：简化的科技能有许多好处，但我们也都承担着简化的后果。脸书正是因为它的技术与社交限制才流行起来的。我们显然要进一步理解界面、软件，以及我们的数据是如何存储在云上的。我们已经无法直接接触到代码——一些网络运动指出了这一问题，比如科利·多克托罗（Cory Doctorow）在第 28 届柏林混沌计算机大会（Chaos Computer Congress，2011 年 12 月）上说，他们正"与通用计算机开战"。[9]

尽管我们不断要求开放数据，使用开源浏览器，还就网络中立性和版权问题争论不休，但脸书这些"有围墙的花园"却关闭了朝向技术发展世界的大门，转向"个性化"——这样，超出你视域范围的信息就永远无法进入你的信息生态中。另一个标志着我们从网络 2.0 进入社交媒体的分水岭，是智能手机与应用程序的出现。网络 2.0 时代依然完全基于个人电脑，但社交媒体的说辞强调移动性：人们手机上装着喜欢的社交媒体软件，走到哪都带着它们。这导致了信息过载和成瘾，也使互联网更加封闭（人们只偏爱实时手机应用），将我们进一步拖入经济危机等加速的历史能量场中。

2011 年 7 月，别赞我们（Unlike Us）研究网络上线，它由网络文化研究所与科丽娜·帕特里斯（Korinna Patelis）合作创立（后来又和利马索尔的塞浦路斯科技大学合作），关注社交媒体垄断和其他替代选择。创立仪式于 2011 年 11 月 28 日在塞浦路斯举办；之后，2012 年 3 月 8—10 日在阿姆斯特丹举办了两天半的会议和工作坊；次年第三次会议也在阿姆斯特丹召开。[10]《Unlike Us 读本》（*The Unlike Us Reader*）于 2013 年 2 月出版，不久后网络杂志《首个星期一》

9 科利·多克托罗，《禁闭：即将到来的通用计算机之战》（Lockdown, the coming war on general-purpose computing）。

10 关于 Unlike Us 网络的更多信息，相关邮件列表、近期活动，包括博客和（学术）出版物，可检索 networkcultures 查询。

11 比如可以参考 2013 年 8 月 1 日在柏林举行的会议上克里斯蒂安·格罗索夫（Christian Grothoff）、卡洛·冯·林克斯（Carlo von lynx）、雅各布·阿佩尔鲍姆（Jacob Appelbaum）和理查德·斯托尔曼（Richard Stallman）的讲话。会议的口号是"你破坏了互联网，我们要为自己造一个 GNU 版的（You broke the Internet. We'll make ourselves a GNU one）"。

12 克里斯蒂安·福赫斯，《社交媒体：批判性导论》（Social Media – a Critical Introduction），伦敦，Sage，2014 年。

13 维托·坎佩内利，《网络美学》（Web Aesthetics），鹿特丹，INC/NAi Publishers，2010 年。

14 这一背景下的艺术项目包括康斯坦·杜拉特（Constant Dullaart）的"水晶柱"（Crystal Pillars），洛萨诺-亨默（Lozano- Hemmer）和里德（Reed）的"好友液压器"（Friend Fracker）、"轻率的色情片"（Incautious Porn），欧文·芒迪（Owen Mundy）的 commodify.us、朱利安·戴斯瓦尔夫（Julien Deswaef）在脸书上的机器人、"随便"（whatever）按钮和劳雷尔·普塔克（Laurel Ptak）的"脸书工资"（Wages for Face-book）。

15 如保罗·格尔鲍多（Paolo Gerbaudo）在《推文与街头：社交媒体与

（*First Monday*）发行了一期特别刊。维也纳法律系学生马克斯·施伦姆斯（Max Schrems）组织的"欧洲 vs. 脸书"，是 Unlike Us 时期的一次经典运动。2013 年 6 月的斯诺登解密事件深刻影响了推广替代性社交媒体的努力。技客和社会行动者大力拓展了他们的计划，从开发个别应用程序转向关注互联网本身的未来。[11] 替代性社交不仅应是去中心化、非营利性的，从这时起它们还需要在各个层面上设置加密的隐私保护。从技术角度上说，这对于一群分散的、只是被欧洲应用研究中心聚集起来的黑客活动者来说，要求实在太高了。因此 Unlike Us 社区逐渐缩减为偶发但有趣的邮件讨论——这表明我们距离社交媒体的终结还很远。

与马克思主义者克里斯蒂安·福赫斯（Christian Fuchs）对社交媒体的政治经济学的分析相比，[12]Unlike Us 主要关注的是更广的艺术与人文视角，包括维托·坎佩内利（Vito Campanelli）所说的"网络美学"[13]和社会行动者采用的小型点对点结构。在这一语境下，关于批判性、替代性媒体的讨论都是在美学纲领的指导下进行的。[14]无论关于实用方法的信息对于"公司孤岛"（corporate silos）内部的人看起来有多么重要，[15] 批判性研究也不能在这里止步。另外一种社交网络是可能的。我们应该重新考虑半中心化的全球"邦联"模式，还是继续坚持彻底去中心化的模式？"邦联社交网络"（federated social web）这一选项，是否只是考虑不周的"第三条路"？又或者意味着更多？

最有名的社交网络替代选择，还包括 2011 年西班牙"愤怒者"（Indignados）抗议人士广泛使用的软件 Lorea，以及纽约创业项目 Dispora——它虽然通过 Kickstarter 成功筹集到 20 万美元，但由于没能广泛吸引到社会行动者群体，在它的其中一位创始者自杀之后基本上就悲惨完结了。Dispora 将代码开源、交给社区后，又花了好几年时间才重建为一个平台。阿普丽尔·格拉泽（April Glaser）和利比·赖尼施（Libby Reinish）在《石板杂志》（Slate）的最近一个专栏中也指出，大多数替代性社交媒体还在"延用极易被监视的集中式服务器"[16]。其他先驱如 Crabgrass、Friendica、Libertree、pump. io、hyperboria、GNU Social、暗网社交网络（Dark Web Social Network）和 IndieWeb 工具箱都以不同方式活跃过一段时间，但甚至在社会行动者的圈子里，也没有哪个达到了足以产生群聚效应的规模。

诸如 Instagram（现在是脸书的子公司）和 Snapchat 这些商业创业公司的兴起，并没有削弱"大玩家们"的总体地位。大多数美国社交媒体初创企业并没有与风投资本保持距离，它们往往很快就被迫采用快速扩张和监视用户数据的旧商业模式。Ello 也是这样——它当初反广告的原则引发了一波热潮，被视为潜在的脸书替代物："我们相信社交网络能成为赋权的工具，不是欺骗、强迫和操纵的工具，而是连接、创造、赞美生命的地方。你不是一个产品。"[17] 至少 Ello 的界面设计是顺畅的，而大多替代性软件都不怎么在乎设计。[18] 理查德·佛罗里达（Richard

当代行动主义》（*Tweets and the Street: Social Media and Contemporary Activism*），伦敦，Pluto Press，2012 年。

16 阿普丽尔·格拉泽与利比·赖尼施，《如何把 NSA 从好友列表里拉黑》（How to block the NSA from your Friends List），《石板杂志》，2013 年 6 月 17 日。

17 引用自 ello.co 于 2014 年 9 月 24 日发布的内容。

18 迈克尔·迪特（Michael Dieter）在 Unlike Us 列表中是这样说的："他们反转主流用户体验的一些期待、做出批判性评论、把明显的缺点转化为优点的做法，确实有吸引人的一面。他们在这方面确实展现了一种共识式设计实验，与社交媒体的'黑暗模式'（dark patterns）和'增长黑客入侵'（growth hacking）糟糕的放肆行为相抗衡。把个人信息删除键放在明显的位置，以及追踪用户和按键的通用政策都很酷。"

19 克里斯蒂安·福赫斯, Unlike Us 邮件列表, 2014 年 9 月 26 日。

20 引自阿拉尔·巴尔肯（Aral Balkan）的评论。

Florida）的论点——那些最初被反文化群体、艺术家和同性恋文化圈的"创意经济的金丝雀们"使用的服务，很快就会变成主流——已经不再成立。克里斯蒂安·福赫斯评论道：

> 无广告还不够——要想成为脸书之外的替代选择，你还得是非资本主义的。Ello 从没有说过它究竟是营利性公司还是一群艺术家的爱好性项目，或是合作社。它似乎在故意隐藏其法律性质，这正是问题所在。Ello 说它是个"公共网络"。但只有当它是一种公共服务或公有的，才能真正是公共的。我们不清楚 Ello 究竟是什么，它不公布其法律性质和它与资本主义的关系，这就很有问题。[19]

Daily Dot 提出了一个显而易见的问题："如果社交网络的目的在于网络化的社会交往本身，而不只是赚钱，会怎么样？"对于 Unlike Us 邮件列表中的大多数人来说，Ello 在几周之内就已成为过去。它最终吸引到了风投资本，[20]运作一年后便成功掌握了一万多稳定的用户。

新兴服务要想扩展到脸书这样的规模，就需要引入整个地址簿（最好是背着它的新用户这样做）以确保高速扩张。如果不想这样，我们就得降低对替代性服务的期待，并且多关注这些新兴网络产生的特定影响，而不是捕获和数量（每一千个浏览者的点击数、点赞数）。想要把包括照片、状态在内的全部个人数据从脸书上无缝转走，是个必要却不切实际的要求。忘记脸书、从头来过的做法或许会更有吸引力、更解放。

尽管我们有种停滞感，2013—2014年关于社交媒体的活跃讨论却无处不在。人们的关注点从"好友"转向了"兴趣"，对"语境式网络"（contextual networks）[21] 的投入不断增加，这也和本书最后一章将要讨论的"组织化网络"类似。论坛软件能否成为替代选择？与此同时，对于脸书和谷歌涉及的"隐私"问题的忧虑正成为主流。[22] 规模各异的替代性程序和社交网络的数量都有所增加：比如 Hater App（"不发你喜欢的东西，而发你讨厌的东西"），测试手机聊天网络安全性的EFF。免费软件先驱的力量正在增强，包括 GNU 共识项目（GNU Consensus project）的创建，黑客营"Observe.Hack.Make"期间的"Noisy Square"集会，并在随后的汉堡第 30 届混沌交流大会"你破坏了互联网"（You Broke the Internet）工作坊 [23] 中爆发了出来。[24] 除了对侵犯隐私的进一步讨论外，人们也开始关注脸书在信息技术促发展（ICT for development）方面的表现，"投机人道主义"，以及 internet.org 先驱实验——它借助热气球或 Wi-Fi 信号塔网络，向非西方国家受限的网络服务开放渠道。

　　我们在这里有政治纲领吗？该怎么处理规章制度这一政治领域？我们往往倾向于回避它，却又要求（向谁？）有人必须做点什么来阻止独立互联网被侵蚀。后斯诺登时代的口号是"我们要修好互联网"。但"我们"是谁，这一要求又是对谁提出的？这个从互联网管理模式的道德破产中产生的话题已经持续了二十五年。如果我们把它留给工程师阶层，结果将是集中化的垄断：产生互联网协会（Internet Society）、

21 戴夫·维纳："在脸书的陪伴下长大的一代人将会有简单的方法创建自己的社交网络，只有他们想与之分享的人才能访问。"

22 其中一个例子是荷兰公司的调研报告，题为《社交媒体的黑暗面》（The dark side of social media），由 Sogeti Nederland 制作。

23 "你破坏了互联网"运动提供了"一种完整的加密混淆新型互联网栈和理论与实践，使我们能无忧无虑地开展数字生活"。

24 该信息由赫利金在 Unlike Us 邮件列表上发布，2014 年 2 月 17 日。

25 卡洛于 2015 年 6 月 24 日在 Unlike Us 列表中写道："它需要的是立法禁止公司阅读任何人与人的对话。"

国际互联网工程任务组（IETF）和互联网名称与数字地址分配机构（ICANN）一类的技术管控组织。它们最终又强化了审查机制，进而过滤信息并将"市场"垄断化，同时推崇电缆与数据中心的集中式基础结构，这些结构把从广告机构到国家安全局的各级监控都正当化了。只是说工程师们为争取开放互联网的解放斗争失败了，还太柔和，必须要提出其他形式的调控。工程师不能直接抽身，说"这和我们没关系"——工程师阵营中没有人试图阻止过脸书，他们对"网络中立性"的盲目信仰甚至把自由主义者也欺骗了。我们不用设立国际犯罪法庭，但这些问题必须得到讨论，最重要的是以独立的方式进行研究。创造替代物也是这样。不能再沿用老方法了。编出更高级的代码也无济于事。同时，我们也要明白，缺乏理念的调控一样不可行。我们可以指责布鲁塞尔的反应太迟钝，但如果我们只是空手站在那里，无法回答"还能有怎样的互联网"的问题，这种指责就只是象征性的姿态。没有替代性概念和蓝图，我们就无法调控互联网工业。我们的工作必须在数码之中进行：没有安全的旁观者的位置。只有当我们把自己的工作看作政治计划，并与政治领域对话时，才能做到这一点。正如卡洛（Carlo）关于 Unlike Us 的一系列替代选项所说的："我们不再等着技术人员出现提出新东西，因为这很可能会像等待戈多一样。"[25]

04

04　哈德逊河上的赫尔墨斯：
斯诺登事件后的媒介理论

　　给年轻人的忠告："希望是愚蠢之母。"
（波兰谚语）——"这封邮件里的观点不是我
自己的，不能用它来指责我。"（Footer）——
"无政府主义无可辩驳的真相"（书名）——
收拾你的垃圾箱（Tame Your Junk）（三日课
程）——"为无意义的东西接好线"（Hardwired
for Nonsense）——"来 Gramscience 工作，获
得最大的领导权。"（伊安·博格斯特［Ian
Bogost］）——"为什么［流行技术］是［出乎
意料的观点］"（4chan）——"论在内容中遇见
算法标记"（论文副标题）——"不只是反美学，而
是非美学。"——"你修复了我们的世界。"——
"为什么我不再编程，而把更多的精力放在博
客上"，有 39 123 条评论——"请注意：我不再
查看我的邮件垃圾箱了，如果你的邮件没有得
到及时回复，请调整措辞并重新发送。"——
幸福的黑暗年代——"我在脸书上见过跳舞的
士兵"——"谦虚、安静的密码专家拥有比文字
艺术家更高尚的伦理。"（约翰·杨，网名）——"人
一做计划，上帝就发笑。"（意第绪俗语）——
给谷歌股东的网络请愿书："请合群一点，分
享（你的利润）吧！"——"你听起来像个不

肯放开酒瓶的醉鬼，瓶子像是黏住了一样不离手，还责备酒精多么糟糕、可怕。"——"我们不需要你的救助，请填补我们的预算赤字。"（非洲俗语）——"愚蠢是个坏消息，它会传播——别让它传染上你"（WB）——"我的上帝：死了。我的特长：废了。我的 Skype：开着。雇我给你的课堂讲课吧（to talk to your class）。"（Nein）

启蒙不仅许诺了新知识，也打破了神话。2013 年 6 月的斯诺登解密事件标志着"新媒体"时代的象征性终结。美国国家安全局的丑闻打破了网络无辜性（cyber-naivety）的最后一点借口，并将互联网问题提升至国际政治的高度。控制论事实上已被整合进生活的方方面面。互联网一代所珍视的价值——去中心化、点对点、块茎（rhizomes）和网络状——已被击碎，你点击的每一样东西都能且会被拿来对付你。我们已经走完了一个循环，又回到了 1984 年之前的世界。1984 年不只是奥威尔笔下的年份，它也是苹果公司推出 Mac、个人计算机闯入媒体景观的一年。1984 年以前，公众对计算机的想象是被 IBM、霍尼韦尔 - 布尔（Honeywell-Bull）和通用电气（GE）等少数几个跨国企业集团以其单调的联合主机（能处理打孔卡、用磁带存储数据）定义的。1984 年前，计算机主要被大型官僚机构用于统计、控制人口，还没有从它军事性的起源中脱离出来。那时，对个人计算机的激烈批判针对的是这种机器的总体性（totality）：我们全都被拴在了自己的终端上，与一个超级爸爸主机（Big Daddy Mainframe）相连。[1] 三十年后的今天，计算机再次成为冰冷的军事安全机关的完美的技术设备，正试图分配、识别、选择，并最终摧毁他者。在谷歌、脸书、微软及其相关秘密服务的主动支持下，美国国家安全局已实现了"全知"（total awareness）。正是在这时，个人电脑开始从我们的桌上消失，在我们的集体技术想象中，它们已被庞大、不可见的数据中心取代。欢迎回到大型主机的时代。

就这一新情况，土耳其裔美籍网络社会学家泽伊内普·图菲克兹（Zeynep Tufekci）反思道："反抗与监视，如今数字工具的设计使这二者不可分离。该如何理解这一点确实是个挑战。俗话说将军总在打上一场战争，我们也像这些将军一样：我们总是透过对以前威胁到我们自由事件的看法，理解监视的危险性。"[2] 图菲克兹呼吁我们"更新"先前的噩梦。我们应认真对待这一呼吁。从什么意义上说，我们还能借用基于古希腊神话的（弗洛伊德式）工具解读我们可怕的梦境？从什么意义上说不能？在智能手机时代，原型层已被重新接线、转变成一种半集体性的技术潜意识。我们从不独自一人做梦。数码正被推入下意识的领域中。自拍者"作为用户的主体"实际已无法再有效区分实在与虚拟、这里与那里、白昼和黑夜。在无人驾驶汽车的时代，公民赋权是什么？

2013 年底，芝加哥大学出版社发行了"三重奏"（Trios）系列的第三本书。《逐出》（*Excommunication*）[3] 一书收录了纽约新媒体学者亚历克斯·盖洛威、尤金·撒克（Eugene Thacker）和麦肯锡·沃克（McKenzie Wark）——他们是 1990 年代数码一代的理论大家——的三篇长论文，写于斯诺登事件爆发前夕。[4] 他们合写的《逐出：媒体与中介三问》（Excommunication: Three Inquiries in Media and Mediation）导论开

2 泽伊内普·图菲克兹，《互联网是好是坏？是的，该重新思考我们关于监控的噩梦了》（*Is the Internet good or bad? Yes. It's time to rethink our nightmares about surveillance*），2014 年 9 月 17 日。

3 译注：Excommunication 本意为"逐出教籍"，直译为"退出交流"。文中出现的 excommunication 一字结合了两种含义，为使后文通顺畅且译为"逐出"。中国台湾另有"前沟通"的译法。

4 亚历克斯·盖洛威、尤金·撒克和麦肯锡·沃克，《逐出：媒体与中介三问》，芝加哥，University of Chicago Press，2014 年。关于这三位作者的研究的章节，更早的版本载于 e-flux 杂志第 54 期（2014 年 4 月）。

篇处表达了一种普遍的不满:"新媒体"一词已沦为空洞的能指,"我们三人的一个共同想法是,不要再把'新媒体'一词安在现有的事物上了"。正如1990年代的标语所说:新媒体疲软了(tired),不再连线(wired)。或者用1980年代的理论术语来说:新媒体已从革命的精神分裂一端转向了反动的妄想狂一端。时髦已终结,下次狂热呢?虽然知道新媒体"终结"了,但我们并没有摆脱它,这样的话,我们又该如何处理残留下来的媒体问题?传统媒体是否已被消解、边缘化(kaltgestellt),不再能威胁到统治阶级了?它们是否失去了光晕——因为现在一切都是数码的?如果"发布"只要点一下"提交"按钮,把文章直接保存进某个私有数据库里,那么将文章发布到一个假定的公共领域中又意味着什么?概括说来就是,如果我们放弃媒体这一概念,比如说改用网络的概念,会有什么好处吗?

将这放入德国语境下,问题可以说是,弗里德里希·基特勒之后的媒介理论该是怎样的?这一问题已经困扰我们有一段时间了。"媒介考古学"(Media Archaeology)的理论框架发展得很好,但只从历史角度思考这个问题还不够。我们能否说,在后现代长大、在后冷战时代的数字网络中成熟的下一代人正在接管这个时代?但接管什么?到目前为止,思辨性媒介理论早在1980年代就达到了巅峰(这一话题很值得一谈),剩下的是执行问题:亦即与当今全球资本主义政治经济学情势的一个无趣及可预见的冲突。当今媒介理论(如果它还剩下什么的话)的使命和探讨范围是什么?媒介理论丧失了其研究对象。西格弗里德·齐林斯基

（Siegfried Zielinski）是少数几个认真思考过这意味着什么的理论家之一。[5] 难道我们已经准备好把"新媒体"的残骸交给社会学家、博物馆馆长、艺术史学家和数字人文学科的官方人员了吗？还是说也许我们能以更有想象力和生产性的方式安排出场，或者如"三重奏"的作者所说，退出？我们是否已准备好在新的日常中开展其他类型的异用（détournements）[6] 和伪装？

有很多种理解《逐出》的方法，其中一种理解是，把这三位作者联合起来写书的行为本身理解为一种可能的趋势。新媒体理论家是否准备好追随叶夫根尼·莫罗佐夫成为新一代的公共讲师？但很难说纽约媒介理论学派正在"兴起"。这听上去很酷，却不是事实。一个学派需要包括什么？一个研究计划和大量研究经费？制度性力量？有影响力的学术地位（如讲座教授）？目前这些似乎都没有。在愚蠢的（新自由主义大学）城市营销逻辑方面把纽约与洛杉矶、伦敦、巴黎或柏林对比，不如回归18世纪作为"通信"（correspondence）的哲学模型——例如通过邮件列表、论坛、博客、推特展开。选择一个平台，你就可以在数位领域中关注这三人的合著中的理念。

解释世界是媒介（理论）的任务吗？纽约的三人似乎已经放弃了这一观点。他们不仅怀疑研究成果沟通的可能性，也越来越不确定理论能否揭露有关技术物与进程的真理——如今，用户作为数据点，已不再能区分有形而上学意义的人类身体与互相连接的机器。亚历克斯·盖洛威说，诠释学在"新媒体"的语境下面临着危机，这究竟意味着什么？"当神经科学能确定人的想法，为什么还要探讨人类心灵的深

5 西格弗里德·齐林斯基，《媒介之后：逐渐衰落的20世纪的新闻》（*After the Media: News from the Slow-fading Twentieth Century*），明尼阿波利斯，Univocal Publishing，2013年。

6 译注：情境主义的概念，通常译作"异轨"，"是当代媒体作品的变体，它是一种'将旧有作品以颠倒的方式重新创作'的手法，而被选做重新创作的原作品（détourned）必须是一个被大众所熟悉的媒体，以便能够有效和迅速地传达与原作相反的意图和信息"（引自维基百科）。

7 盖洛威, 撒克和沃克,
《逐出》, 第 29 页。

8 译注: 马歇尔·麦克
卢汉, 提出"媒介即是
信息"说法的媒介理论
家。

处? 当真正重要的是一幅画在拍卖时报出多少钱, 为什么还要试图解释它? "[7]1990 年代人们就已经指出, 大多媒介理论本质上都是思辨性的, 它们将概念投向未来, 期待某一天能兑现。二十年前, 讨论媒介问题的人(除了弗里德里希·基特勒和少数几个例外)很难将芯片、计算机代码和相关的界面理论化。理论在剖析我们文明的首要驱力方面的无能, 导致了艺术与人文的自我边缘化。

如果我们对媒介的未来丧失了信心, 任由储存大数据的冰冷设备摆布会怎么样? 新媒体与 1980 年代由符号学、后现代主义哲学和心理分析主导的电影分析, 形成极为强烈的对比。新媒体曾经是也依然是思辨性而非诠释性的。新媒体(艺术)总在寻找能被革命化的设备和服务, 如无人机、3D 打印、生物技术、射频识别(RFID)芯片, 等等。对设备的拜物式关注也与我们展示研究对象的困难相关。我们必须将计算机代码、网络结构与用户界面等摆上解剖台, 重新配置它们, 以实现对更广的图景的物质性解读。"诠释的意志"(The Will to Exegesis)或许依然存在, 但黑箱妨碍着我们展开剖析——这才是诠释学的危机所在。危机肇因于理论家还不会编程, 而且也接触不到研究对象了(想想那些越来越难把握的企业使用的演算法)。

在数字媒体时代很难开展对深层含义的叙述性重构, 这主要是因为在这麦克卢汉(McLuhan)[8]的时代, 不会有人掉进内容分析的陷阱——媒介的信息即是其基础结构。纽约媒介理论的"希腊转向"正是发生在这一背景之下: 它们试图通过赫尔墨斯(Hermes)、伊里斯（Iris）和复仇女神（Fury）的类比（也借用了巴迪欧、拉吕尔［Laruelle］、南希［Nancy］等流行的理论进路）来解释互联网。沃克总结道："赫尔墨斯代表解释（interpretation）的诠释学，伊里斯代表璀璨的即时性（immediacy），复仇女神则是分布式网络（distributed network）中的集群（swarm）。"[9] 这样，《逐出》便自由地从斯诺登丑闻事件的政治日常中抽离出来，转而采用包含古希腊神姓名的高度符码化的语言来对少数革命者说话。按照列奥·施特劳斯的观点，迫害导致了一种特殊的文学，它"只面向可信赖且聪慧的读者"。[10] 这便是沃克、盖洛威和撒克脑海中设想的形式和言辞（address）吗？他们正被监视处于危险中？难道他们需要把对话加密，以免受美国国家安全局和推特、脸书上的一大堆陈词滥调的威胁？谁知道呢。正如施特劳斯所说，通过自我审查压制独立思想的做法早已存在。我们是否能说他们自愿自我边缘化？或是因为他们渴望被有名的哲学家们接纳？这究竟是驱使这些作者"将理解与谨慎结合"的社群媒体泛滥，还是一种流放（Ostracism）？无论何者，问题依然在于怎样的话语能在数字时代复兴言论自由。我不想在字里行间揣测作者的言外之意。事关重大，与其让文章沉入误解的泥沼中，不如放开讨论。我们能否说，媒介理论本身在大多数人看来是值得怀疑的？计算机及类似设备的使用，与学院派停滞不前的新媒体理论间的差距越来越大，我们应严肃看待这个问题。

至于对"希腊"的引用，我错过了米歇尔·塞尔关于赫尔墨斯的有力著作。尤利西斯也没有给我留下很深刻的印象。德国学术权威没有

9 盖洛威，撒克和沃克，《逐出》，第 153 页。

10 列奥·施特劳斯，《迫害与写作的艺术》（*Persecution and the Art of Writing*），芝加哥，University of Chicago Press，1988 年，第 25 页。

11 有关"后数字"的争论的更详细的内容，见 Nettime 邮件列表的网页档案，2014 年 3 月。

12 盖洛威，撒克和沃克，《逐出》，第 21 页。

花精力把他们的主要著作译成英文，以促进国际交流。弗里德里希·基特勒最近出版的《音乐与数学》（*Music and Mathematics*）两卷本是个急需翻译的例子，书中他完全把观点放在古希腊哲学的框架内。在国际讨论中，当代德国理论家的声音依然稀少，通常一个人的著作要等到他五六十岁时才能被译成英文，或者他只好直接用英语写作（荷兰和斯堪的纳维亚的作者几十年来一直是这样）。责备纽约那三位作家试图成为欧洲大陆学者，用希腊词汇回避问题，因此，将他们搁置不论的做法，也回避这里关键的问题：要么杀死你所有宝贝的东西，要么思考"该如何告别新媒体"。

在紧迫与停滞、愤怒与抑郁并存的环境下，人们对"新"的关注越来越少。媒介理论逐渐远离其研究对象的趋势，可以追溯到许多不同的来源：从尼尔·波兹曼到非法促进基金会（Adilkno）在 1988 年媒体档案典藏中的《不明理论物件》（*Unidentified Theoretical Objects*）；从乔治·斯坦纳（George Steiner）的《真实在场》（*Real Presences*），到富勒（Fuller）和高菲（Goffe）在《邪恶媒体》（*Evil Media*）中微妙的策略与弗洛里安·克莱默（Florian Cramer）的《反媒体》（*Anti-Media*）；德国吕讷堡的后媒体实验室（Post-Media-Lab）（由 *Mute* 杂志与吕讷堡大学合作成立，出版了《启发性的混合：后媒体人类学》［*Provocative Alloys: A Post-Media Anthology*］），以及艺术对"后数码"概念的化身。这场转变的倡导者之一弗洛里安·克莱默解释道："反媒体，是当我们破除了媒体概念却又无法摆脱它时产生的后遗症。"[11] 正如纽约的三人组所说："他们追求的不是后媒体状态，而是非媒体状态（non-media）。"[12]

对这三位作者来说，核心问题在于"中介（mediation）是什么？"提出这一问题意味着要设想一组对立：没有逐出（excommunication）就不会有交流（communication）。如果我们停止中介过程会怎么样？与其进一步探查连线世界的持续发展，三位作者更倾向于研究"中介的不充分性"，以及"能避免双向性（bi-directionality）、排除决定性、彻底拆解设备的中介模式"。[13] 并非一切存在都要被再现和中介，让我们展望以下更广阔的可能性吧。

这种说法与传统的解构方案、罗莎·曼科曼（Rosa Menkman）的故障美学（glitch aesthetic）、盖洛威和撒克提出的"剥削"（exploit）哲学有何区别？这些作者已经提出反协定（counterprotocol）、"反网络"（anti-web），或者用哲学术语来说就是"例外拓扑学"（exceptional topology）的主张。如果我们拒绝离线浪漫主义，又该如何将这一分析转化为可执行的政治性规划呢？构想一种特定的美学是一回事，而且已经有许多艺术家在这样做了。但在后斯诺登时代，仅呼唤开源替代软件（它们依然沿用主流平台的共同前提，如"好友"逻辑等）还不够。我们必须质疑社会图景的逻辑和秩序，我们能否汇集集体智慧，构建另一种交流模式的原则？

《逐出》一书不只谈到了媒体之后的世界，后数码或后媒体世界，它也表明我们必须对权力进行实际意义解读。我们已经从新媒体的天堂中被驱逐出来，突然直面"大政治"的冰冷逻辑。大约一代人之前，人们还认为能把交流的提炼出来。自己干（DIY）的冲动将朋克、技客和企业家聚集在一起。而斯诺登之后我们的

13 盖洛威，撒克和沃克，《逐出》，第 10 页。

社交媒体深渊：批判的互联网文化与否定之力

冲动彻底幻灭，可以说是 19 世纪末"上帝已死"的世俗版本。但这个时代的"教会惩戒"本质上是非技术的。我们从未被从网络中驱逐，智能手机和平板电脑也没有被没收。问题既不在于审查与日俱增，也不在于我们一知半解的先进筛选技术。我们可以规避技术封锁，可以用加密保护自己。但问题比这更深远得多。泄露出来的美国国家安全局资料揭示了一种存在论的不确定性："你说的每一句话都可以且都将被用来反对你。"这种对信息交换的彻底破坏的长期后果尚不明了。网络交流会变得更正式吗？恶搞的人（Trolls）会更少吗？总而言之，新的冲突文化是否会产生并被压抑，还是说它压根不会产生？

逐出和被逐出是什么意思？我们不是从信仰团体中被逐出，而是自己离开了，因为"双方同意"的激情已经干枯。我们的不满告诉我们该离开了。许多人在感到脸书、推特的社交压力后退出了，使得"参与式文化"成为半登录状况，成为沉默的在场梦魇。一旦社群变成商品，我们便自然会迅速耗尽这些平台、轻而易举地将它们抛弃，正如最近抛弃脸书的安全版替代物 Ello。

没有力比多驱动的社交媒体是种死气沉沉的无聊的例行公事，它给人的感觉就像工作一样。为谁而工作？匿名窥视癖与暴露狂的自拍展示之间的诙谐辩证依然驱动着社交媒体。一旦这对生产动力变成例行公事，用户统计量便会下跌，人们集体转移到下一个平台，这种趋势已经从邮件和链接转向社交媒体领域。等到转发和点赞的热情也枯竭，疯狂的全天候沉迷失去意义，会发生什么？事实证明，关注和被关注还不够。如果交流没有展开，"关注"始终是被动、不可见的，不评论就等于社交死亡。斯诺登事件引发的危机则与这完全不同：向一个没有回应、荒废了的网络空间发邮件或许是死亡，但被一个没有回应的大他者所统治则是地狱。

新的共识正在形成，"互联网已经坏了"，需要被修复。谷歌和脸书这些大企业越来越难继续像往常一样做生意。在这一历史节点上，我们从策略上有必要关注那些熟悉技术的公共知识分子的观点。虽然齐泽克有许多缺点，但他确实指出了暴动小猫乐队（Pussy Riot）、占领华尔街运动、斯诺登事件和波士尼亚示威中的一些关键问题。不过一旦需要直接处理（新）媒体问题，他总是退回到对 1980 年代好莱坞电影的分析上。乔迪·迪安（Jodi Dean）对写博客和"通信资本主义"（communication capitalism）的分析稍好一些。斯诺登时代，产生了新一批的互联网研究，他们建基于社会科学之上，一方面强调对"大数据"的量化研究，一方面强调"数字民族志"（digital ethnography）。这批研究者就"媒体与社会"的许多关键问题展开讨论，但避开了几十年来人文学科一直采用的理论。"为什么理论那么重要？"他们问道，"理论毕竟只是文本而已。"但理论的力量和潜能恰恰在于它能在不同语境、各大洲、组织者和从业者之间穿梭；它不同于封闭杂志的学术研究成果，也不那么容易局限在一门学科中。

总的来说，"对权力讲真理"的做法显然已经不常见了——不是因为学者变得越发顺从，而是因为关于如何表达分歧、中介并组织分歧的共识在几年前就已然瓦解。新闻网页、博客、社交媒体平台和网络杂志（无论是封闭还是开

14 尼古拉斯·卢曼，《社会系统》，斯坦福，Stanford University Press，1995 年，德文版前言第 xlv 页。

放）的增速如此之快，人们已经很难看出学者能如何改变公共舆论。在彻底的幻灭状态中，我们也呼唤重估理论的作用。只要做个简单的调查，便会发现理论家的角色已被评论家和记者取代。如同大多数的国家，媒介理论在美国仅有一个非常弱的学术机构代表——美国大多数互联网批评家如尼可拉斯·卡尔（Nicholas Carr）、杰伦·拉尼尔（Jaron Lanier）、安德鲁·肯恩（Andrew Keen）、莫洛佐夫·伊莱·帕里瑟（Eli Pariser），以及其他人皆非知名学者这项事实则说明了一切。类似地，我们也注意到新媒体（艺术）项目和集会正在消失，不难看出传统电影和电视节目在竞争中取胜了。数字人文研究（Digital humanities）帮不上我们的忙，"传播科学"和其应用公关知识也没有用。在这一背景下，或许我们需要回归经典，将希腊诸神解读为媒介理论"信仰"的寓言。

后媒体趋势导致了理论的回撤，在它寻找新的领域时，它更偏爱主流社会科学普遍采用的未经批判的工具和方法。数字人文学科甚至被看作一种消遣：它是一种务实但绝望的姿态，主张让人文学科消失。数字潜力不是正在缩水的历史、哲学、文学等学科的独特卖点，媒介理论的任务并非建立能够证实理念效用的视觉化工具。大数据浪潮无疑将很快退去，相关话题却会保留下来，对一切事物的量化将在背后默默延续下去。这种情况很像尼古拉斯·卢曼（Niklas Luhmann）在《社会系统》（Social Systems）一书开篇所观察到的：经验研究"在增添知识方面是基本成功的，但它没能为这门学科构建一种统一的理论"，[14] 结果"那些对理论感兴趣的人又回归经典作者，学者的任务成了分解、批判和重组已有的文本。当人们对自己正在做的事情没信心，就会相信手边现成的"。该怎么避免网络研究也陷入这种局面？¹⁵

倘若真的有一种监管着一切的元权威（meta-authority），为什么还要构建思辨性、批判性或实用的概念？在光天化日下密谋又有何意义？模仿平克·弗洛伊德的语调可以说：我们不需要第二个上帝。"老大哥"已经以多种方式、在诸多位置出现，除非我们共同鼓起勇气拆散它们安置的技术基础设施，否则它们将一直留在这里。我们需要关于如何打落无人机、识别传感器、侵入服务器、摧毁全球定位系统信号、干扰谷歌（愚弄它的数据库，呼唤将一切数据中心社会化）的异见知识。别再想着下一波技术创新了。如果黑客们普遍的多疑是有道理的，那就意味着，我们几年前就已经在竞争中败下阵，被包围了。很快我们就会一个个被迫投降。

用德勒兹的话说，我们的任务是否依然是创造概念？还是说该把精力用在摧毁各种世界上？近十年来，人们一直在强调这位法国哲学家阳光的一面，如今迟到的钟摆开始荡向他黑暗的一面。我们是不是正处于"去生成"（unbecoming），认同瓦解，从过曝的公共领域撤离，摊开（unfold）各种网络，打断连接与点赞的流动，以及暂停愉悦的符号生产的过程中？

纽约三人组准确指出，媒介理论本身（an sich）正处在危急关头。媒介理论——无论是旧的还是新的、视觉的还是文本的、数字的或后数字的——总是试图让你以另一种方式阅读过去，但为什么一旦我们把媒介和理论结合起来，就不可避免地被拉入进去？我们也可以认为，

15 随着互联网研究者协会（Association of Internet Researchers）的创建，北美社会学家在1999年建立的单学科的社会科学方法至今还没有遭遇挑战或调整。互联网研究者协会是个专业的北美学术协会，它产生的文化特性包括对社会科学同行评审期刊、酒店会议、提早报名优惠和委员会选举的关注，因此它只局限于那些选择在英美大学工作、有特定职业规划和相关语言能力的互联网研究者（"青年"学者、终身教职学者等）。这不仅将程序员、哲学家、设计师和艺术家拒之门外，也忽略了这样一种现实状况：大多数互联网"研究者"其实都在公司和市民社会组织内工作，而不是在学术圈。

媒介的视角导致了纯思辨的、拼装玩具式的理论，而没能使理论成为剖析当下的批判工具。

"媒体对我们来说是陌生的"，《逐出》一书的导论中这样写道。我们该怎么理解这句话？我们是否已走完了自 1989 年 12 月罗马尼亚的"电视革命"（它之后被赋予的口号是"媒体是站在我们一方的"）以来的循环？显然，媒体领域中政治化的生机论冲动已经退去。媒体已死，纯粹直接的经验万岁？纽约三人组已经摆脱这种境况了吗？我不敢苟同。毕竟他们写了书，也发推文等。出走（Exodus）不意味着撤离（withdrawal），狄奥尼索斯式的黑暗有助于我们走出透明性的不可承受之轻。理论和批判需要借助 Reddit、黑客新闻（Hacker News）和 Verge 等新兴平台，在论辩中占据原本属于 ZDNet、连线（Wired）、Slashdot 和 TechCrunch 的领地。Longreads 和 Medium 这些由推特创始人发起的新公司，是否也意味着这种趋势？

理论可能会衍生出自己的领域，与当前急需批判性干预的议题脱节。但媒介理论不能从当前议题中撤离。就在此时此刻，一种以大数据热潮的形式展开的对媒介理论的突击，正企图将思辨和批判的两种路径统统边缘化：如果能沉浸在数据的海洋中，为什么还要研究概念及其起源？面对即将到来的方法论之争 2.0（Methodenstreit 2.0），我们应走出资产阶级式对"艺术"和"人文科学"可怜的捍卫，并证明没有概念就没有软件，没有中介就没有概念。我们迫切需要的软件研究及其实践哲学在哪里？

伯纳德·斯蒂格勒的药理学（pharmaco-logical）进路似乎能抵消出走所带来的感伤。尽管斯蒂格勒的分析显得阴暗，他依然是少数几个同时处理哲学与数字媒体且没有在二者之间强行建立人为协调的当代思想家之一。类似地，叶夫根尼·莫罗佐夫这位从东欧移民至美国，拒绝屈从于美国梦的思想家，也讨论过硅谷现实（Silicon Reality）及其替代物——它们多半都受到了霸权概念，以及美国国家安全局后门程序的影响。莫罗佐夫毫不妥协的攻击是有效的，人们普遍接受他最近提出的"解决主义"——这一说法尤为引人注目。对数码的厌恶确实存在，离线浪漫主义的冲动也四处蔓延，但对美国国家安全局来说这些感伤是无关紧要的。这个安全结合体（security complex）对我们在线上与离线世界之间的来回往返，抱持的是不可知论（agnostic）的。

从伊斯坦布尔的加济公园（Gezi Park）事件到 2013 年的巴西暴乱和乌克兰的基辅独立广场事件，我们确实正变成一波接一波的愤怒与违法团伙（借用麦肯锡·沃克的说法）。人们时常谈到的理论困境（或者说其中之一）是：究竟是"尽管有社交媒体，这些起义还是发生了"，还是说正是因为有社交媒体才发生的？泽伊内普·图菲克兹说："目前形塑理念的最佳方法不是从某种知识基础上公开强制，而是公开引诱。"理论对这种引诱有什么帮助？要想打破例行日常，必须暂停。《逐出》代表意义的罢工和对信息的抵制。图菲克兹解释说："互联网技术使我们能剥离层层的界限与打扰，在人与人之间实现与他者直接互动。但同时，掌权者正观察着这些互动，琢磨着如何利用它们使我们更

16：图菲克兹，《互联网是好是坏?》。

17 乔纳森·克拉里，《24/7：晚期资本主义与睡眠的终结》（24/7: Late Capitalism and the Ends of Sleep），纽约，Verso，2013 年。

顺从。"[16] 最近，我们感到不断被撕裂：一方面受到团结的吸引，但另一方面，我们也恐惧"有意留下了将被用来反对我们的证据"。让我们摆脱在线 / 离线、参与 / 出走的二元逻辑，从可持续的交换、强连接，以及使我们超越既定文化样式（从教育工厂到脸书）的感性想象力出发，一起设计其他形式的社会交往和组织吧。

我们现在需要对自拍狂热作出哲学回应；进一步干预有关注意力的丧失和所谓分心流行病引发的道德恐慌；深入探讨注意力、消遣与全天候睡眠剥夺经济的辩证法（乔纳森·克拉里 [Jonathan Crary] 的论文开了个好头[17]）；直面当代艺术系统在数字领域的无知；探讨新唯物主义和类似的真实与虚拟的杂交物；此外，还有无人驾驶的美学，物联网政策，关于编程的细致的性别理论，等等。像斯洛特戴克那样试图通过大型训练项目"掌握"社交媒体，而无视我们向来被中介的生活的批判性方面是不够的。我们要让软件特征变得可见，让它们的运作公开化，将其隐蔽的基础结构政治化。媒介理论该如何跳出它自己的阴影？《逐出》是一次探索新进路的尝试。如果确实有"媒体问题"，那么它现在已到了生死攸关的地步。

05

＼05 互联网获利模式——个人账户

德国诗人海涅警告法国人不要低估观念的力量：哲学概念可以毁掉一个文明。……奇怪的是，我们的哲学家对于其活动的毁灭性影响似乎毫无意识。

——以赛亚·柏林（Isaiah Berlin）[1]

对于创意产业来说不幸的是，推广令人困惑又幼稚的"免费"观念，是可以获得金钱和名望的。索罗斯开放社会倡议（Open Society Initiative）的基金大量涌入A2K等社会运动，或者从欧盟流入国际消费者协会（Consumer International）这种非政府组织，甚至从英国纳税人流向消费者聚焦（Consumer Focus）这种半官方机构，这一切都使"平衡"的神话永存——创造者越穷，我们就越富；个体权利越少，社会就越自由；而且从长期来说，摧毁创造者的回报是可取的、"可持续的"。

——安德鲁·奥罗斯基（Andrew Orlowski）[2]

"内容给每个人，利润只给少数人"——这已经变得多么平常。对"免费"的网络批判可以追溯到1990年代末[3]，近几年来批判的声音正在加强。[4]全球金融危机后人们越发关注

1 以赛亚·柏林，《两种自由概念》（Two concepts of liberty），见《对人类的恰当研究》（The Proper Study of Mankind），纽约，Farrar, Straus and Giroux，1998年，第192页。

2《波普尔，索罗斯与伪受虐狂》（Popper, Soros and pseudo-masochism），2012年5月2日。

3 比如1999年11月由基亚斯玛当代艺术博物馆主持的临时媒体实验室（Temporary Media Lab）开展的Free 4 What活动。

4 最近的一个例子是彼得·奥斯诺斯（Peter Osnos）的《"免费"互联网的持久神话》（The enduring myth of the "free" internet），The Atlantic（2013年2月）。同时见纳撒尼尔·提卡兹（Nathaniel Tkacz）的《从开源到开放政府：对于开放性政治的批判》（From open source to open government: a critique of open politics），

Ephemera, 12.4 (2012)，以及他的著作《维基百科与开放性的政治学》（*Wikipedia and the Politics of Openness*），芝加哥/伦敦，University of Chicago Press，2015 年。

5 本章的初稿刊载于巴黎 CMD 杂志的特刊《周一》（*Monday*，2015 年），郑淑丽（Shulea Chang）编。

债务在新自由主义经济中的作用，免费的固有模式尽管还在运作，但也失去了无敌的光环。"如果你不为产品付钱，你就是产品本身"已成为普遍的洞察，在脸书上的争论中经常被提起。但批判这种本质上有进步与颠覆价值的"免费""开放"的商业模式需要慎重其事[5]。如果你想迅速树敌，可以这样做。但这通常要么会引向对现有知识产权领域的捍卫，要么是质疑那些捍卫信息的无限制交换的人的个人动机。这个选择是非此即彼的，尤其是在愿意陷入矛盾的人看来，两种立场各有道理。但这在我看来说不通：为什么上网时向互联网服务提供商付一笔包月费用是公平的，为你每天阅读的在线杂志付费就不公平？

随着平台的出现，免费制度也有了最新的运作模式，它完全变成了投机性的："免费"基于假想的时间轴和契约，它引领各方势力走向收入和利润统统兑现的未来。"免费"宣告了一种新形式的、不断累积用户信息的预期性资本主义（anticipatory capitalism）的到来。一个平台试图抢占其他平台的市场份额，只为建立它自己的内部市场。预期性垄断资本主义的咒语是"你把它搭建好，生意就会随之而来"。从技术角度说，每个平台搭建者都能够在这种垄断式民主中占据大部分市场份额。抱怨是失败者才做的事，订阅及其他收费模式只会减慢人们期待的超速增长。不过一个新企业要想以这种模式发展，自然必须有风投资本的支撑。一旦达到垄断的位置，就会"赢家通吃"。每个成功的平台最需要的都是一大群平台依赖者：一群被情感纽带捆住的上钩用户，他们感到自己除了这个平台已经无处可去。从这时起，公平竞争与消费者信赖的逻辑就被抛之脑后，平台所有者开始做起真正的生意，包括上市以及获取其他网络资产（而且一旦"免费"完成了它的使命，就会被抛弃）。

　　"免费内容"的意识形态首先为投机资本家服务，投机资本家支持先驱者，先驱者也渴望实现垄断。风投资本的构造为了确保投资额度足以摧毁竞争，利用一系列玩世不恭的手段（标榜为对外来者有利的"创意"），比如说病毒式营销、创意会计（由审计公司操持）和内部管理伎俩——通常是为了摆脱建立公司的第一代人。要想尽快取得最大的市场份额，必须用好几轮投资扩大云端基础设施、营销部门和全球业务的规模。2008 年，当"免费"的意识形态尚未丧失其纯真和诱人的一面，还能被当作是技术发展"不可避免的终点"时，《连线》杂志主编克里斯·安德森（Chris Anderson）对这种意识形态做出了总结：[6] 在投机性的免费以外就没有别的可能性了——这已成为平台时代的意识形态。

　　好在 2008 年全球金融危机后，关于免费内容以及网络文化中其他的"免费"意识形态（如知识共享［Creative Commons］和自由文化运动［Free Culture movement］和缓的立场，众筹的政治学，以及比特币古怪的贮藏倾向）的激烈讨论变得更公开了。由于泰勒·斯威夫特（Taylor Swift）的"好意"，Spotify 等音乐流媒体网站差劲的收费模式已经成了主流新闻。甚至连新自由主义对"免费和开放本身就是有价值的目标"的广泛赞同，可能也瓦解了。但接下来该怎么办？应该让创造性生活的更多方面被货币化，还是说我们实际想要的是更公平的收入再

6 见《免费！为什么 $0.00 是商业的未来》（Free! Why $0.00 is the future of business）。同样可见安德森在《连线》封面故事发表后不久出版的著作：克里斯·安德森，《免费：当今最精明商业如何通过无偿给予获利》（Free: How Today's Smartest Businesses Profit by Giving Something for Nothing），纽约，Hyperion，2009 年。罗伯特·某文不久后出版了批判性著作《免费搭车：数字寄生虫如何摧毁文化商业，文化商业如何反扑》（Free Ride: How Digital Parasites are Destroying the Culture Business, and How the Culture Business Can Fight Back），Anchor Books，2011 年。但某文没有提到旧的版权系统对艺术家已经不管用了，它似乎只和出版、电视、电影、厂牌等传统文化工业的商业利益有关。

7 译注：free software 翻译成免费软件，但免费常常遭致误解，后一般标准译法为自由软件，自由软件并不抵制商业化，而是尊重使用者的自由，其对立的是专有软件（私有软件）proprietary software，收费与否都不是判定标准。译者本章中视前后文语境翻译成免费或者自由。

8 纳撒尼尔·提卡兹在《维基百科与开放性的政治学》（Wikipedia and the Politics of Openness）中探讨了这一问题。据他所说，波普尔只以消极的方式定义了开放。只有在过去的几十年间（1989 年之后？），开放的力量才付诸行动。提卡兹讨论了开放性问题，而我在这里更感兴趣的是"免费"。

分配的方式？不然，创意工作者该如何谋生？去做受雇的酒保或代课教师，用业余时间创作？还是通过行会和新公会？如果你想在全国巡回演出该怎么办？今天的创意工作者该怎么得到"真正的资本"？在思考替代方案之前，让我们先回顾一下已有的争论。

"免费"论辩的一些问题的核心在于：在媒体和文化产业内工作意味着（或不意味着）什么？我们何时该迎接、宣扬免费，何时该持怀疑态度？创意者、设计师和工作者所说的免费与开放有何区别？我们的偏好和区分又与，比如，90 年代末斯托尔曼 - 雷蒙德（Stallman-Raymond）式的自由软件（free software）[7] 与开放原代码（open source）之争，有什么区别和进展？我们还能从卡尔·波普尔强有力的"开放性"这一政治概念中学到什么？[8] 历史上还有哪些确实拥有共同财富或资源的所谓"开放社会"的例子供我们参考，以回答这些问题？"复数的共同"（commons）与"共同"（common）的区别是否只是英文中的语言游戏？（前者真的是理想的吗？后者太过普通了吗？）还是说这里有种辩证法在运作？另一个关键问题是，共同与共产主义的区别是什么？

结合我们自己的产业的经济，问题便是无报酬、众包（crowd-sourced）的内容，与苹果、谷歌或 Spotify 等中间人和聚合体所取得的利润的关系是什么？如今，与独立文化生产者创作的内容相比，内容由主流媒体或厂牌的领工资的雇员生产出来的状况，有多"常见"（common）？我们需要统计数据。如果用户无报酬的注意力被量化、卖给广告商，资源还是"开放"的吗？开放性是绝对的概念（要么有，要么无），还是有程度之分？或者它像一个光谱（spectrum），取决于我们考察的事情？另外，假如特定文化背景需要的话，是否能建立一种与开放性相反的、相对封闭的伦理？情境化的伦理可行吗？有一件事可以肯定：我们不能退回传统的知识产权体制。该如何为"数码原生代"（digital natives）提供可持续性的收入来源？该如何协调专家和业余爱好者的兴趣分歧？又怎么从我们自己的、集体的和战略规划的角度，用金钱或其他方法裁定价值的差异？

关键是要把后知识产权世界中对"免费"和"开放"概念不可回避的批判，转化为实际的可持续的经济模式。如果艺术、人文学科、理论和批判意识到自己在塑造网络社会中发挥着关键作用，它们也就需要构建一种收入模式，不然批判实践就会破灭，甚至一开始就无法产生。第一步是要公开对抗免费文化和软件大师（如斯托尔曼），他们对艺术家该如何在互联网时代谋生毫不关心。但更进一步，我们必须明白，他们所说的"免费"（free），之所以把"无偿"（gratis）与你的"免费啤酒"关联起来，是出于策略的安排，是有意的选择。斯托尔曼想改变字典中的字义，从当前历史中稍稍逃离。但他应该放弃他的"远征"，参与到目前的辩论中来：比如，自由软件和加密货币如何彼此相关（而且用什么方法才能不仅为程序员，也为内容生产者带来好处）？[9]这不是对他一个人的挑衅。这一点恰恰是自由软件运动彻底忽视的：成千上万人的收入越来越多地是通过 IT 架构，从软件中产生的。技客文化总想在这两个世界中建立某种奇怪的"恰当"区分："我很酷，但我不会告诉你我是怎么赚钱的。"如今我们

9 我是个骄傲的内容生产者。不同于里克·福克文奇（Rick Falkvinge），我不认为"内容"一词是版权游说的邪恶发明。2015 年 8 月 30 日，里克在 Torrent Freak 网站上写道："'内容'一词意味着必须有一个'容器'，而这容器是版权产业。"从独立出版的角度说，这不是问题所在。我们自己的频道也需要内容。但我同意福克文奇的说法：语言至关重要。按照我的理解，我会在内容与（元）数据和代码，以及一切创造性表达所处的环境和更广的生态之间作出区分。

已经过了这个阶段。你个人收入的媒介是政治性的，网络货币将在这方面迈出重要的一步。

　　"只有手艺人模仿，而艺术家创造"——这也是以赛亚·柏林说的。批判文化的互联网政治经济学依然是个有待研究的课题。这不仅关乎初创企业的经营模式，也涉及软件架构和被中介的生活的核心。自 1980 年代末，"免费"就已经成为占主导的先天（a priori）概念。"免费"和"开放"表现为媒介本身必须包含的、不证自明的要素。这两个概念与互联网一同产生，我们没有选择。个人电脑、多媒体和互联网之所以能如此迅速地发展，是因为企业无须为任何内容操心。苹果凭借它的企业标语"翻录加刻录"（Rip "n" burn）发展壮大。最近的一个赞扬免费的例子是克里斯·安德森的《免费：激进定价的未来》（*Free: The Future of a Radical Price*，2009），书中大量借助了开源的哲学——（再次）赞美与唱片厂牌和版权所有者的斗争，却（再次）拒绝讨论为实际的文化生产付费，书中为后销售时代的音乐家做出的不算安排的安排，只有现场演出收入。我们仍在为上网、硬件、软件付费，而不为内容付费。内容从未被拿上讨论的台面。当我打破禁忌，问为什么互联网服务提供商能通过提供上网服务收费，相关的艺术家却不能时，黑客们总是对我怒目而视。我们需要比"所有人都能访问"（对开放性的要求）更好的口号，因为我们访问的总是某样东西。我们无法访问"虚无"（rien）。互联网服务提供商的员工有工资是因为他们工作更辛苦吗？还是因为他们的工作是可见的、关键的，或是一种服务？为什么互联网没有像最初那样，一直作为公共基础设施存在？为什么看不到技客和他们的艺术家朋友一样白天在超市打工，晚上用业余时间写代码？如果这一整套结构一开始就是扭曲的，为什么我们没有趁着还相对容易的时候努力改变它？

10 尤查·本科勒，《网络财富》，纽黑文，Yale University Press，2006 年，第 37 页。

从自由软件到免费音乐，拷贝文化已经建成，这使文化内容生产者很难通过直接的销售赚钱谋生。尤查·本科勒（Yochai Benkler）在《网络的财富》（*The Wealth of Networks*，2006）一书中表明了他自己的开源哲学的局限：开源哲学赞扬了对抗厂牌和版权所有者的斗争，却拒绝探讨文化生产者该如何谋生。用他自己的话说："从社会总体福利的角度说，最好的情况是那些掌握信息的人免费提供它们，或只索取传播所需要的金额。"[10] 至于归根结底是谁将从"网络的财富"中获利，则没有被提起。答案会不会是，那些将信息聚拢并提供接触渠道的人将从中获利？本科勒没有回答。他对亚当·斯密《国富论》（1776）的引用是空洞的，这种对财富论述的模仿没有建立一种政治经济学，更不用说批判政治经济学了。

短期自由职业的工作一方面被斥为新自由主义式剥削，一方面又被称赞为个体创意劳动者的自由，其中显然有彼此矛盾的力量在发挥作用。网络 2.0 时代及其经济模式的产生极大地加剧了创意劳动地位的复杂性。可见的选择范围的一端，以维基百科为例，是以"信息不应被商品化"的信念为特征的，这与免费文化运动直接相关。尽管这种模式在一些杰出的项目中卓有成效，但它几乎完全依赖于无偿志愿劳动，因此没有为创意劳动的维系提供任何模型。总体范围的另一端，例如红帽（Red Hat）和 Ubuntu，则受到了埃里克·雷蒙德（Eric

Raymond）的"开放源代码促进会"（Open Source Initiative）的启发，关注如何将用户的自发创造转化为新商品。不过在这些先驱的尝试中，收入也很少能分配到内容生产者手中。

批评第二种生产方式的人指出，这种方式与 YouTube 或脸书等平台对免费劳动力投入的高度依赖很相似，这些平台的"利用价值"被认为是寄生性的。另一个相关问题是，劳动与游戏之传统范畴的分野逐渐模糊：在线平台被宣传为休闲网站，但它们输出的产物却转化为投机的超级有闲阶级的商品和正式收入。这种含糊的价值创造形式不仅不给"创造性输出"提供任何形式的报酬，也将（职业）创意艺术家的概念复杂化了。劳伦斯·莱斯格（Lawrence Lessig）和阿克塞尔·布伦斯（Axel Bruns）赞扬了创意业余爱好者的崛起，同时也指出了工作与游戏区分的模糊是新剥削形式的核心要件。为什么在这些讨论中，业余爱好者远比新出现的艺术家重要？创意工作的不同强度（偶然的、持续的、职业的）与价值生产的关系值得我们更多地关注。

个人的即是金融的

（The Personal is Financial）

"个人的即政治的"。这一 1970 年代女权主义运动的慢板很少被应用于我们的金融状况。金钱一向是私人的命运（"你有钱是命定的，没钱也是"）。但"赚钱"，从字面意义上说，是华尔街动作快的小子们（通过用别人的存款投机）独有的能力，我们其他人都只能忙着攒硬币。[11] 随着最近中产阶级收入的下降，日常财务正被政治化。如今，债务已是公共事务。2008 年后，我们已经不再能说"我们当初不知道"（Wir haben es nicht gewusst）了。这能不能说是"虚拟阶级"意识的萌生？[12] 随着资源分享逐渐成为经济、政治和生态方面的必须，结构重组过程中所需要的货币正得到越来越多的技客、艺术家和社会活动者的关注。我们也需要讨论后信贷货币的美学。但在此之前，我想先回到我自己对网络经济的个人 - 政治性参与，谈谈其中的启发和困境——这是对近十年来文化和金融化如何彼此联系的一种叙述，也是对为何硅谷向来阻止我们使用资源再分配工具的反思。

　　身处 1980 年代没完没了的经济萎靡中，我经历了一场可以说是存在性的危机。1983 年，我毕业于政治科学专业，硕士论文是关于融资替代性项目的，其中也包括与伊芙琳·柳伯斯（Eveline Lubbers）合写的关于占屋者周报 *Bluf!* 的个案研究——*Bluf!* 是我于 1981 年参与创建的，该项目运行了一年半，全国发行量约 2 500 册。和我的同代人一样，我一边靠社会福利生活，住在占屋里，在阿姆斯特丹和西柏林之间搭便车旅行，一边对抗里根和撒切尔的新自由主义反弹。在见证了我所参与的自主运动的不幸衰落，并在毕业后告别学术之后，我这种后嬉皮（或者说前雅皮）没有什么就业机会。我作为独立知识分子的感受过于强烈，无法认同榜样化的记者或官僚化的非政府组织社会活动者。从 1987 年中期起，我决定称自己为"媒介理论家"（无论这将把我引向何处）。就在当时，我参与了阿姆斯特丹自由广播运动，每周在 Radio

11 欧乐·比约格（Ole Bjerg），《挣钱：危机资本主义的哲学》（*Making Money: The Philosophy of Crisis Capitalism*），伦敦，Verso，2014 年。

12 见阿瑟·克洛克（Arthur Kroker）和迈克尔·韦恩斯坦（Michael Weinstein）的《数据垃圾：虚拟阶层理论》（*Data Trash: Theory of the Virtual Class*），纽约，St Martin's Press，1994 年，像那时许多其他研究一样，这本书也受限于与"虚拟现实"有关的对"身体政治"的推测性高估，以及对网络在互联网、手机方面的能力的相对的忽视，这是由于互联网与当时法国理论中的范畴不匹配（现在还是这样）。

13 维基百科，"巴施维茨致力于在阿姆斯特丹大学为大众心理学、公共舆论与宣传创立'研讨会'。1972年该机构更名为巴施维茨集体行为研究所，1985年与隶属于传播研究系的公共舆论部门合并"。

100 及随后的 Radio Patapoe 开设理论讲座，又成立了另类出版社 Ravijin，开始作为 Adilkno（即非法知识促进会，Fundation for the Advancement of Illegal Knowledge）的一员展开理论生涯。我在库尔特·巴施维茨协会（Kurt Baschwitz Institute）读过"大众心理学"课程[13]，该协会于 1985 年关闭，它剩下的部分融入了由行为主义社会科学家主导的新课程"媒体与传播"中。尽管发生了那么多暴动和自主运动（我自己也参与其中），我们还是清楚地意识到"闲荡的人群"已不再被视作威胁。当时那里也没有德国媒介理论的分支。德国课程项目本质上是回归诠释学的，侧重于对德国文本的历史性解读。"媒介理论家"又该如何谋生？影像艺术、地下文化、数字乌托邦和黑客集会指出了一条道路。

五年后，我的工作状况毫无改善，但我不再领取失业救济金了。我开始在媒体艺术的圈子里售卖论文、做讲座，在阿姆斯特丹文化领域（那时就已经由婴儿潮一代主导了）从事组织工作，同时在荷兰国家广播电台 VPRO 兼职。1992 年，我的月收入是 700 美元 / 月，只比社会福利的额度多一点点。1989 年后，世界陷入了又一次衰退，但"新媒体"则开始在"多媒体""虚拟现实"和"赛博空间"的投机名号下蓬勃发展。1993 年初，我开始上网；在黑客朋友们的帮助下，我上传了自己的电子文档，我从 1987 年就开始用电脑，因此已经积累了很多电子文档。正是在这一背景下，我发起了第一场关于"互联网经济"缺席的公共讨论。经常有人激动地对我说，内容将是免费的。但用户还得继续购买互联网服务提供商的上网服务，还要继续购买和升级个人电脑、显示器和调制解调器等硬件。软件的情况则不是很清晰。分享软件、免费软件与公司专利版本的竞争从很早就开始了，游戏是另一个灰色地带。该如何在这些领域中穿行呢？

我的黑客朋友说："如果你对传统媒体或学术不感兴趣，可以试试申请艺术拨款或在文化部门找份工作，但别期望互联网能给你提供收入。"我不同意这种看法，但还是接受了他们的建议："找一份白天的工作，晚上以自己的方式表达自我，朝赛博空间开火。无论如何，这是写作和一切形式的艺术的命运。"或者"做一个创业者，经营自己的生意，重新训练自己、学习写代码，成为我们的一分子"。1993 年，通过网页设计还能挣到可观的一笔钱，但这也还不够，而且更像是种被炒热的临时机会。写作，无论是做记者、写小说、诗歌还是批判，依然只能通过文化基金或传统出版社的渠道得到资助，因此将日益去专业化，用更友善的词说便是"民主化"。互联网显然将扰乱一切营生，"文字"是它的首个受害者——这是在 Napster 出现前的 Napster 式时刻 [14]。

1990 年代中期是网络公司传奇的一个关键时刻。理查德·巴布科（Richard Barbook）和安迪·卡梅伦（Andy Cameron）在他们 1995 年的座谈会文章《加州意识形态》（The California Ideology）中，清晰地捕捉到了这种自由主义精神。但文章中缺少了一些关键要素，如"免费"经济、风投资本，IPO（首次公开募股）在网络公司经营规划中的作用。互联网创业者全部遵照了同一种方案：最重要的是要在短期内吸引到能产生群聚效应的用户数量。市场份额比可

14 译注：Napster 是一项在线音乐服务，起初是免费的，后来艺术团体和唱片公司发现他们的版权被侵犯，Napster 被迫转为收费模式。网络上把"Napster moment"定义为，企业发现自己受版权保护的材料已经在网络上传播开的一刻，或政府、个人发现自己的信息在网上被泄露的时刻。

15 见她 15 年后在网络文化研究所网站上的重新评估。

持续性收入流更重要。在这种犬儒模式下，人们总体上接受了大多创业者都将失败的现实，失败被一两个公司的成功故事所补偿，它们要么上市，要么被卖给谷歌、脸书之类的大玩家。

我们花了许多年解读《连线》杂志的意识形态（1998 年该杂志被出售且边缘化了）。1997 年左右，当艺术与文化最初所扮演的角色衰落，被商业取代，《红鲱鱼》（*Red Herring*）和《快公司》（*Fast Company*）这些杂志终于开始直白地谈论网络公司狂热的经济前提究竟是什么。那时很少有这方面的书，批判性文本更是几乎不存在——接着到了 2000 年底，市场还不等我们意识到就几近崩塌。这是小布什和"911 事件"的时代。喧哗的 1990 年代结束了，千禧年党是它的转折点。

宝琳·博苏克（Pauline Borsook）于 2000 年出版的《赛博自私》（*Cyberselfish*）一书，是一部关于互联网是如何毁掉旧金山的经典研究，它依然值得重读。[15] 博苏克可以说是第一代加州网络批评家，她的研究比卡尔、拉尼尔、基恩、图尔库和莫罗佐夫的登台早了十年。与《坏主体》（*Bad Subjects*）等零零散散的先驱，和史蒂夫·西斯勒（Steve Cisler）、大卫·哈德森（David Hudson）、菲尔·艾格瑞（Phil Agre）（这里只举出几个人）等人类似，博苏克既是独立作家，也是湾区的圈内人。她与《连线》的创办者路易斯·罗塞托（Louis Rosetto）关系密切，也是批判硅谷自由主义倾向的首批作者之一。

紧随博苏克，又产生了许多关于网络公司之兴起和衰落的滑稽评论，不少评论都登载在"完蛋的公司"（the Fucked Company）网站上。这段时期我们唯一的学术卫道士是萨斯基娅·萨森（Saskia Sassen），她将全球金融与计算机网络关联起来。伴随着她复杂的宏观分析，以及曼纽尔·柯斯特尔对"网络社会"的社会学评论，更可靠的评述开始出现——但这些项目中没有哪个直接处理了网络公司文化的疯狂性。从 1997 年至 2000 年，来自养老金、共同基金等渠道的几十亿美元涌入互联网投机。其中只有少数投资以伪电子商务公司（如 pets.com 和 boo.com）的形式告终，更多的机构性投资消失在光学纤维的基础设施中。这些投资都基于未来的超高速增长战略，由风投资本补给，最终统统没有得到回报。在这新自由主义的黄金时代，成千上万的设计师、音乐家、工程师和社会科学家迅速转行为 HTML 码农、传播及公关职员、IT 顾问——几年后当泡沫破裂，他们又再次失业。难道这能被称为经济吗？

　　有一种方法可以对抗私有化的无情潮流和股票市场狂热，那就是坚持互联网作为公共基础设施这一观念。尽管拥有军事和学术的背景，互联网还是应当确保"人人皆可进入"。1997 年，凯瑟琳·戴维策划了第十届卡塞尔文件展，在此期间举办的混杂式工作空间项目的集会（持续一周）上，人们提出了"我们要带宽"的口号。1999 年底，同样一群人在阿姆斯特丹 Waag 协会（那时我正作为会员在那里兼职）的组织下，在基亚斯玛当代艺术博物馆（Kiasma museum）门外策划了另一场集会，名为"免费为何？"（Free for What?）；这是在更广的网络政治经济学中分析"免费"作用的第一次尝试。

　　从"喧哗的"1990 年代起直至今日，我一向很关注认知延迟（delays in perception）的问题。如果我们不能快速理解脸书的商业模式，谁将从中获利？是哪些因素把我们从英勇的主体变成只会点击的坏脾气消费者？尽管我们作为个体，也一同在网络和研究小组付出大量努力，为什么依然只能回顾性地理解当代资本主义的动态？是否正因如此我们才缺乏先锋？目前似乎我们只能和最近一次衰退的原因抗争。我写作这本书时，我们还处在 2007—2008 年经济危机的余波中，尽管危机已过去了许多年。在斯科特·帕特森（Scott Patterson）和迈克尔·刘易斯（Michael Lewis）等人的努力下，对衍生品（derivatives）和高频交易（high-frequency trading）的基本理解已经传播开来；同时，欧元危机导致的失业依然维持在极高水平，停滞成了常态，预算的缩减对基础设施、医保和文化造成了严重损害。经济（以及对经济的相关讨论）整体都停滞了，我们仿佛正等待着一场永远不会到来的复苏。

继 nettime 邮件列表（1995）等先驱之后，学术圈内外的人们一直在从文化、政治、经济的不同视角做出努力，尝试发展一种互联网的政治经济学。2000 年 2 月，恰恰在千年虫（millennium bug）漏洞解决、美国在线（AOL）与时代华纳宣布合并之后、网络公司泡沫破裂了。在纳斯达克（NASDAQ）崩盘（2000 年 4 月中旬）后发起的"郁金香热网络公司活动"（Tulipomania Dotcom event）（阿姆斯特丹 / 法兰克福，2000 年 6 月），是分析"新经济"并将大西洋两岸的批判声音整合起来的一次迟来尝试。17 世纪早期的第一次股票市场狂热、"南海泡沫事件"和"1929 年大崩盘"的历史人人皆知，如今它又在我们眼皮底下、在我们自己的领域内重演了一遍，造成了严重的损害。

郁金香热网络公司活动这类项目将我们的关注点引向了华尔街、对冲基金和高速交易等更广的全球金融图景。为什么无法设想直接参与其中的非技术工作者的可持续性收入来源？为什么 IT 总将艺术家和内容生产者排除在外，只给一小撮企业家和技术人员提供报酬？除了互联网繁荣期的那几年之外，这种状况在十年间没有什么变化。这不是一种经济。事实上，在"网络炸弹"爆炸后不久，大批的网页设计师和项目经理都失业了，又回到老家重拾旧业。"流众"（precariat）[16] 的贫困仍在加重。2002年，在做了二十年自由漂泊的理论家之后，我终于又重新回到学术界，根据我在批判互联网文化方面的工作，于墨尔本完成了博士学位。"贫穷但性感"（Sexy but poor）一度是柏林的口号，但我这样的批评家在 1990 年代经历的情况，很快就扩展到了戏剧、出版、电影批评，以及调研性新闻、摄影和独立电台等相关行业；所有的从业者都加入了贫穷的全球化的"创意阶级"。随着国家补贴从规模更小、更实验性的新兴项目中撤离，有偿工作只剩下广告和公关。

回到阿姆斯特丹，找到一份研究工作之后（这是我的大多数同行批评家、艺术家不得不做的职业转变），我于 2004 年发起了网络文化研究所。2000 年后，互联网产业的工作机会显著减少，在产业内部雇用一名理论家是不现实的；这时人们强调的是营销和有用性。我在阿姆斯特丹应用科学大学（HvA）新成立的研究机构所举办的第一场大型活动，是 2005 年 1 月的"网页设计的十年"，该活动探讨了网页设计

16 译注：precarious（非典型劳动，流动的临时工作）与 proletariat（无产阶级）两个字合并起来，成为 precariat，暂时先将其中文译成"流众"，取其流动不定的劳动条件和无产阶级化的普罗大众之意，也为了对比于较无阶级意涵的诸众。也有人直译成"不稳定的无产阶级"，然而无产阶级本来就不稳定。古典意义上，无产阶级是相对于生产工具的拥有与否，以及劳动者在有工作的情况下产生的自觉性认同，而现在两者皆无。

这一新兴职业的经济变化；之后 2006 年 11 月举办的"我的创意"（My Creativity），则讨论了最近从英国和澳大利亚传入欧洲的"创意产业"政策产生的恶果。与互联网有关的不再是百万富翁，而是迅速扩展的流动劳动文化（culture of precarity）。

网络公司泡沫破裂后，由于博客和"模板文化"（template culture）的迅速兴起，人们不再必须从零开始搭建网页。网页设计的价格大跌，简单的编辑任务也开始由机器接替。发明博客软件的技客又一次错失了在系统内部建立货币方案的机会。在亨利·詹金斯（Henry Jenkins）等远见者的引领下，"参与性文化"的业余爱好者们很快就陷入了旧的免费文化逻辑：詹金斯反对将网络写作专业化（也就是说反对为它付钱），而赞扬"网络 2.0"的民主性质——这种民主很容易被中间人剥削利用。在互联网数据中心（iDC）的列表中此类机制被如下描述："围绕着'网络 2.0'，硅谷意识形态总是将这两方面混在一起：一方面是开放系统，一方面是对'用户增添价值'的承认。用户的确能增添价值，他们的劳动是免费的，如果你能收集他们的行为数据并将其货币化，他们增添的价值还会更多。"

少数博主通过集成内容，结合横幅广告，以及亚马逊、谷歌上 AdSense 和 AdWords 的点击率带来的微收入得以谋生。其他大多数人对网络内容的贡献则被一些传统媒体产业接手，其中《赫芬顿邮报》（the Huffington Post）是个很有意思的例子：它著名的在线评论社区将《赫芬顿邮报》的创始人阿里安娜·赫芬顿（Arianna Huffington）告上了法庭——通过把"她的"网站卖给美国在线服务公司（AOL），她凭借网页上用户的无偿劳动成果赚取了 3.15 亿美元。如果说，这些用户用发布的内容建立起了《赫芬顿邮报》，为什么他们不能从售价中分得一笔钱呢？"免费"在公众眼中已开始不再无辜。

在随后的一段时间内，"网络 2.0"被整合进了"社交媒体"中，这一时期的特点是"赢家全拿"，几十年前受风投资本资助的互联网公司所确立的逻辑取得了胜利。互联网经济实际上不是自由市场，而是滋生垄断的温床，同时自由派垄断集团（cartels）正小心地统治、操控着硅谷舆论。房地产和金融服务业虽然在 2007—2008 年导致了经济危机，但它们并没有影响到互联网经济。互联网经济依然在亚洲、非洲的新用户和智能手机、平板电脑的驱动下高速增长。起初基于 IT 和媒体产业的互联网经济开始注入零售业、服务业、物流、农业等其他经济部门。德国人将这一过程巧妙地称作生成社会（Vergesellschaftung），它将互联网转化为一台按照基本上未知的协议运作通用处理机，这些协议又再生产免费的意识形态。没有谁或某个职业（无论多么传统或边缘化）能免受其影响。如今，对于各种"寄生性"策略的批判已经在一般文化中浮出水面。"如果你不付钱，你就是产品本身"的洞见已不只属于少数人，而成为在线大众的集体自觉。

1990 年代初期，我设想可以让会上网的读者以便宜的价格在线阅读或下载我的论文，按照计算机网络的散布性，设计一种内置点对点微支付系统来付费。既然数据可以去中心化地流动，为什么不能附上一个小额数字支付系统？

17 玛格丽特·里伐艮 (Margreet Riphagen) 主持了 1987—2000 年制作的 120 次一小时广播节目的数字化工作（但对乔姆的采访还没有数字化），之后这个广播节目的档案可在网上（archive.org）查到。这一时期与此相关的还有德国媒介理论家伯恩哈德·维夫（Bernhard Vief）的论文《数字阉割》（Digital Geld），见：弗洛里安·勒策（Florian Rötzer, Hg.），《电子表象：电子媒体美学》（Digitaler Schein: Ästhetik der elektronischen Medien），美因河畔法兰克福，Suhrkamp Verlag，1991 年。和麦克卢汉、鲍德里亚等大多数德国媒介理论家一样，维夫也把货币同那个时代广为人知的理论联系起来。截至 1991 年，伦敦证券交易所的数字网络已经成立多年了。20 世纪 80 年代，随着个人电脑、终端和电子网络的同时推出，所谓的“大爆炸”对市场管制放松的影响是难以设想的。维夫在数字货币究竟是硬件还是软件的问题，以及它的虚拟外表的问题上挣扎了许久。

18 在这一背景下，需要强调希腊前财长雅尼斯·瓦鲁法基斯（Yanis Varoufakis）关于比特币的早期文章。2015 年的许多报告都将希腊债务危机与作为欧元潜在替代物的赛博货币联系起来。

直接支付也可以调整为订阅模式，或有小额存储功能的卡片系统。阿姆斯特丹的一群黑客和加密专家正在努力实现这一设想。我去听过美国 Digi-Cash 创始人大卫·乔姆（David Chaum）的几次报告，那时他在阿姆斯特丹东部应用科学大学的数学与情报学中心（CWI），那里是欧洲最早的互联网节点之一。1993 年我和乔姆一起制作了一个一小时的广播节目，节目中他解释了他与美国信用卡工资、银行，以及相关专利的斗争，并强调了匿名和加密数据对未来在线支付系统的重要性。[17]

我们面临的挑战，在于该如何建立和推行一种文化方面的点对点互联网收入模型，它需要对抗剥削，并朝着它将产生的更平等主义的财富（再）分配努力。我们迫切地需要一个能让从事实际工作的人获得可观收入的系统，而且这个系统自身不能为了满足其创建者和先行者的更大利益而被扭曲。有一点是清楚的：只为自己的流动劳动而抱怨的时代已经过去了。我们不仅要要求报酬，还需要在治理的变革中采取有力措施，基于并结合小型（网络化）单位创收的新模式。罢债（debt strike）和谅解项目（forgiveness projects）未能质疑货币的主要定义及其功能。如今大多数用户已经理解了他们被卷入其中的犬儒的“免费”逻辑。现在正是货币实验的时代。截至 2015 年，赛博货币以及公众对紧缩政策（这个时代银行已经太过强大，不能倒台）的愤慨，已不再是两条截然分离的实践与思维轨迹。[18]

06

06　货币实验室议程：免费文化之后

抢银行的最佳方案是设计一种货币。

——约翰·瑟普斯特拉（Johan Sjerpstra）

世界的数码化已经完成，它的逻辑已扩展至包括金融在内的社会各个领域。与此同时，实际的网络化主体却被局限在它们自己的设备上，不得不靠自己谋取收入，无中生有地创造出东西来。新自由主义主体发现自己永远处在创业开始的阶段。内容的夸富宴（potlatch）已经结束。你可以分享，但谁在乎呢？复制既非问题，也非解决方式，它倾向于推延眼前的决定，而非促进它。在高度停滞的时代，我们无法指望补贴或传统金融界提供的投资。欢迎来到数字现实主义的世界：99%的人已经都成为紧缩网络中的生存主义艺术家，忍受着无止境的经济衰退中周而复始的危机。利润、贷款、存款、投资都不再稳固，一夜之间就可能蒸发殆尽。

人们正加紧寻找吸取价值的新方式。甚至连理想主义黑客与机会主义创业企业家的经典区分也开始模糊了。我们再也不清楚，究竟是真正的替代物正在产生，还是说我们只是见证着一次次缺乏理性原因和结果的创造性毁灭。

1 本章的大部分内容最初是我与纳撒尼尔·提卡兹合写的，2012—2013 年我们合作发起了货币实验室项目。为了与本书格式保持一致，我把我们共同的观点改成了个人的观点（把"我们"改成"我"）。也要感谢帕特里夏·德·福瑞斯（Patricia de Vries），她从 2013 年开始在网络文化研究所工作，是 2014 年 3 月货币实验室第一届会议、2015 年 12 月第二次会议以及 2015 年 4 月出版的货币实验室读本的负责人。（基尔特·洛夫克，纳撒尼尔·提卡兹，帕特里夏·德·福瑞斯，《货币实验室读本：对于数字经济的干预》［*Money Lab Reader: An Intervention in Digital Economy*］，阿姆斯特丹，网络文化研究所，2015 年。）

最近的一种无处不在的技术是金融化本身。在这个不怎么美丽的新世界中，冲突，哪怕只是作为概念，也很容易被化简为或置换为软件领域中经济图景的彼此竞争。不过，这种大环境的反复无常也意味着，货币和支付模式不再是既定的：金融技术和相关的设计似乎越来越容易取得；比特币的景观吸引了每个人的注意力；IT 巨头们正努力设想如何成为在线大众的金融服务与支付提供商；银行也正迅速赶上。这种状况还将持续多久？我们是否已经能够预见事情将在何处结束？是否与我们的期望相反？

货币实验室（Money Lab）是一个由艺术家、社会活动者和研究者组成的网络，在 2013年中期由阿姆斯特丹网络文化研究所创办。第一次"货币实验室：铸造替代物"（Money Lab: Coining Alternatives）会议于 2014 年 3 月在阿姆斯特丹举办，主要关注比特币之辩、众筹研究的起步、非洲的移动货币与艺术家对 2008 年全球金融危机（它持续的衰退、闭锁与破产）的回应。第二次会议"异见的经济"（Economies of Dissent）于 2015 年 12 月举办，还是在阿姆斯特丹，其主题涵盖了（非法）资金流动的调研性新闻和区块链理论等各方面。

与本书的分析思路一致，货币实验室的出发点是正在衰退的新自由主义互联网时代的主导经济模式——免费。作为一贯的默认模式，它已丧失了其无敌光环。[1] 该项目主要关注集体研究、讨论、设计与替代性网络收入模式的实验是否可能，以及面临何种紧迫挑战。这也意味着，要积极对抗"如果你不为产品付钱，你就是产品本身"这一普遍认识，以及这种网络文化深陷其中的犬儒逻辑。一旦由互联网（算法）生成的收入形式终于成为政治议题，有关免费的共识便会崩塌，但人们通常只在有关债务的讨论中才会谈到这一话题。自从全球金融危机爆发，债务已不再被当作个人事务的经验，而是一种将公民锁进资本主义日常及其压抑逻辑的入狱宣判。

2 大卫·格雷伯，《债务：前 5 000 年》，布鲁克林，Melville House Publishing，2011 年。

大卫·格雷伯（David Graeber）的畅销书《债务：前 5 000 年》（*Debt：The First 5,000 Years*）[2] 的成功，以及在占领运动的余波中兴起的反债务运动，使得公众开始广泛关注学生、房主、青少年等日益衰落的中产阶级成员严峻的债务问题。但货币实验室注意到，尽管人们的金融意识正在加强，社会活动者对金钱的彻底厌恶却使我们很难提出问题，也难以构建关于该如何设想财富的重新分配、重建公共基础设施、设计新的价值创造模式的模型。经济危机时我们需要的不只是更多的钱，还需要力求推行大规模改变管理模式的严格措施，结合小型（网络化）单元，以带来收入。罢债和谅解运动（Debt strike/forgiveness）未能质疑对金钱的主流定义及其运作方式（认为穷人会更开心，因为他们还没有被卷入债务系统中，是一种轻率的浪漫主义观点）。现在我们该如何在一种被设计得与我们背道而驰的经济体系中产生价值？多年前版权制度便已经丧失了它的合法性，如今创意工作者又该如何谋生？这是我将借货币实验室的研究议程讨论的核心问题。

欢迎进入算法战争（Algo-Wars）

如果"新媒体"当初严肃对待互联网银行，

它初期的前沿心态将多么不同啊。在那里，没有社区、没有合作，也没有对多样自我的匿名探索，只有一队 IT 外包工作的大军。网络银行一开始就不是在某个有冒险精神的虚拟世界中诞生的，它从诞生起就没有什么进展。相反，用户账户和纸质文件确证的真实身份相结合。这些网站的作用是辅助相当平淡无趣的金融任务，它们最关注的是自我和基础设施的安全性。网络银行操作追求无缝功能和汇款的简易性，没有什么不可预见的潜能。通过浏览、点击和上下滚动账户里那些有意义的数字，金融主体性被悄悄塑造了起来。

如今，很大一部分网页都被这种网络银行的标准化想象重塑了；但同时，网页也影响着网络银行。当代银行业务也卷入了社交化、个人化、推荐与广告的逻辑，并开始借鉴社交媒体及其他商业平台开创的设计技术。使用网银开始变成真正个体化的独特体验。在线结算单中混着促销资料和问卷，用户账号附带着能对支出和存款习惯（缺乏习惯）加以分类、视觉化的资产管理表。自然，银行也已加入数据画像的游戏。

在这高度美学化的领域，我们要继续追问是什么规定了当下的全球金融操作？转账速度是一个关键特征：以毫秒为单位的实时流通反映了它们所依赖的技术基础设施。屏幕界面、信息数据化、金融模型和交易算法共同构成了当代金融实践的媒体生态学，它们组织着常规操作，并以概率的方式引导决策过程。值得注意的是，这一局面的复杂性已成为政府监督机构想"简化系统"的常用说辞。我们关于金融的"深水"和"暗池"的知识的有限性和含糊性本身也值得关注。大多数人只有在崩盘事件之后的几个月或几年内才能直面崩盘的现实和进程。最初的崩盘是在几分钟内发生的，但它会波及无数人。

以透明和开放性为名，通过电子市场和高速交易平台将传统金融"民主化"的尝试，结果只是程序员们的自由主义梦幻。他们最终只促成了秘密的"算法战争"——比如，此类战争就发生在对冲基金和银行运营的彼此竞争的高频交易系统之间。只有那些最大、最精明、连接紧密的公司能真正参与这场为写出最完美、最英勇的算法方案而展开的竞争。竞争，正如斯科特·帕特森所说，导致了"普通人的算法式悲剧，这场悲剧的每个参与者都出于自身利益，逐步促成一个威胁到全球经济的市场"。[3]

金融科技（fin-tech）专家作为一个几乎独立的阶层，在"已知的未知"（known unknowns）范围内工作，他们试图用衍生工具等手段对抗未来市场的不确定性。模型取代了预测，策略则采用了博弈论的特殊形式。鲁道夫·希法亭（Rudolf Hilferding）1910 年探讨这个话题的《金融资本》（Das Finanzkapital）一书是一部被遗忘的经典，它描述了金融市场日益增强的自主性（autonomy），当时被看作是对马克思《资本论》的一册必要的补充。[4] 希法亭曾任魏玛共和国财务大臣，之后在集中营被纳粹杀害。我第一次读到这本书是在 1970 年代末，那时金融资本还被看作晦涩，甚至是未来主义的。一些显而易见的原因导致希法亭的思想没能汇入 20 世纪任何一股马克思主义思潮，尤其是没能进入欧洲社会民主阵营——因为那是希法亭原本的阵营。假如托尼·布莱尔督促

3 斯科特·帕特森，《暗池》（Dark Pools），纽约，Random House，2012 年，第 315 页。

4 鲁道夫·希法亭，《金融资本：资本主义发展晚期的研究》（Finance Capital: A Study in the Latest Phase of Capitalist Development），伦敦，Routledge，2005 年。感谢吕德·兰克（Ruud Vlek）1981 年向我推荐这部经典。

社交媒体深渊：批判的互联网文化与否定之力

5 关于这一论点更多的讨论见弗朗哥·贝拉尔迪与基尔特·洛文克，《对爱的大军与软件大军的呼唤》（A call to the Army of Love and to the Army of Software）。该如何管制高频交易？让它慢一些，还是全面禁止它？该怎么让人类"忘记"算法这一致命武器？

1990 年代的工党阅读并进一步发展这本书，世界会不会有所不同呢？

在全球金融领域内，交易场的景观已被电子贸易占据，它的"市场制造商"（market makers）从 1980 年代起就已经开始被取代了。计算机网络最先抹去的是交易员这一职业。无论在哪里，计算机程序都被彻底内化了，因此经济实践也带有计算机的特征。自动高频交易与一种特殊的技术意外地同时产生。2010 年 5 月所谓的"闪电崩盘"据说抹掉了一万亿美元的财富，这正是算法在未预料到的情况下按原本的设计运作所造成的灾难性后果。类似地，计算的失灵也明显体现了金融的特点（且会产生金融后果）。确实，在高频交易中，闪电崩盘已变得愈加常见，零对冲（Zero Hedge）等网站上有对它的详细分析。十年前，洒脱的商人们还瞧不起小额投资者和跟不上潮流的普通市民的养老金存款，他们搭起了一个"猎手战场"，把普通人的财产喂给行家。如今，公众对于有害的金融产品和高频交易的认识日益加深，并开始反对自动化的计算机系统本身，将它看作一系列麻烦的源头。要么这些金融武器将被彻底废除、金融军备竞赛结束（包括如纽约和芝加哥在光纤电缆方面的投入），要么人们将孤注一掷地试图改革这个产业。5

托马斯·皮凯蒂不是我们的希法亭 2.0 版，那谁是呢？我们急需更好地理解金融的暗黑世界，尤其是高速贸易。迈克尔·刘易斯和尤里斯·吕滕戴克（Joris Luytendijk）等记者唤起了公众的意识，但最终只是传播了一些传闻知识。这是个系统性问题。我们如今急需那些在金融科学领域工作（或曾经工作过）的工程师成长为公共知识分子——成为能说善道的技术哲学家，能有效地就"该怎么办"的问题展开交流。查尔斯·弗格森（Charles Ferguson）的纪录片《监守自盗》（*Insider Job*）就为此类公共交流提供了一个很好的例子。我们需要一个新的范畴来描述"吹哨人调停者"（whistle-blower-mediator）这种工作或角色：他们是在公众面前说话的最危险的人物，就像华尔街和纽约的阿桑奇、斯诺登。另一方面，文学批评家约瑟夫·福格尔（Joseph Vogl）也和这个话题有关，他的作品从与人文学科相关联的德国媒介理论传统分析了金融危机。[6] 我之前的工作建立在萨斯基娅·萨森的研究之上，她早在 1990 年代就有说服力地谈到了电子贸易、全球城市、社会运动和互联网文化的关系。目前，人文学科的技术倾向来自"软件研究"，这个新兴的研究领域强调应理解算法和机器人在当代媒介力量方面发挥的作用。软件研究还有待浮出水面，才能直接处理"金融技术"的问题。[7]

另一条线索（也是这一章中我最感兴趣的一点）则关注主流银行系统外的替代性货币和金融形式的发展，把它作为当前货币危机可能的解决方案。这样做的另一个原因是，替代物通常是理解、研究主流技术的一面有用的镜子。小额信贷、以物易物、众筹、P2P 信贷、时间银行、移动货币和加密货币等，也采取了类似的策略。我们可以问，这些金融替代物与更广的全球金融批判的关系是怎样的？自动化系统能不能在国家银行、美元和信用卡公司的势力外运行？如果像阿多诺所说的，"错误的世界里没有正确的生活"我们又该怎么理解这些实践——假如它们不只是想成为加密资本主义的自由主义发明的话？

6 英译版：约瑟夫·福格尔，《资本的幽灵》（*The Specter of Capital*），斯坦福，Stanford University Press，2014 年。

7 比如可见安德鲁·高菲关于算法的条目，马修·富勒（编），《软件研究：词汇手册》（*Software Studies: A Lexicon*），马萨诸塞：剑桥，Mass.，MIT Press，2006 年。流行科学的文章可参考克里斯托弗·斯坦纳，《自动化：算法如何统治世界》（*Automate This: How Algorithms Came to Rule the World*），纽约，Portfolio/Penguin，2012 年，以及弗兰克·帕斯奎尔的《黑箱社会》（*Black Box Society*）。

8 彼得·诺斯（Peter North），《挑战全球化的替代性货币运动？》（*Alternative Currency Movements as a Challenge to Globalisation?*），伯灵顿，Ashgate，2006年，第3页。

9 就这个话题进一步的讨论见对爱德华·德·荣（他曾经是 DigiCash 的雇员）的采访，由纳撒尼尔·提卡兹和帕布洛·维拉斯库（Pablo Velasco）进行，见洛文克，提卡兹和福瑞斯，《货币实验室读本》，第258-267页。

加密之地（Crypo-Land）的故事

　　一系列的原因导致了替代性交换形式的产生，包括结构性失败、群体边缘化，以及对社交需求更有策略性、更积极的辨识。数字货币也不例外。1980年代，迈克尔·林顿（Michael Linton）构建了一套为促进本地交易体系（Local Exchange Trading Schemes，LETS）的计算机化系统，他称之为 LETS 系统（LETSystem）。该系统试图"将以物易物（barter）商业的效率，与反文化交换的解放潜力结合起来"。[8]1990年代，大卫·乔姆数字现金（Digi Cash）的出现被认为改变了整个局面：乔姆在阿姆斯特丹大学计算机科学系工作，他最先将加密技术应用于货币，从而能有效地将金钱转化为加密编码数据串。1994年，史蒂芬·列维（Steven Levy）在《连线》杂志上写了一篇专题文章，详细介绍了乔姆在荷兰的项目和当时一些其他项目，现在我们知道，这些是第一批认真捣鼓数字加密货币的项目。乔姆的数字现金之后，又出现了 Mondex 和 MintChip。我们能从这些过去的先驱那里学到什么？[9]

　　就在2008年金融危机后不久，比特币开始发行。它的时机如此巧合，是不是因为"免费"交换的共识终于坍塌了？是不是史蒂芬·列维的话（和乔姆的心态）突然（再次）显得比我们眼前的大数据社会现实更为真实？比特币实现了全球私人市场的加密自由主义之梦，即一个不依赖国家运营和调控的市场。比特币使用公共密钥技术，结合分散式 P2P 软件架构，使用户间半匿名的资金转移成为可能。这种新货币的对抗性能力（antagonistic capacity）一开始主要体现在它助长了黑市交易（非法物品的贩卖），尤其是丝路网站（Silk Road）上的毒品交易。[10]

10 在波普的《数字黄金》（*Digital Gold*）中，我们会找到关于比特币最初对丝路网站的依赖的详细描述。

如果相当多的人都开始参与私人经济，税收该怎么办？一个简单的回答是，政府不会允许这种情况发生。这不正是 90 年代人们的梦想吗？把赛博空间视作一个拥有自己法则、独立运作的宇宙？但比特币最具颠覆性的潜力，也可能在于它那些不那么有争议性、更实用的功能：比如用作汇款的默认货币，这将大幅降低甚至免除与跨境汇款有关的费用。这样，比特币原本的对抗和颠覆性特征，变得像更合人意的熊彼特式（Schumpeterian）创造性毁灭，霸权式经济秩序被颠覆（战胜）了，但也只有这样它的全部逻辑才被重新肯定。

和现行的经济秩序一样，比特币也偏向于特定形式的交换和社会关系。这种货币就像一种总体世界观（Weltanschauung），和其他系统一样，它也会产生自己的"动物本能"。要想接受比特币，我们不仅要计算它的价值（value），还要通过经济社会学和人类学理解它的"价值观"（values）。货币和价值这两个概念必须重新结合。比如，是哪些社会价值支撑着比特币的设计，给予它货币价值？除了金融投机的刺激感，是不是还有某种技客式的酷、黑客 - 技客价值，或者其他东西？

比特币的基础是公共密钥技术，一种通信领域特有的隐私技术。正如让 - 弗朗索瓦·布兰切特（Jean-François Blanchette）最近说的，加密是一种"有对手在场时"的通信方式。但加密不只是交流秘密，它不同于耳语，而是在公

11 让-弗朗索瓦·布兰切特，《证据的负担：加密文化与电子档案时代的证据法》（*Burdens of Proof: Cryptographic Culture and Evidence Law in the Age of Electronic Documents*），马萨诸塞州：剑桥，MIT Press，2012 年。

共领域内、他人"在场时"的隐私。[11] 我们也可以把它理解为，在一个由公开交流所规定的世界内，隐私的持续存在。不过问题在于，加密者的意志是否或如何塑造了比特币（不仅是使它成为可能）？投入（设计）和产出（通过使用）的政治（或隐私）有没有关联？除了承载私人市场之梦以外，比特币这一货币系统还能带来哪些具体的新实践？有一件事已经很清楚：现在我们可以把金钱理解为人工设计的产物，而不再把它想象为普遍商品（黄金）或政府的专有创造（通过法令）。关于金钱的功能、价值来源和目的的基本问题，再次被摆上台面。导致这种状况的或许是法定货币系统最近的存在性危机，以及它隐藏其设计性的失败——无论是通过量化宽松政策还是选择性救助。无论如何，这些基本问题必须由每一次实验货币来解决，而不能只停留在话语层面。

众筹中的广告风投（AdVentures）

新创意项目向来要么依赖风投资本，要么依靠政府、基金会或其他第三方机构。创意产业工作者依然渴望得到一份永久性、高收入、能满足创造欲的工作，却只能靠一次性项目、强迫性自愿和廉价的临工来维系这一梦想。他们被卷进了流动劳动-理想主义的扭结：理想的工作近在咫尺……那些人很快就会和我签永久合同。网络文化研究所的"我的创意"（My Creativity）网络曾于 2006—2008 年详细讨论过这一问题。在那之后又出现了一系列网络化筹资先驱，给创意阶层带来了新的承诺——总有一天会实现

"内容正义"（Content Justice）的。但短期内希望依然渺茫。[12]

加密货币关注如何在事后支付，众筹则试图直接、提前解决收入的问题，类似电影筹资和商业出版中的提前筹款系统。众筹平台有许多种形式，但运作方式通常都是这样的：某人或某个群体的项目需要资金，他们在网上发布项目，邀请"大众"资助；他们也会公布一个明确的报价（如 10 000 美元），以及筹得这笔钱的截止日期。如果有足够的人"捐款"，目标金额达成，项目就能开展、筹得的资金到手；如果达不到目标金额，筹得的资金就退回资助者。Kickstarter 和 Indiegogo 这类网站都采用这种"全有全无"的模式。项目资助通常也分几个"等级"，资助者可以选择多捐或少捐款，得到的"回报"各不相同。回报可以是表示感谢的纪念品、产品本身（如果该项目有产品的话），或者给高级捐赠者定制的高档版或"私人定制"版。

对创意经济领域的工作者来说，众筹的特别之处在于它提供了不用依靠投资人和（研究／文化）拨款的可行模式，它使工作者能从机构和国家中独立出来，摆脱一系列有潜在寄生性的中间人和力量。在现实的自主运动中，众筹已经存在了数十年（以慈善演出、场地利润再分配等形式）。如今数字化、社交网络化的众筹本身是个商业概念，它通过博客、脸书上的点赞和转发等方式推广自己。流行的项目会登上榜首，页面越来越受关注。"有意思"的项目会出现在网站筛选过的策划名单上，有些会出现在"专栏"页面上。Kickstarter 会定期更新"我们喜欢的项目"发送给网站订阅者。热门

12 见基尔特·洛文克和奈德·罗西特（Ned Rossiter），《我的创意读本：创意产业批判》（*MyCreativity Reader: A Critique of Creative Industries*），阿姆斯特丹，网络文化研究所，2007 年。

13 这一领域内的首批研究成果见洛文克、提卡兹和德·福瑞斯的《货币实验室读本》中关于众筹的三篇文章。

14 见伊桑·莫里克(Ethan Mollick)，《众筹动力学：成功与失败的影响因素》（The dynamics of crowdfunding: determinants of success and failure），《社会科学研究网络》（Social Science Research Network），2013 年 3 月 25 日。

15 英奇·艾百依·索伦森，《众包与外包：在线融资与发行对英国纪录片产业的影响》（Crowdsourcing and outsourcing: the impact of online funding and distribution on the documentary film industry in the UK），《媒介，文化与社会》（Media, Culture & Society），34.6（2012），第 726–743 页。

项目会登上网页头条。这些自然都会增加筹款成功的概率。这里明显体现了硅谷的逻辑：它不是多数人民主地蓬勃发展，而是只有该模式真正看重的少数人才能被筛选出来达到一定高度——这是一种单一文化。

如今对众筹的研究才刚刚起步。和往常一样，我们没有提出批判性的问题。众筹平台看重的是新资助者，而不是批判。[13] 借助基于相关性和模式检测的量化技术，文化工作者着眼于破解成功项目背后的秘密。脸书上的好友数量、宣传中的视频剪辑、项目的地理位置、宣传文字的长度（越短越好）以及是否被选入众筹平台上的专栏，都与成功与否相关。要想增加成功概率，你需要受人欢迎并住在比较酷的城市里。[14] 另一个更重要的研究问题是，众筹的机制如何影响了筹款过程，使其不同于早先的筹款模式。我想到了英奇·索伦森（Inge Sørensen）对英国纪录片筹资方式的比较性调研。[15] 不出所料，她的研究清楚地表明，不同筹款模式会偏向于不同体裁的纪录片。某些项目是为什么，又如何像迷因一样流传开来，一次次地达到筹款目标？失败项目的"长尾"模型又是怎样的？我们也可提一些更激进的问题，如众筹能否成为公益的生产机器，或者说私人投入是如何转化为共同产出的。众筹能挤占华纳兄弟这种大企业的位置和利益吗？到目前为止，Kickstarter 是最受关注的众筹网站，还有哪些替代选择或类似的本地网站？它们的设计和产出与 Kickstarter 有何不同？比如需不需要为戏剧、发展援助、纪录片和邻里项目设立专项基金？

除了这些结构性探讨外，我们也必须考虑这些新筹款模式的体验性和心理的方面。20 世纪早期货币理论家格奥尔格·齐美尔（Georg Simmel）会怎么看待这种模型？众筹是实现真正独立的方式吗——不再需要赞助人和国家了（但你还是需要大众）。还是说最好将它理解为金融家思维模式下的"民主分配"，因此众筹是金融逻辑的强化？如果艺术与过度认同的暴民（over-identifying mob）品味捆绑在一起，它又如何获得自由？将筹款转变为一种网页浏览行为，会带来哪些影响？当界面设计和"用户体验"成为决定筹款结果的核心标准，又会怎么样？伊恩·博格斯特认为，应当按照真人秀电视节目的线索来理解 Kickstarter，只关注产品（产出）会错过一些关键的东西：

16 伊恩·博格斯特，《Kickstarter，众筹平台还是真人秀？》（Kickstarter, crowdfunding platform or reality show?），《快公司》（Fast Company），2012 年 7 月 18 日。

> 当我们面对这些产品的实际情况，失望是不可避免的——不是因为他们太微不足道或出现得太晚，而是出于更奇怪的原因。我们花钱买的是对一个假想观念的感觉，而不是实现出来的产品的体验……我们买的是欲望的乐趣和看着它取得出乎意料的成功或惨败的体验。Kickstarter 只是另一种娱乐罢了。[16]

但即使众筹是一种娱乐，我们也可以问为什么人们愿意为"假想的观念"付钱？我们投资的不只是个假想的产品，也是"其他的筹资方式"这一显然可行的假设。

非洲的移动货币

在西方国家，万事达（Master Card）和维萨（Visa）这样的美国信用卡公司主导着互联网支付领域，但在世界其他地方情况就不同了。

过去几年中，使用手机的替代支付方式，在所谓"发展中国家"的许多地方都成指数式增长。传统银行对顾客的投入越来越少，更不用说满足穷人的需要了，这时移动手机运营商便开始接替银行的工作，将它们最初用于购买电视节目、铃声和短信的货币系统扩展至一系列服务，从点对点支付到水费、电费、学费和交通费用的缴纳等。用户几乎可以用话费支付一切账单。如今，移动货币（mobile money）是关于发展的讨论中的前沿和核心话题，它涉及一种对发展的新理解——抛弃了慈善等过时的概念，转而试图激发穷人的创业精神并顺带从中赚钱。移动货币是用来解决"没有银行"（unbanked）的人经济参与能力的问题，也培养了人们在金钱管理方面的新金融素养。同时，那些通过设立小型移动交易系统而挣到钱（或者错过了机会）的人也在寻找参与或退出的方式。随着移动货币产业趋于成熟，新的电话银行协议也在产生，当地的国家调控正被重新改写。在"贸易即发展"的新叙事的支持下，NGO 的积极参与（他们相信"金字塔底部也有财富"）又进一步将这一系列过程合法化了。

究竟谁将最终统治移动货币领域？这个问题依然没有答案。会是亚非电信公司，还是维萨（目前移动货币公司所使用的大部分基础软件都由维萨公司掌握）？大型全球银行会不会哪天觉醒，进入市场？从另一个角度说，专门为移动货币点对点支付设计一种克隆版比特币会怎么样？现存平台的强大之处恰恰在于，它们借用了现存的全国通货（以及发行货币的国库），而没有冒险进入与现有货币平行的虚拟货币的方向。就政策而言，这也是"金融普惠原则"

（financial inclusion）一词的含义和要求：没有出离，也没有外部。非洲还有大约80%的成年人没有用上银行，这方面的潜力是显而易见的。全世界范围内，有约30亿人无法使用正式的金融服务。我们能从这些微金融的传奇故事中学到什么？我们也要考虑，在更大的图景里移动货币与微软、谷歌、苹果（还有Ubuntu？）设计的那些"在金字塔顶"进行的新媒体交换的关系？这些巨头都将制订自己的策略，试图把货币交易整合进未来的智能手机体系中。电信公司和移动货币先驱最终会被整合进现有银行系统中，还是和硅谷结盟？它们也可能会独自开创自己的"第三空间"。

谁在掌控着什么，我们该向哪里提要求？是否该期待我们总有一天会开发出自己的替代性金钱流？该靠自己偷取代码，这就开始吗？以物易物是可行的方式吗？又该如何唤起更强的呼声，把财富重新分配进这种明显的系统性变化中？应该打倒在线交易者，抢走他们的"玩具"吗？是否存在"慢钱"（slow money）？P2P银行等替代性金融模式又能如何参与这些发展？这些问题都很重要。

回到麻烦重重的文化领域，我们看到除了企业资助和（在道德上）已经破产的知识产权模式以外，近几十年来创意工业并未给艺术家和文化生产提供任何具体的收入模式。在这个经济危机的时代，我们不能只是批判金融资本主义，还需要想象并实践替代性方式。被炒热的众筹平台的长期前景如何？流动的文化工作者该怎么摆脱中间人，通过P2P经济和比特币直接挣钱？显然1990年代流行的免费、开放的意识形态在这种新图景下已不再主导了。如果

17 见布莱特·斯科特，《给异教徒的全球金融手册：黑进货币的未来》（*The Heretic's Guide to Global Finance: Hacking the Future of Money*），伦敦，Pluto Press，2014年。

说需要打破什么，那就是全球金融部门本身。

货币实验室图景：铸造替代物

在美国，权力的东西划分正在动摇。华尔街和硅谷的构想和野心正逐渐汇合。一部分企业还在沿用纸质支票、信用卡和1980年代的古老IT投资保留系统（legacy system），另一些企业则在为大规模引入比特币式的区块链技术而做准备。越来越多的初创企业正在货币、支付和筹资方面进行创新，金融公司也要通过技术来革新。金融界越发成为技客们的归宿（直到今天也是如此）：数学建模师、机器学习专家、物理专业人员等，他们的目标越来越集中于社交媒体的"数据流"（data flows）和相关平台。网页前端（front-end）的金融化进程，与发现互联网可以用作金融资源的过程是同步的。维基百科页面的编辑可以被用来预测股市变化。社交媒体平台是机器可读的，这些"流"的内容也在股价的波动中反映出来。不同搜索引擎都可以发出金融网络可以读取的信号，作为未来变化的可能指标。

我们不该恐惧金融本身。金融社会行动者布莱特·斯科特（Brett Scott）清楚表明了这一点。[17] 他的方法是以黑客活动家（hacker-activist）的心态进入金融界，我们也可以想想还能有什么其他的参与策略。2011年全球性起义（尤其是占领运动）之后，我们意识到2008年之后，人们没有对核心的金融投以足够的关注。起义运动很快就转而向内，沉迷于它自己的民主仪式。占领运动不仅显示了主流人们对全球金融的不满（后来被称为"皮凯蒂效应"［Piketty effect］），也表明我们需要一种对货币、资本、收入和金融的替代性理解——对这些问题的 21 世纪波西米亚式解读已经显得太原始、简单。人们越来越意识到"暗池"和其他荒诞的东西，但该如何把这些证据转化为有组织的义愤，再转变为政策？许多人担心管制本身还是不够。责备国际货币基金组织（IMF）是帝国的工具也无济于事。如今新自由主义的紧缩政策（austerity policies）施加到了每个人身上，范围远超过全球南方（Global south）发展中国家。撤回这些金融工具或许已太迟了。在斯科特·帕特森颇受好评的《金融工程师》（*The Quants*）一书中，他批判地讨论了公众关于禁止金融工程师在华尔街任职的提议；在他看来，"这就相当于一旦桥梁倒塌，就禁止土木工程师从事桥梁建筑。很多人认为目标应当是设计更好的桥——对金融工程师来说，就是设计能抵御金融海啸（而非引发它）的更有活力的模型"。但算法战争时代更好的"设计"应当是什么样的？萨斯基娅·萨森指出，2008 年金融危机导致了一场过于真实的"残酷剧场"（Theatre of Cruelty），一场新自由主义对穷人的报复。她的书《驱逐》（*Expulsions*）是 2008 年后的另一部经典，她用基于统计的宏大论证清楚地说明了被故意隐藏起来的危机的代价，以及它长期波及的领域。"凭空蒸发的钱"的自主性是相对的。正如我们从小就知道的，一切垄断的游戏都并非无辜，总会产生后果。

比特币是一座更好的"桥梁"吗？当我们显然已走到自由市场幻觉的尽头，只改良系统

18 菲利普·米洛夫斯基，《别浪费任何一场严重危机》，伦敦 & 纽约，Verso，2013 年，第 333 页。

又能怎么样？总会有"新的圈内人"，这次会是苹果、谷歌还是脸书？或者我们该期待电信公司成为新的银行吗？对高频交易、对冲基金或衍生工具的全球禁令也无法阻止下一次危机的到来，而且大概只有在经历多次灾难后人们才会采取这些举措。除了关于 21 世纪全球金融的总体理论，我们也需要关于数字网络时代如何产生收入的蓝图。这两方面实际上是一体的。

从这段时间的历史及对它的批判中，产生了一个简单却富于挑战性的问题：新自由主义是如何更加强大地从危机中脱颖而出的？这也是菲利普·米洛夫斯基（Philip Mirowski）在他 2013 年颇受好评的著作《别浪费一场严重的危机》（*Never Let a Serious Crisis Go to Waste*）中提出的一个重要问题。货币实验室需要进一步推进这个批判。如果所有这些好意的、建设性的替代方案只是强化了新自由主义政策，或者与现有政策没什么区别，依然使百分之一的寄生者获益，该怎么办？或者更糟糕的是，会不会这些新提出的替代方案本身也是新自由主义的？我们应当抵制这些替代品，甚至不再组织任何形式的批判吗？对金融世界最致命的否定形式究竟是什么？

米洛夫斯基的问题最终归结于对竞争对手的组织策略的质疑，这是"知识社会学"的一部分。[18] 从积极角度说，货币实验室等先驱也可以联合起来组成规模更大的组织化网络，并转化为米洛夫斯基所说的"思想集群"（Thought Collective），最终成为全球先驱，能够评估、播撒当前和未来的替代性软件的"种子"。米洛夫斯基问道："一种充满活力、且与新自由主义者的认识论立场的反叙事会是什么样子？"[19] 我们敢不敢回答说：就像货币实验室组织化网络这样？如果正如米洛夫斯基所说，"新自由主义思想集体的主要目标，是向大众散播怀疑与无知"，那么 VideoVortex、Unlike Us 和货币实验室等基于互联网的研究网络又能发挥什么作用？它们应缩小还是扩大规模？我们能从"弹出式网络"（pop-up networks）中学到什么？哪股力量正从互联网消失时的困惑感中获利？正如米洛夫斯基在同一页中所说，如果"真正的政治力量，在于有能力决定'悬置'（suspend）市场以拯救市场"，那么对对抗性力量来说，消解创业神话，打破未受质疑的资本主义现实主义共识就够了吗？为什么激进运动在批判垄断的时候，会不断退缩然后捍卫市场？我们无疑可以"做得比这更好"。

19 菲利普·米洛夫斯基，《别浪费任何一场严重危机》，第 356 页。

　　到目前为止，左翼主要在捍卫 20 世纪中期福利国家的模型，要求对财富进行再分配，而没有想到彻底重新发明一种货币。替代性货币、补充性（complementary）货币和地方性货币始终处于边缘位置。由此可以得出的一条结论是，用于研究和制定政策的智囊团模式本身是个已经过时的组织形式。NGO 的职业模式太过呆板，对于充斥着持续不断的事件、战争、气候灾害和政治破裂的快速变化着的世界来说，它反应太慢了。据此，米洛夫斯基提了一个悬赏一百比特币的问题："有没有哪个清晰的替代性框架，能说明在资本主义的全球转型中，经济的金融化与政治经济学更剧烈的潮涨潮落的关系？"就这个问题而言，自下而上的金融化问题或许是个值得讨论的方向。到目前为止，金融化只被理解为一种转型，即从贸易和商品生产转向

20 科斯塔斯·拉帕维查斯（Costas Lapavitsas），《不劳而获：金融如何剥削我们每个人》（*Profiling Without Producing: How Finance Exploits Us All*），伦敦／纽约，Verso，2013年，第138页。马克斯·凯瑟正巧是比特币的早期支持者，他也发行了自己的加密货币MaxCoin。

通过金融渠道获利，但曾经免费的服务（或者说一开始就不曾有过免费服务）逐渐被货币化的情况是否改变了这一图景？[20]

聚在货币实验室的先驱，是否已对零对冲等民粹主义网站和普京的卫星新闻电台 RT 曾预测过金融经济紧急状态的到来做好准备？经常激烈地攻击全球金融毁灭性逻辑的马克斯·凯瑟（Max Keiser），正是 RT 电台的主持人。我们是否无意识地低估了当下情景的危机性，或者沉浸在一种"我早就告诉你了"的马后炮（alarmist）位置上？按照米洛夫斯基的说法，这正是金融精英活动的特点：他们知道该怎么为下一场危机做准备——"新自由主义者或许会宣扬法制、公开耻笑政府的无能，但他们将借'例外'的时机，不受司法或民主问责阻碍，一步步推行他们的计划。他们知道该怎么'不浪费任何一场严重危机'。"但我们准备好了吗？设想替代性的、基于网络的收入模型（如艺术、文化生产领域的收入模型）的共同努力，能不能在大崩盘之后有效地接手并采取行动？

货币实验室将众筹、数字加密货币、移动货币服务、微支付系统和其他 P2P 实验等局部策略结合在一起解读，它深知视这些现象为彼此无关或简单忽略它们的做法太天真了。如今，出于体系的迫切性，我们比以往更需要与黑客、企业家和其他经济替代物的开发者一同采取建构性的行动。在经济紧缩时期，我们需要胆量。同时也要不断描绘当下状况的临时地图：哪些有用，哪些没用，哪些是值得追求的，哪些必须放下。什么能撼动主导意识形态，什么将强化霸权？哪段历史与当下最息息相关？我们的经济想象的极限是什么？

荷兰设计团体 Metahaven 提议，可以"用脸书信用额度（Facebook credits）拯救寸步难行的欧元"，德国和微软可以联合起来发行全国性虚拟货币。他们的另一个构想是"脸国"（Facestate），一个社交超级大国，把社交名誉当作经济运行的货币。在 Metahaven 勾勒的反乌托邦中，"脸国"这样的大企业已经用上了研发中的和尚未存在的社会技术发展成果。

21 维萨公司是它其中一个赞助商。

手机与 P2P 技术的结合产生了爆炸性的现象，也启发了新的观念——比如说，它在全球南方发展中国家的应用，使得经济流能够摆脱西方银行模式（使用 ATM、信用卡、地方支行、电脑网银等）的控制。国家和税务局无疑可能会禁止这类发明，比如在比特币的案例中，人们就常常讨论这个问题。类似于危机图绘网站 Ushahidi（它和移动货币先驱 M-Pesa 一样是在肯尼亚发起的），这些发展反映了非洲大陆具体现实的实践。借助新开发的手机平台金融工具，传统银行正试图控制朝着不同方向迅速发展的 P2P 领域。目前占据这一领域的不是银行，而是移动提供商。它的基础始终是普通转账，即将购买来的信用额度从一部手机转移到另一部。这种技术机制如果运用得恰当，将有益于艺术家、社会活动者和其他"流动"的自由职业者，使他们能直接获得小额报酬。[21] 理想情况下，手机货币应当是一种加密货币，能在最大程度上利用散布式、去中心化的网络结构，便于快速、简单的小额交换。到目前为止，手机货币还没有尝试创造一种属于它自己的、与现有通货平行的虚拟货币。事实上，事情正向着相反的方向发展，万事达与西联汇款（Western Union）正在加强对移动货币领域的控制，而对于该如何对待迅速发展的支付系统，其他传统银行和国家调控机构态度尚未明确。

是时候将对全球金融的激进批判与对新兴收入模式、支付系统和实验货币的调研结合在一起了。应当把这些路径关联起来，使它们互相启发。只要求改革金融领域，希望回到凯恩斯的就业政策是不够的。我们货币实验室的尝试是内在于当代网络文化的。近几十年来，网络的非正式性质意味着，这个喧闹的交流环境被看作是具有自主性的领域，是一个与"官方"现实及其形式化社交、经济关系相分离的世界。近十五年来高速贸易的发展已经表明，快速发展的利基软件（niche software）尽管尚不成熟，依然可以占据舞台的中心。

直到不久前，金钱在互联网经济中的流通要么是以传统方式直接购买商品和服务（如通过电子商务），要么是在用户背后，间接地通过广告（如网页横幅）和私人数据售卖。要想推进对"堆栈"（the stacks）和它有组织的欺骗文化的批判，我们不仅要揭露数字与社交的经济维度，也不能止步于从经销商的词汇里夺回"免费"与"开放"的说法。需要让亲自免费赠与物品的行为再次成为真正的礼物，它不是在线世界的默认模式，而是与点对点的金融交换相伴的线下例外情况。显然，礼物以外的价值组织和操作这个更大的问题，正成为我们研究者和社会活动者共同探索的主题。是时候以"神圣流众"（San Precario）的名义，重新发明并重新分配货币了！

07

＼07 要让比特币存活，它必须死去

为什么我们能在全球范围内流通和交换非物质资本，却连给某个人付钱都做不到？我们必须直面所谓互联网"政治经济学"这一不容忽视的问题。[1] 网络比我们通常理解的更加崎岖不平（比如可以试试在坦桑尼亚中部发邮件），但信息通信技术（ICT）的高度"发展"，却确保了主要节点之间信息交换的可靠和顺畅；至少西欧地区的货币转账很少有不顺，也几乎无须人力投入。现实情况是，日常"交换"难题（以及尚未实现的潜力）主要集中于银行系统——它由于高度（过度的）金融化而在崩塌的边缘摇摆不定，而不在于现有支付的基础架构。如果我们像运营公共事业那样用公共资金运营这些基础架构，它将几乎是无缝的，也无须用户付费。但鉴于公共银行在可预见的未来一段时间内难以实现，各种诞生于网络的新形式将持续产生。

比特币只是第一批原生数字货币之一，但它在发挥作用的过程中，已经留下了自己的印记。一名比特币推崇者将其影响概括为"比特币背后的技术是无法被法律禁止的"。你用自己的电脑生成比特币，这个过程是完全虚拟的，

1 这篇论文是我在2014—2015 年与帕特里斯·里门斯合写的，此次出版又稍作修整。

但很慢（用高速电脑也需要一两秒），因为每个币都必须按照算法分别生成、记账和管理。每个比特币都有一个独特的号码。当一个人给另一个人转账，对方确认收款。这一互动会被新型区块链技术捕获，并以最简练的方式自动记录下来——无须靠任何中央权威来记录交易。比特币的特别之处在于它采用的是"分散式信托"（distributed trust）而非"契约信托"（contractual trust）。政府、银行以及其他"现实世界"的机构都按照契约信托运作，依靠特许执照、机构、法律法规等维护并强制推行。而比特币的信徒希望建立一种替代性的分散式信托，由每一个参与者共享和承担，无须"政治性"干预。二者的技术区别类似于广播（一对多）与窄播（narrowcast，一对一或多对多的对立）[2]，后者推动了 1990 年代的互联网革命。

比特币在 2010 年 8 月 2 日上线，这一时间点恰恰可以看作是技客对 2008 年全球金融危机的回应。起初的几年内，比特币与美元的比值为 1∶1（一开始是 6 美分，一年后涨到大约 1 美元时开始建立交易目录）。2013 年 9 月 30 日，投资者突然介入，币值从 1 美元猛涨至 1 000 美元。现在它的价值在略高于 400 美元处盘旋，已经有人开始考虑复刻（forking）这个项目（像软件复刻那样创造相似但不同的克隆）。我们该怎么应对这种状况？有传言说柏林的店主已经开始把生意与比特币挂钩，但就现在来说这种乐观主义还太早。比特币的波动性意味着它的价值缺乏社会信誉。它能涨到 1 000 美元是个奇谈。当比特币价格暴涨得已经很剧烈的时候，福音主义者却认为这还不算什么，他们预估币值能涨至 50 000 倍。如果一种货币的币值波动

如此剧烈，长期保持 1 美元，暴涨后又跌回 200
美元，你又该如何规划收入和支出呢?

替代性货币 vs. 补充性货币

(Complementary Currencies)

尽管替代性货币与补充性货币都在主流
经济和金融外运作，区分困难，还是有必要理
解二者的区别。二者在概念、目标和运作模式
（modus operandi）上都相当不同，且常常体现
着截然不同的政策。

补充性货币主要侧重于地方，根据大环
境的不同，它们的规模差异也很大：比如瑞士
WIR 银行在全国运营，其他国家的一些地方性
货币的规模则不超出一个中型城市或省份。但
尽管补充性货币是地方性的，却也是包容性的
（inclusive）。正如补充性货币的名字所暗示的，
它们的目标既谦逊又长远；它们通常会与所流
通的（国家）领域中"实际存在的"账户货币
挂钩，而不打算完全取代后者（许多都采用"混
合"支付方式，一部分是"地方性"货币，一
部分是"真正的"货币）。在一个完全"封闭"
的环境下，它们的规模还会更受限。

而替代性加密虚拟货币能在更大的，甚至
全球范围内运作。但这些系统的参与人数却以
不同方式受到严重限制，因此它们实际是排除
性的（exclusive）。比特币将自身神话化为试图
取代和替换现有货币制度的替代性货币。出于
这个目标，它不愿在范围和程度上受地理或经
济的限制。但比特币的长处和弱点都在于：它

3 译注：1971 年，美国总统尼克松宣布放弃金本位制。

没有一个能以某种方式为其保价，用法律手段强制推行它的"权威"。比特币使用者坚信这种组织形式是它的主要优势所在，这一论点在宣传上是有效的，但在"现实世界"中却相当荒唐。况且，比特币社区内部也正萌生出一个想要被"系统"（含义尚不明确）承认和认证的派别——这个例子也体现了比特币"公开的矛盾"。

（再次）占领还是撤离？两个都要

比特币的原初构想中最矛盾的一点，是它对黄金商品（gold commodity）毫无想象力的模仿。按照定义，虚拟的"挖矿"可以无限进行，但比特币发明者却希望可挖掘总量像黄金一样有限，这就设置了一种人为的稀缺性；因此许多评论者称比特币是个"前 71"（pre-71）[3] 项目。实际上，比特币是想将金本位制引入虚拟空间，这样就不能任意增加世界上的货币总量。在现行的量化宽松政策下，能够流通的美元和欧元总额是由联邦银行与欧洲中央银行（ECB）人为规定并创造的。比特币模式的第一个矛盾意味着，原生数字货币并不一定要是数字的。或者换句话说，与其派殖民地工人和机器去挖真的金矿，不如只用电脑完成结构相似的工作——这使"物质"资源的虚构性变得无关紧要。如果比特币一方面是对通货膨胀 / 债务式经济的出色的数字否定，但同时又是向类似生产模式的虚拟回归，它想做的究竟是什么呢？或许它的重要贡献，就在于操演式地（performatively）为目前彻底悬空的经济所导致的可悲经济模式表示哀叹。

比特币和占领运动在历史上同时发生，这无论如何也不是巧合。互联网加密货币体现了人们对借助技术从（不公正的）规章中解放出来的渴望。它产生于大灾难之后（在史诗级的金融危机期间）"重新开始"的意愿，并在象征和物质两方面结束这场无止境的经济衰退。技客和 IT 创业者对比特币的热情源于大众对经济衰退下金融系统的普遍幻灭，这种幻灭又和早先互联网意识形态的改版相遇。它之所以如此复杂，是因为它继承着那个早先阶段全部的矛盾。比特币希望二者兼得，这也难怪它的支持者群体对于美元在其"替代性"模型中发挥的双重角色古怪地保持沉默——他们把美元接受为默认的参照，但作为法定货币，美元参与了比特币使用者批评过的一切罪恶，尤其是通货膨胀。另一方面（其实还是同一个意思），美元是美国的"帝国"通货，它虽然在世界流通无阻，但依然遵循美联储（它几乎只考虑美国自己的政治经济利益）的单方决定。美元作为美国"结构性垄断"的工具和执行者，附带了"过多的特权"。与这样一个特准系统挂钩，比特币的位置依然模糊，有待澄清。但可以说，一个真正独立自主的货币是不应以美元（或欧元、日元、英镑等）为参照的。

比特币急于重组下一个"技术"精英亚文化，这种亚文化或许能从当代权力浑浊的复杂性中获取足够的逃逸速度。因此我们可以把比特币理解为特权阶层的化身，它们希望摆脱乱糟糟的日常现实和混乱的社会领域。比特币信奉者们相信，这次经济将由一群技术自由主义者引领，摆脱银行和政客卑鄙、腐败的独裁。

4 伊波利达（Ippolita），
《在脸书水族箱里》
（In the Facebook
Aquarium），阿姆斯特
丹，网络文化研究所，
2015 年。

比特币对自主性的表达更像是"自己小圈子里的主权"（这是荷兰经典的宗教文化政策，类似于种族隔离），它忽略了社会的复杂性和大型机构的作用。加密货币给我们（这些精英），贫穷留给每个人。正如《华盛顿邮报》（Washington Post）曾提到的，"比特币是在自由主义者之间重新分配货币的系统。"到目前为止很难驳倒这种说法。比特币用户的"生态学"只包含全球人口的一小部分，我们完全可以猜测比特币玩家主要来自以男性为主的白人北美"无政府技客"群体，[4] 其余则是散布在世界各地的局外人。比特币是所向无敌的对冲基金经理们的"宇宙主宰"故事的重要组成部分，这些玩家就像汤姆·沃尔夫（Tom Wolfe）在《夜都迷情》（The Bonfire of the Vanities，1987）、布莱特·伊斯顿·埃利斯（Bret Easton Ellis）在《美国精神病人》（American Psycho，1991）中的表演，只是更有"技客"风范。不能把比特币看作某种底层（subaltern）的民间运动，但它的意识形态确实反映了一种对现存组织形式和实践的深刻且更为普遍的怀疑。比特币的总体倾向是结构性地从社会中撤离：这是"我们"的货币，不是他们的。在崩塌的全球资本主义废墟中，我们还能要求别的么？我们又假定谁（或什么）正在倾听这些要求？比特币能够作为下一代货币系统的蓝图么？比特币的结构并非唯一可能的替代选择。一切都还有待争取，包括比特币项目本身的前提。我们应当直面比特币的庞氏救世主义（Ponzi messianism）、它的规模和稀缺政策（politics of scarcity）、特里伯·肖尔茨（Trebor Scholz）等人提到的无管制金钱与免费劳动力的关系，以及技术 - 政治方案可以采用的各种不同信托方式。

信托 vs. 验证（Proof），加密价值

规模性（scalability）相对于交易的范围与
便捷；替代货币相对于补充货币，在这些选择
和矛盾的背后的问题是信托与价值，以及相应
的责任、问责制度和义务。信托与价值的关系
相当复杂，这两个概念在很大程度上重合且互
为因果，我们该怎么理解它们？[5] 这一困境或许
有些难懂，但这对于理解当今金钱的作用，进
而思考替代货币的机会和限制来说十分关键。
因此，先让我们看看这两个概念不重合的部分。
信托主要涉及技术设计的阶段，与货币相关的
信托具有不同的形式。需要区分"契约信托"
和"分散式信托"，前者是西方正式金融关系
的基础，后者是比特币等数字加密货币到目前
为止提出的基于算法的替代性系统。除了"契
约信托"还有另一种可能更有社会意义的替代
品，它基于事前验证（ex-ante verification），因
此"默认不信任"（distrust by default）。我们
可以称它为"社群信托"（community trust），
它是事后执行的（post-facto enforced），也就是
基于社会集体建构的担保。社群信托向来是东
方做生意的标准方式，金融犯罪极少发生。当
我们构想非自由主义的替代性货币系统时不应
忘记它。

货币价值的一部分是自主决定的，或者说
是独立于信托的，是"在交易完成后"对交换
的完全主观的评估。换句话说，货币没有所谓
的内在价值，它首先是用于交换、转账和运动的。
从这个角度理解各个替代性货币体系，我们便
会发现，对大多数货币体系来说，"已完成交易"

5 在这里我想起了法国
智识主义时代的一个笑
话，尼赞（Nizan）和萨
特（Sartre）在巴黎高师
读书时，互相比着解构
"概念的观念"和"观
念的概念"。用"信托"
和"价值"也可以玩这
个游戏。

中持有的货币量是相对不重要的，它可能没有任何净值——正如所谓的"滞期费"（demurrage currencies）。真正的替代性货币需要有并行的决议工具（resolution instruments）（一种原初的社交性，proto-sociality），不能只是价值的标志。当然，信托与价值的重合是货币设计难题中更有意思的一部分。

加密货币的提倡者坚持认为，可以方便有效地用加密验证（cryptographic proof）取代"人的"信托。销声匿迹的比特币发明者中本聪（Satoshi Nakamoto）简练地将其表述为"数字转账……无须依赖信托，而应基于加密验证"。在他看来社交互动是一种阻碍，或者说是弱连接，应当尽量绕开或消除它。可惜比特币对后人类科技的信任似乎并不适用于程序员们自己，"太过人性"的码农、比特矿工和交易所有者（exchange-owners）似乎都无须遵守规则。由于怀着对算法的坚定信任，丝路网络事件被看作是使比特币信徒们难以（在 2008 年后的经济状况下）在批判性公共媒体领域感到合法的主要因素。很快，越来越多的麻烦都被统统归于日本比特币交易平台 Mt Gox，它的倒闭使大量忠实的投资者的货币凭空蒸发。

我写这本书期间，关于区块大小的争论几乎要把比特币从内部撕裂为两个派系，但没人知道事情将如何展开。一方面，从一开始就支持比特币的传统程序员支持延长区块链，这意味着区块链内的交易次数增加，区块链的系统容量也要增加。另一方面，切断比特币开矿和区块链也是个可行的提议（这是我和一起研究的同事帕特里斯·里门斯［Patrice Riemens］提出的），但这样遇到的问题就是信托。因为区块链能确保比特币的有效性，确保一个比特币不会被用两次的分散式验证算法，基本上接近于"比特教"中的神。无论何种情形，如果比特币的基础真的分裂了，一个结果可能是，分裂出来的两种比特币之间无法彼此交换。更直白地说，最终无法被抹除的人与人的互动才是最重要的。这正是一切"技术解决主义"（techno-solutionism）（如叶夫根尼·莫罗佐夫所定义）的本体论盲点所在。比特币始终坚信算法和机器，而不信任容易犯错、有偏向的人类，这也提醒了我们它顽固的"盎格鲁裔"（Anglo）起源。

莫罗佐夫是一位独立评论家，不是学者。他有在东欧非政府组织工作的经历，研究范围广泛，涵盖了互联媒体和自由民主议题，也曾为乔治·索罗斯（George Soros）的开放社会基金会（Open Society Foundation）工作。他的第一本书《网络妄想》（*The Net Delusion*）讨论了伊朗问题、绿色行动（the green revolution）、2009 年反抗毛拉（mullahs）的失败，以及社交媒体含糊的作用。他的第二本书《要想拯救一切，点击这里》（*To Save Everything, Click Here*）则直接评论了新经济下"解决主义"（认为可以用技术观念解决社会问题）的兴起。2008 年金融危机后，美国新闻界开始关注莫罗佐夫，因为他是少数几个能讨论硅谷在危机中的作用的独立评论家之一。这是主流媒体第一次质疑硅谷议程，在这之前，硅谷始终维持着资本主义阳光男孩的形象。或者换句话说，硅谷没有产生它自己的批评家。主流媒体从来没有在有关硅谷的新闻报道方面投入任何精力，它要么彻底忽略了硅谷，要么只是复制粘贴它的狂热。

在 2008 年全球金融危机的余波中，较传统的主流报纸开始严肃追问究竟发生了什么，并越来越感觉被苹果的 iPad、谷歌等集团威胁，这时莫罗佐夫吸引了他们的注意力。这位作者通常只是向欧洲解释美国媒体政策，而不是相反，但他确实掌握不少美国的渠道和报道。他对主流新闻渠道也有兴趣，因为他不是从欧洲网络批判主义的小圈子里出来的。

在"高科技"语境下，我们不能低估莫罗佐夫"技术解决主义"概念的重要性。比特币就体现了这样一种观念：能够用一种技术方案解决目前的经济危机。莫罗佐夫并不是说社会和政治问题不真实，也不是说技术和技术设施对这些问题没有帮助。他对"技术解决主义"的批判的要点在于：首先，重新评估问题是如何被看作"问题"的（在政治上，伪善是不可避免的）；其次，考察人们认同的那些解决方案的现实代价。比如，今天人们似乎还没有认识到，用软件解决问题和对食品系统的法律进行调控并不一样。类似地，按照莫罗佐夫的理解，比特币试图为政治问题设计一个"算法"解决方案。在某种程度上，比特币的原初构想基于这样一种普遍信念："政治令人恶心"，它永远令人恶心，而技术解决方案总是比社会性方案"更好""更干净"。用他们的话说，这是"用纯粹数学的美丽取代一团糟的社会交往"。[6] 比特币的信徒坚信，真正重要的是掌握技术，掌握技术的人理应统治（但统治什么呢？）。换句话说，比特币系统的成功表明掌握政治经济大权的应当是比特币用户，而非政治家。不过，在这一点上莫罗佐夫优秀的现实理论（realtheorie）可能已经走上了死胡同。从策略角度说，对一切形式的权力的失望所导致的老生常谈和创伤——这也导致了"去过那儿了、做过这个了"的无动于衷和犬儒主义——确实能加强比特币的势头。但莫罗佐夫的论证也没有重新开启对这一话题的讨论：由于缺乏对活生生的替代性实践的理解，他那种只呼唤"回到政治"、远离算法的主张很成问题，它掩饰了西方民主程序的道德破产。尤其是，莫罗佐夫的欧陆技术批判还在试图取悦自由主义报纸和现有的出版商的"旧媒体"，它们的商业模式正在数字、新媒体和兴起的中介组织猛攻下摇摇欲坠。

庞氏救世主义与算法式信托

投机性金融复合体的庞大规模，也就是比特币产生时所对抗的宏观经济背景，总是令人难以把握。长时间以来，货币与财政收支平衡在量和流通速度上都已经失控，量的失控也是由流通速度的失控导致的。对许多人来说，金融领域与"实体经济"的关系已经破裂。确实，与投机性金融操作相比，日常的实际需要、具体生产和基于服务的经济显得很渺小。当人们把金融化与比特币的设计、指数（index）和规模可变性结合在一起思考，对比特币未来之叙事的实质问题就浮现了。比特币主要用于小额或微支付领域，与直观相反，虽然比特币是由金融工程师阶层设想并开发的，它的规模却与投机性金融工具相反。简单的数学计算可以表明，目前形式的比特币的规模，甚至不足以产生一个较小型的替代性经济或金融系统。这恰恰是因为比特币可挖掘的数量被人为限制了：其总量至多2 100万，即使细分为小数点后9位的单位，至多也只能有2 200亿个微支付单元。假如保守估计每枚比特币值100美元的话，每个单元相当于1美分。按照1美元等于100美分来计算，最多可以有22亿的"比特币美元"，这样的经济规模无论如何都很小……你可以自己算算。

对不同的社会/经济阶层来说，价格上涨与货币贬值会产生不同影响。随着价格的上涨，在"底层"受罪的穷人的消费会受影响，他们必须想办法用低收入过活，但他们并不占有财富。富人，尤其是巨富们占有大量财富，但通常是以有形资产或所有权契约的形式（股份、企业股份等），货币余额（monetary balance）对他们来说是次要的。最受威胁的是中产阶级的财产（通常是用于养老的存款）。我们在过去的通货膨胀与恶性通货膨胀期间观察到了这一现象，中产阶级的存款被抹去，给好几代人造成了创伤。比特币的问题在于，它没有修复实体经济的衰落问题，甚至还走向了相反方向。比特币潜在流通规模的最大值无论是同目前金融、投机和结余相比（这是个公认的问题），还是与运行"实体经济"本身所需的额度相比，都相形见绌。比特币的基本计量单位只能达到小数点后9位，把比特币的可用性限于地方性货币而非全球货币。这只是一个困难，却非常实际，它阻碍了比特币成为目前全球货币分配的真正替代品。比特币信徒们否认这一现实的做法很不坦率。尽管比特币作为金融工具能提供的选项十分有限（主要是点对点转账），它的核心成员却坚信它作为支付系统和在全球范围内被迅速接纳的优越性，并且认为比特币的使用本身证明了它具有解放和大规模接管货币／金融系统的潜力，却忽略了文化、政治的问题与差异。他们的论证主要依赖"不可避免性"的逻辑，而非结构性分析，这正是一切救世宗教（messianic religion）的标志。对比特币的膜拜式认可也以其他方式体现出来：比特币 T 恤的流行、应用程序和夸张的杂志，以及成员在赌博网站上公然抛售（off-loading）比特币，等等。

　　如果说比特币的稀缺性是设计的产物，而不是程序缺陷或能通过更强大的计算机逐步克服的技术限制，我们就必须将稀缺性看作它价值／估值（valuation）的矛盾一个特征。确实，比特币的金字塔结构牺牲了易受骗的后来者，使早期玩家成为胜利者，这很难说是偶然：它是个典型的技客精英项目。事实上对比特币的一个重要批判就是它的设计类似于庞氏骗局。比特币信徒们对这一指责的反驳是，这些批评者既不明白比特币实际上是怎么回事，也不理解庞氏骗局意味着什么。但这二者的相似之处太明显，使人想起"鸭子测试"（Duck test）的寓言（"如果它看起来像鸭子……"[7]）。比特币对供应量刻意构造的限制会使币值自动攀升；如果说一个支付系统（更别说是替代性经济了）一方面鼓励投机，却又限制它的使用，那么它究竟算是什么？稀缺性逻辑基于技客的一种相当"复古未来主义"（retro-futurist）的愿望，即希望回到黄金一类东西的可靠性上——一种客观化的、在物质上不受时间影响的"中立性"，同时又避免黄金的物质性缺点（这很容易被数字的魔法废除）。虚拟黄金？发明一种稀缺的、前尼克松时代黄金的这种复古未来主义幻想，

7 译注：完整版本为"如果它看起来像鸭子，游泳像鸭子，叫声像鸭子，那么它可能就是只鸭子"。

8 正如纳撒尼尔·波普
(Nathaniel Popper) 在
《数字黄金》(Digital
Gold)(伦敦：Penguin
Books, 2015 年）中写
道，在比特币发明五年
之后，它"依然几乎完
全被用于投机、赌博和
贩卖药品"。在同一页
他还提到，"内嵌式刺
激机制不鼓励人们使用
它"，他把货币贮藏定
义为通货紧缩："这些
被锁起来的虚拟货币如
果没人使用它们，又有
什么价值呢？"（第
219-220 页）他也提到了
庞氏阴谋。但是波普太
过沉浸在作为先驱者的
一员的兴奋中，没有从
这些基本问题出发直接
批判比特币的架构。

与点对点的模型难以相容。它会导致贮藏的态
度，并加剧比特币信徒对通货膨胀的根深蒂固
的恐惧。

这种对通货膨胀难以释怀的恐惧，以及用
户对贮藏一种所谓"价值只能增长"的货币的
意愿，都体现了比特币的中产阶级性质。"贮
藏者赋予比特币以价值"的说法是疯狂的，关
于比特币的文章中充斥着这种矛盾的说法和理
论，它们都是与贮藏激情一同产生的。[8] 如果说
法定货币的原罪是通胀，比特币的原罪则是贮
藏者与花钱者的对立：正如比特币信徒们自己
也同意的，这一系统的模式使它格外适合点对
点交易。但就实际目的来说，这种便捷性是排
外的。当比特币涨价，人们就缺乏使用或出售
它的动力，永远不会动用它。只有输家才会售
出比特币。对于比特币社区本身而言，他们假
装这些矛盾不是问题：你可以拿着蛋糕也可以
吃掉它（也可以逐渐拥有糕点铺）。比特币模
式通货紧缩的维度不仅让主流经济学家或政治
家讨厌，还进一步强化了信徒们对转账交易的
厌恶——比特币存在的主要理由便意味着，使
用它就等同于迫不得已的出售。这样，比特币
就成了它的起源——粗鲁的个人主义加上无政
府资本主义的公理："贪婪是好的"——的牺
牲品。它从未成为社会交换的一个有效经济系
统。挖矿的原则（比特币的根本神话和首要动力）
指向黑暗的过去，而非我们共同的未来。真正
的替代性货币应当考虑到能让它为无数人所用
的必要条件。没有人会为了方便他们自己和几
个朋友的使用而设计一种替代性货币，这是经
济交换的基本前提。另一方面，奴隶不需要比
特币，他们的生活已经彻底屈从于现有经济了。
显然，代码不仅是法则，也是生活。

"免费的钱"（Free Money）

比特币圈内人们对税收明显有怨言（"征税是偷窃"），他们也反对银行向每一笔转账收取服务费和手续费——由于贷款利息率极低，这些手续费已经成了至少是支付系统的主要收入来源。这种不满情绪使人们忽视了比特币自己的中间人，如挖矿和在背后进行的交易。这是赛博文化的普遍弱点：它倾向于掩盖自身的基础架构，将其视作现成的"第二自然"。比特币信徒们相信他们的货币是应对目前全球金融乱象的唯一答案，尤其是在微支付层面。从技术角度说这没错——一切虚拟货币都有潜力实现无摩擦的免费交易，但比特币的波动性使这个假设（尤其是在微支付方面）很成问题。

由于它所谓的"无摩擦"特点，比特币被誉为是独一无二的社区管理的探索，其基础在于成员的 DIY 活动。必须把比特币表面上"自己动手"的特点放在新自由主义免费劳动的传统下理解。这一次，免费指的只是"不收费"（也就是说"对我来说免费"）。如今，只有少数万亿比特的强大集团掌控着比特币的占有和挖矿，我们很难说清它的"多数人的活动"究竟是什么（除非把贮藏也理解为工作）。按其无政府资本主义的性质，我们对于比特币社区以及它包括哪些人也所知甚少——只知道他们是封闭的一群白人男性技客。

只要 DIY 依然等同于免费劳动，人们就很难明白它该如何在这样一种"一方面……，另一方面又……"的设置下运作。比特币成员对"系统"收取的各种费用和转账开销都深恶痛绝，但有趣的是，按理来说想摆脱这些机构和银行费用的比特币，却会对极小额的转账收费（而不是大额转账，这本身就不怎么公平）。理论家也指出，等到挖矿结束（2040 年全部 2 100 万比特币都会投入流通），比特币系统也会继续运作下去……靠的是收费。

可能未来的分岔

（Bifurcations of Possible Futures）

2014—2015 年，比特币达到了它的"巡航速度"（虽然仍一路颠簸）。不只有比特币信众们注意到了它与"现实世界"的关系出现了新的问题。既有的权力也想通过它们的金融／货币武器来监管这群街头顽童（new kids on the block）。比特币"社区"的部分成员也决定这样做，既因为想要比特币在更大范围内被承认和接受，也因为比特币原本就岌岌可危的名声又受到了一系列爆炸性丑闻的破坏：比如 2014 年 2 月日本比特币交易网站 Mt Gox 的神秘消失（同时消失的还有价值 4.5 亿美元的 85 万枚比特币），毒品交易平台丝路网站所有者被定罪的消息。当然，接受一个中央的外部权威监管与比特币的核心信条彻底不符。这一点不仅体现了比特币"公开的矛盾"，也撕裂了比特币社群和基金会。人们可以很容易地论证说，调控比特币会将它降格为一个华而不实的金融工具，但无论如何，这的确是"金融部门"的看法。

比起一种主流的、受调控的比特币，未来的货币多半依然会分裂为道德破产的官方货币和非正式的地方性货币两种。对 P2P 支付的需要只会继续增加。如我们所知，在中小型经济活动者之间的普通货币交易方面，银行系统基本上已经失效。低利息率等因素"迫使"银行收取高额服务费和手续费，而无处不在的电子网络则承诺了几乎免费的交易和资金转移（如此等等，更多的服务）。一般的支付将不可避免地退出笨拙而昂贵的银行系统，各类其他平台（基于区块链技术）将占据空位。这一演变在手机领域已经开始了，我将在下一章讨论这个问题。交换过程完全掌握在参与者手中，没有中间管理者介入的 P2P 转账将会实现这个趋势。

比特币自认为是快节奏货币领域变迁的终极解决方案，这在实践和社会的许多方面都是有问题的。重重矛盾带来了分叉（forking）的各种可能性，也就是说在比特币之后的各种"比特币"（Bitcoins after Bitcoin）。另外，也可以向"元（meta）比特币"的方向发展，建立各种加密货币都适用的元交换（如以太坊）。无论沿着哪个方向，它们都会回到信托的本质，尤其是从现实设计的角度关注在"可运作的规模内"（working scale）契约信托和分散式信托的区别。

比特币后的比特币

比特币的未来是光明的，但这要等到比特币终结之后才会展开。永别吧，文克莱沃斯兄弟（Winkelvoss Bros）。在特定社会背景下运作的小额（加密）数字货币的发展——无论是地方性还是超地方性的、被叫作替代性货币还是当代货币——是不可阻挡的。就应用和经济效用而言，最麻烦的部分在于它们和"实际存在的"货币(欧元、英镑、美元等)的关系。在这一点上，补充性货币远比替代性货币灵活。银行系统还没有为这些技术进步做好准备，尤其是在"零售"方面(更不用说随时可能崩塌的金融/货币体系了)。就零售而言，非银行、非中心化监管的电子支付系统有一天很可能会取胜，尤其在个体间的转账方面。银行已经开始想摆脱个体客户了，这些人的小额房贷(puppet house payments)和昂贵的客服要求都很麻烦，减少支行和高昂的费用也没能吓走他们。尽管银行想尽办法要摆脱像 Johnsons⁹ 这样的收购者，它们的利润率依然很低。这种状况何时、如何才能"翻转"还只能推测，它受到包括政治在内的许多因素的影响。

不过更确定的是，即将出现的新货币不会用比特币结算，至少不会用目前这种比特币。比特币极大推进了关于货币演变的思考，催生了许多类似的实验和局部解决方案，也通过试错在社会和技术平面上为其他人清理了障碍。这是比特币最主要、最不容置疑的功绩。

主要从网络中诞生的各种新版本货币还将继续，与此同时，非洲移动货币的大规模使用也是一部有趣的"教育剧"(Lehrstück)。非洲的经验很难被应用到银行体系仍牢牢掌握经济的区域。移动货币与比特币的共同点在于，它们都属于从银行向电信公司转移这一更大的技术历史转变。比特币一开始完全是基于互联网的，但它并不明确地认为自己建立在电信基础结构上；互联网和手机是它"先验"的无意识。

如果比特币不是从一开始就包含了这些矛盾的愿景，或者"只是"想成为（内嵌的）支付协议——比如嵌在 HTML 中，那它将是一项真正大胆的事业。剥去比特币自由主义的挖矿仪式和区块链宗教，看看它还剩下什么，这会是个有趣的实验。目前，加密货币是我们时代的先锋运动。按照我们的时代精神，这种先锋运动既非进步的也非艺术的（拜托，别提美学，我们是彻底的技客）。但如果这一切失败了，它总是能作为一件艺术品、一个货真价实的（反）社会雕塑（不太像杜尚或者博伊斯，更像是新未来主义）回溯性地进入历史。确实，比特币完全是技术和创业性的，它也加剧了社会的不平等——无论是否有意。正如纳撒尼尔·波普在《数字黄金》一书中对比特币的评论："比特币承诺会让每个用户分享它的利润，但截至2014 年，比特币经济的大部分都是由少数在比特币诞生之前就足够富有的人掌握的，只有他们有机会向这个新系统投资。每天新发行的大部分新比特币都被少数几个大型挖矿团伙纳入囊中。"[10] 确实，它对社会的塑形极为有限。

10 波普，《数字黄金》，第 336 页。

货币岛（Currency Island）的可能

目前除比特币以外还有许多种替代性货币模式。出于对未来的不良预感（从无止境的经济停滞到彻底的崩盘），它们全都从当前的货币和金融系统中脱离了出去。正如大多数人想要拥抱开放、开始调动社会力量时所做的，这些替代性货币往往只关注易取得的成果，而忽视了恼人的现实。它们大多都渴望从政治领域

11 雅尼斯·瓦鲁法基斯，《比特币以及非政治性货币的危险幻想》（Bitcoin and the dangerous fantasy of apolitical money）（博客）。

中抽身，因此它们的方案难免被指责为区域化或封闭的。换句话说，它们的规模无法扩展到能满足大型复杂社会的要求。正如经济学家和希腊前金融部长雅尼斯·瓦鲁法基斯准确指出的："去政治化的货币无法'驱动'发达工业社会。"[11] 用"小即美"的说法来反驳这一论证是没有意义的，除非我们呼吁彻底检修现有社会秩序（或者摆脱它），发起"回归土地"和普遍"去增长"（de-growth）的运动。

另一方面，考虑到技术的进展，我们可以放心地假设：未来的货币和支付系统将主要甚至完全是数字的。现在就已经是这样了，但与目前替代性模型的倡导者们（他们想把东西掌握在自己手中）和"大牌"银行机构（他们始终对这一技术演变保持警惕）设想的不同。在他们看来，比特币和目前其他的加密货币模型只是大胆的领跑者——技术还会继续成熟，货币和其他领域内的新品牌还将产生，但他们认为金融网络化的非物质性（the networked immaterality of finance）将广泛流行。无论是试着赌一把，还是勉强加入这一发展，银行主要担心的只是错过机会。它们和自由主义群众一样，对"货币的未来"怀有同样的期待——只是不那么有激情，我们暂时可以忽略它们。数字精英们狂热的技术乐观主义使他们假设全球范围内快速且几乎免费的支付很快（如果不是立即）就能实现，按照这种思路，我们将面临一系列更棘手甚至令人尴尬的举措和随之而来的高风险，这将威胁到技术自由主义者的共识。

从以数字为主的混合支付过渡到完全且专有的数字化支付系统，转换并非全无问题。从技术的角度说，IT 领域内的许多相关问题和潜在故障还没有被察觉（它们已经通过一系列事故暴露了出来，但又被轻视或简单忽视了）。更重要的是，这一过渡不仅影响到货币和金融，还关涉到我们的整个社会秩序。数字解决方案的推崇者和支持者们无法或不愿意讨论这些，因为这种朝向彻底网络化的"虚拟"系统的演变对他们来说过于自然、明显，甚至势不可当，但这种思路相当不坦诚。自由主义者们不愿承认把货币从国家控制中"解放"出来并变得数字化的进程，其实在1970年代金融系统（出于各种现实目的）被私有化的时候就已经发生了。货币彻底的数字化只是在技术上延续了这一潮流。自由主义者们抱怨的只是未能在银行等机构之前成为第一批获利者。

我们应当保持清醒，并纠正最近萨斯基娅·萨森提出的"金融与货币无关"的这一普遍误解。[12] 如今金融系统已经完全脱离了公众理解的、日常生活中使用的货币，但同时它还维持着与货币的单方面掠夺关系——这是它不配拥有的合法性（如今正摇摇欲坠）的基础。

当各色加密货币的信奉者解读金融体系在过去30年内的演变时，他们感到金钱被金融扣押，担心财产被"大征收"（Great Dispossession），[13] 这可能会引发大规模征收货币资产的想法。甚至这种共识的目的可能就在于此。在加密货币的推崇者和程序员看来，可以靠分散式算法模型——它完全能防御外来干预和收缴——避免这一威胁。这个逻辑在技术层面或许能成立（也可能不成立，但这个问题就留给技客们讨论吧），但在政治、社会和经济层面太过天真了。

12 见萨斯基娅·萨森在货币实验室第一次会议中的公开演讲，阿姆斯特丹，2014年3月，也可参考她关于基尔特·洛文克、纳撒尼尔·提卡兹和帕特里夏·德·福瑞斯《货币实验室读本：对数字经济的介入》的简介，由网络文化研究所出版，阿姆斯特丹，2015年。

13 要记住，"货币"（硬币、纸币）是法定货币，但银行存款不是，对它们的保护措施是悬而未决的——当超出一定数额，甚至是不存在的。

许多年前我们就已经陷入了目前这种金融体系的僵局，这种状况近期只会越来越明显。我曾主张：货币体系即将面临全面整修，这场整修将不是改革，而是残酷的颠覆，其中可能包括一系列紧急措施，如恢复高利率、关停自动取款机、现金的消失和存款的征收。这些发展已经开始了，但规模还比较小——只要问问希腊塞浦路斯人，或者想想阿根廷人在这前后都经历了什么，就能明白。对大多数人来说，"成交"的货币是相对不重要的，体现不了任何净值，正如所谓的"滞期费"。我们应当公开讨论替代性货币能否成为与现行货币体系并行的解决方案，而不只是价值的象征。

　　比特币一开始要求的并不是军事、电信巨头和联合中央化物流的互联网，而是能安排它们自己货币收益的点对点用户集合："没有数据中心了，欢迎回到中间地带（Interzone）。"这依然是比特币的神话。比特币的确实现了一种技术方案，使个体间的转账免受卑鄙中间组织的阻挠（如银行、政府和包括税收在内的政府调控）。但比特币使用者并不属于大众，也多半不愿意和大众扯上关系。比特币是补充性而非替代性的，但作为补充性货币，它又忽略了促进当地经济，在集中管理的资本主义效用外产生价值（公平交易、环境友好、小规模、非盈利等）这些政治目标。实际上，比特币到目前为止一直服务于无政府资本主义议程，关注的是"鲁莽个人主义"和竞争性环境中的个人成就和财富积累。它提供了一个局部、临时的未来，一种补充性而非替代性货币。可惜它的估价问题一直很令人头疼。

任何一种"比特币 2.0 版"本质上都应当是反投机的，应当设定内在机制防止价值波动过于激烈（无论是向上还是向下）。这能使货币更加"用户友好"，防止贮藏和投资者、投机者进入这一领域。比特币 1.0 版是一种投机货币，它的价值几乎完全取决于比特币与现有货币（主要是美元）的汇率。考虑到比特币在短期和长期内的高波动性，价值套利（value arbitrage）的做法几乎是没有希望的，尤其是对那些把比特币当作购买真实商品或服务的支付手段的人来说。最后一点是，为什么 1 比特币的价值在2009—2010 年一直稳定在 1 ～ 5 美元，后来突然就涨了 100 倍？对这种货币的实际需求的缺失不可能解释这一暴涨，只有以贮藏为目的的过度挖矿才能解释它。

从为全球正义、团结和财富再分配而斗争的社会运动的角度看，比特币的贮藏原则是不可容忍的。必须用一个发行货币、规定它与其他货币相对交换价值的独立机构，取代"挖矿"这种使"先驱者"获益的价值累积模式。这不一定需要通过民族国家或已有的国际管理机构来实现。我在这里的批判，不是想提出某种"修正主义"政策，来抹消比特币的无政府主义根基，然后重新引导比特币。但要说清的是，很难把比特币这种替代性金融体系的病态创业逻辑合法化——这一逻辑只利于创业者和早期投资者，却让普通用户和那些持续投资的人两手空空，只因为他们来晚了一点。比特币（和它之后的类似项目）需要回炉重造，找到不同于价值挖矿原则的真正替代性操作原则（也不那么费电）。

如果把挖矿操作从比特币中剔除，我认为

14 见卡罗琳·尼维扬（Caroline Nevejan），《呈现与信托的设计》（Presence and the design of trust），博士论文，阿姆斯特丹大学，2007年。

剩下的问题就是信托了。信托是比特币模型的主要弱点，因为它假定强大、永远在线，无须付费的计算机、服务器群和云服务将永远不变，在技术上却没有考虑支撑着它们的基础设施的复杂和脆弱。下一代加密货币可能不再把区块链当作"设计式信托"（designed trust）的实现装置，[14] 接下来的问题就是，该如何安置任何货币系统都需要的信托。这里我们又回到了规模可变性的问题上：也就是说，随着货币系统参与人数的增加，一个公正的"强制权威"（被自愿接受就够了）的需要也会变得紧迫。如果我们能断绝比特币对基础设施的寄生关系，它又会变成什么样？

要不了多久，金融科技界的失业程序员组成的算法大军就将侵入数字货币领域（由于对冲基金的失败，这一进程已经开始）。我们将看到越来越多莫罗佐夫所说的"寻找问题的解决方案"（solutions in search of a problem）——对一个并非由于技术因素而崩塌的系统来说无效的技术解决方案。基于验证的加密货币和基于信托的数字货币（即法定数字货币）可能将为统治权而展开竞争，对替代性和补充性货币模型的探索也将同步展开。在未来"观念的竞争市场"中，算法大军无疑将激烈宣称，他们经过技术检验的模型是唯一的出路。但真正的替代性经济需要一种不同的信托形式。这种信托将主要是地方性且由社会分配的。因此，真正的替代性（数字）经济能否达到一定规模，还不能确定。

08 乌干达的网核（Netcore）：I-Network 社区

追求知识以服务于人。

——乌干达坎帕拉马凯雷雷大学前，塑像上的标语

"极简"（normcore）[1] 被描述为一种"以朴实、大众化的服装为特征的中性化时尚潮流"，这样打扮的人通常是"不希望让自己在他人中显得突出的人"。那么"网核"（netcore）又是什么？我把它定义为网络逻辑生机勃勃的日常，比如网络上滔滔不绝的下流对话。网上挑衅（trolls）可以算是网核，但网核最纯粹的标志是垃圾广告。当网络变得"硬核"（hardcore），不仅迎合极端文化，也迎合这个超正常（supranormality）领域时，会发生什么？网络的"核"是什么？我们能否辨识出这个动态的核？在这里，我想讨论的是互联网文化在接地气的网络中如何运作，某些特定的社区既专注于自身利益，又互助协助，基于特殊社会 - 技术条件下的某些不可见机制运作，而我们在西方根本不看重这些条件。[2]

非洲手机文化就是"网核"；它已经存在了很久，普及的移动设备已被完全整合进非洲

1 这里的引用出自潮流预测小组 k-hole.net 2013 年 10 月发布的《青年模式：关于自由的报告》（*Youth Mode: A Report on Freedom*）。城市词典（The Urban Dictionary）将极简核定义为"一种基于对广泛使用的事物的有意、人为接纳的亚文化，这些事物被证明是受欢迎的，或者至少不惹人嫌。极端修正主义者"。

2 想想网络化(networking) 与不可行（notworking）的辩证法，见基尔特·洛文克，《不可行的原则》（*The Principle of Notworking*），Hogeschool van Amsterdam，2005 年。

大陆繁忙而艰难的日常生活中。以进步为导向的"高科技"（high-tech）与"低科技"（low-tech）的区分并不能让我们更好地看清问题，新与旧的辩证法甚至经常使圈内人惊讶。这一章中我感兴趣的是乌干达语境下作为一种实践与批判风格的"网核"，还有它和当地一个叫作i-network 的 ICT 社区的关联。i-network 是一个经典电子邮件列表，致力于"知识分享、倡议，并且培养 ICT4D（促进发展的信息通讯技术知识）的专业技能"。该邮件列表由坎帕拉一个同名的小型 NGO 组织运营。在我的邮件软件里，2010 年 2 月至 2015 年 8 月期间投给 i-network的邮件有 30 000 余封（平均一天 15 封）。从 IT产业和互联网使用的角度说，这份清单提供了从 IT 产业和互联网使用的角度，理解非洲国家（其中最大的是南非、埃及、肯尼亚和尼日利亚）日常问题的独特内部视角。i-network 列表有超过 1 700 名订阅者，还有一个氛围轻松、专注而活跃的、讨论一般的 ICT 和互联网问题的社区。邮件列表中很少有激烈的冲突，它的氛围相当不正式且直白（"你的网页真是垃圾""别那么夸张""公布真理有什么不道德的？""说真的，怎么会有人发'哈哈哈哈哈哈……'这种信息？"）。大多数成员都是通过创业公司和坎帕拉 ICT 相关的活动认识的，都很愿意互相提技术方面的建议。在其他国家、其他环境下，这种信息通常是在非正式的聊天频道上分享的，但在乌干达用邮件很合适，这也使得我这样的圈外人能阅读和体会乌干达 ICT 的讨论。

　　i-network 是个让学者、记者、政策制定者、网络运营者、自由程序员、网页设计师和电信管理人员向彼此抛出问题、评论和分享链接的平台。列表中简短的交流通常讨论的都是软件、手机、网页程序（如电子支付）等技术问题。有些成员在马凯雷雷大学（Makerere University）计算机系任职，有的在ICT议会会议委员会（处理电子账单问题）或非洲领导力协会（Africa Leadership Institute）工作，还有《东非》（East African）杂志的通讯记者、乌干达基督教大学（Uganda Christian University）的研究员，或者Techsys、SecondLife Uganda（专卖二手电脑）、E-Tech、Appfria Labs、Elmot、Best Grade（一个为南撒哈拉地区学校设计的免费的学校管理软件，在塞内加尔首次推行使用）、Eight Technologies、Owino Solutions的雇员、社区开放软件解决网络（Community Open Software Solutions Network）等非营利组织的员工。i-network的很多成员都在海外工作，如英国、南非、荷兰和美国的高科技公司。

列表内高频率的交流比日常生活中更加密集。人们最常讨论的话题是手机排名和相关新闻报道、产业的合并与调控，既有正式的也有非正式的讨论（"这个公司的网页是2015年3月注册的，三周内他们就在网上发布了1 000份工作。你花4个小时就能建一个网站。我感觉有什么不太对头"）。[3] 不过，i-network最了不起的还是它的讨论涵盖的范围：2011年11月21日的第一次程序展示会（Apps Circus）；数字非洲峰会（Digital Africa Summit）和非洲网络运营者集团（African Network Operators' Group）的报告；移动货币诈骗；短信发送的医疗数据；IE浏览器的业绩；欺诈性的SIMBOXs；越来越严重的电子垃圾问题；专业网页设计的价值；关于业务流程外包（Business Process Outsourcing）公

3 在列表的讨论中，广告的承诺常被与现实中不太一样的另一些状况相比——比如和南非国内最大的运营商MTN或者和新企业的表现相比。比如凯文·穆加鲁拉（Cavin Mugarura）这样为沃达丰（Vodafone）辩护："沃达丰是为了赚钱，他们提供的服务比目前其他竞争者提供的都要好，他们和提供受污染水源的国际红十字会或国家水务公司（National Water）不一样，是那些公司导致了伤寒的爆发"。（2015年3月18日）

司的工作坊；在提达（Ntinda）加油站被偷的电脑；瑞典大使正式登录马凯雷雷大学的无线热点；推广 Linux 系统的原因；思科（Cisco）路由器 vs. 华为路由器；对本地内容的期许；坎帕拉谷歌技术用户群（Google Technology User Group Kampala）的会议；坎帕拉移动星期一（Mobile Monday Kampala）；乌干达 Mozilla 社区的兴起；乌干达女性网络（Women of Uganda Network）的信息；麻省理工学院公开课件的用途；CEO 的工资；乌干达 Linux 用户小组在 Guzzlers 酒吧举行派对；庆祝 Ubuntu 10.04 版本的发布；第一个免费的电子邮件服务 ugamail.co.ug；对乌干达 YouTube 公关发布的批判；.ug 的管理问题；用 PayPal 在线支付；全球移动通信系统（GSM）信号干扰器；在线区域地图；乌干达 ICT 优秀奖（Uganda ICT Excellence Awards）的网页有多糟糕；如何用 ICT 减少艾滋病感染；对公司数据承诺的解构（"我们没法提供高速、无限又廉价的套餐"——雷尼耶·巴滕伯格［Reinier Battenberg］）；新一期《电脑技术杂志》（*PC Tech Magazine*）的内容分享"在各大零售店、报摊、机场、礼品店和乌干达、肯尼亚、卢旺达、加纳和尼日利亚的书店都有售"，但"有 72MB，能拜托你压缩一下或者上传到本地镜像吗？我得花 45 分钟才能下载下来"；绘制塌方地图；第十五届非洲远程教学会议（eLearning Africa conference）摘要；促进发展的移动通信技术（M4D）论坛；非洲网络运营商小组的新闻；2004 电子签名法案（Electronic Signatures Act）；频繁的招聘广告——"Nodesix 公司想雇一些有才能的年轻人"。随着 ICT 开始影响生活和组织的方方面面，i-Network 列表的一个成员感叹道："我在 i-Network 上见过各种东西，但婚礼预算还是第一次见到。真是什么新鲜的东西都有！"下一条消息是："我正在找能在线购买的 Cisco IP 电话 7900 系列电源适配器。"

　　i-network 架设在一个叫"通过对话发展"（development through dialogue）的 D- 群组软件上，该软件由荷兰海牙 ICT4D 机构 IICD（如今已经不在了）和乌干达通信委员会（Uganda Communication Committee，旨在于 2003、2005 年世界信息社会峰会［World Summits on the Information Society］的准备期间促进"知识分享"）合作开发。因为这个出身，i-Network 列表成员在讨论所谓"研究议程"和乌干达实时日常的政治、基础设施、技术框架的迷因时，显得最"网核"。2012 年 12 月我参观了坎帕拉的 i-Network 办公室，"内容管理员"玛格丽特·瑟尤姆（Margaret Sevume）和其他几个工作人员接待了我。这趟旅行是我之前在阿姆斯特丹大学的学生阿里·巴鲁尼瓦（Ali Balunywa）安排的。他和我年龄相仿，是个经验丰富的记者，后来转行做了媒体和 NGO 部门的 ICT 顾问。瑟尤姆解释说，由于 ICT 作为一项议程刚刚进入这个国家，i-network 的重点首先是推广 ICT 的使用和政策。之后，它也开始为 ICT 项目提供咨询并负责实施。为了强化组织，i-network 也设立了网络教育、健康、农业与生计、青年与记者方面的节点，起初这些节点各有各的邮件列表，但最终事实证明 i-network 的优势在于将它们结合在一起。瑟尤姆说道：

　　ICT 贯穿了各个领域，因此便于让各个领域的人员都参与进来。ICT 提高效率和效力的能力对各个领域都有帮助。有时想投诉 ICT 服务商

4 玛格丽特·瑟尤姆，电子邮件采访，2015 年 4 月 4 日。

5 玛格丽特·瑟尤姆，i-network，2014 年 12 月 2 日。

6 玛格丽特·瑟尤姆，i-network，2015 年 3 月 20 日。

的人也会用这个邮件列表，因为在这里发布可以让投诉迅速有效地得到处理。所有 ICT 服务商都在列表里，他们一发现问题就可以处理。[4]

  i-network 成员称自己为"i-netter"，他们也会分享光纤供应商的地址，参加东非互联网自由方面的会议。有人说，"我派了一个学生去帮我买在线时长"，还有人说，BarefootLaw 机构赢得了脸书全年最佳主页奖。另外还有人讨论追踪骗子的技巧、布隆迪的预付漫游费、乌干达通信委员会关于拦截垃圾短信的报告、刚才有谁的网页被"印尼赛博自由小组"（Indonesian Cyber Freedom）黑了之类的话题。他们会以小组形式评论数据保护与隐私法案（Data Protection and Privacy Bill）的草案，打电话和卖家分享个人或公司体验，打听如何解锁 DVD 播放机，或者抱怨糟糕的服务："我对 Umeme 公司（Umeme Ltd，一个供电公司）在我们卡萨姆比亚（Kasambya）社区的服务失望极了。"另一个成员则问："这儿爆发了好几例疟疾，我需要用 GIS（地理信息系统）做一张地图。在哪能搞到这个软件？要花多少钱？"2014 年底，i-network 出现了一个专门讨论 Whats App 的额外频道，但这很快被列表的管理部门好心拒绝了："感谢各位对 Whats App 相关话题的快速回复，但我们感到这不太适合严肃的知识分享话题。"[5] 目前 Whats App 小组人数被限制为 100 人，并且缺乏主题线，组内格外混乱。不久之后列表管理员就警告说："下次你有需要筹款的活动，比如孩子的受洗仪式之类的，就不要在这里发布了。"[6] 对于 Whats App（从属于脸书）进入当地市场的事情，埃德加·穆特比（Edgar Mutebi）评论说："发展中国家的电信公司往往承受着很大的风险，它们在全球移动通信系统网络方面投入了巨资，但这一网络很快就会变得冗余。我个人感觉 Whats App 应当补偿我们的电信公司，因为它从电信公司的投资中获益了。"这种说法提醒了裴德·穆昆丹（Jude Mukundane），他说："世界正向着更智能的系统发展，这意味着更少的人力、更小的电脑和物理空间，因此公司必将缩减规模。"[7]

i-network 是个"数位原生代"社区，它的核心目标是分享知识，而非情绪、时髦或愤怒。打印机配件比表情符号重要。其中一位成员格林·穆杰瓦尔（Green Mugerwa），提醒列表里的其他人珍惜参与的价值："我们欣赏你们为确保 ICT 对生活产生积极影响而做出的努力。"[8]大多数年轻成员都是 IT 或 NGO 的专业人士，不是青少年或大学生。[9]人们分享的技术新闻主要是美国的。有一次丹尼尔·欧卡拉尼（Daniel Okalany）问："谁能告诉我这个国家有反盗版法吗？我还没听说过谁因为非法软件、音乐或者电影而被逮捕。真的有反盗版法吗？"列表管理员回复道："微软的打手偶尔会帮警察踢几扇门，但除此之外似乎没有什么强制力。"数据表明东非 83% 的软件都是盗版的，这显然也和这个地区的咨询柜台和其他客户服务不足有关——它们的缺席，也是这里需要 i-network 的原因。

另一个经常讨论到的话题是二手电脑的价值和使用。乌干达正准备取消对进口二手电脑的禁令，但另一方面肯尼亚和赞比亚却不允许出现"官方所谓的发达国家向其市场倾销旧电脑的情况"。赛马库拉·阿卜杜尔（Semakula

7 在 i-network 列表上的讨论，2015 年 4 月 1 日。

8 格林·穆杰瓦尔，i-network，2014 年 11 月 24 日。

9 "姆维斯格瓦，你说过'重要的是成熟、责任、经验和专业，年龄一点也不重要。'而要我说，年龄有时还是重要的。"（詹姆斯·姆维斯格瓦［James Mwesigwa］）

Abdul）说："我觉得对乌干达这种站在起跑线上的国家来说，禁止二手电脑将阻碍 ICT 领域的发展。我们的社会太爱便宜货了。"人们也讨论到医疗仪器和医院使用的相关软件，比如关于 Navivision 与 ClnicMaster 的争论，凯尔·斯宾塞（Kyle Spencer）说道：

一套旧版的 NaviVison 系统，微软就要收我们 706 美元，相比近 1 000 美元的标准价，这已经是折扣价了。他们还想让我们一次买 15 套。这究竟要花多少钱呢？举个例子：我们最近在科洛洛开了一家新诊所，需要给大约 10 台电脑装 NaviVision——NaviVion 的授权费占到了建设并运营诊所的总开销的 10%。

i-network 上的讨论能够直接影响政策制定者的行动，他们通常都是"不动声色的听众"。尤尼斯·纳米莱姆比（Eunice Namirembe）是 i-network 列表的 ICT4D 协调网络的调控、评估协调人，她说，每个月大约会有 30 人出于不同的原因加入这个平台，尤其是当"热门"话题流行的时候。有趣的是，大约 40 % 的成员是妇女，这体现了目前参与倡议活动的人数庞大的趋势。一些重新回到大学做研究的倡议者和活动家，也会用 D 群组做研究。ICT 议会委员会前主席，纳丹·伊格梅·纳贝塔（Nathan Igeme Nabeta），一直在用黑莓手机默默关注着讨论。"了解该领域的最新进展总是很重要的，i-network 为我们提供了平台"，他解释道。尤尼斯·纳米莱姆比也和他类似，她主要在邮件列表之外靠私下的直接交流来调控列表的内容，时不时也会公开一些针对跑题帖子和过度辩论的警告。有时，订阅列表的人也担心列表会变成广告论坛。列表成员整体的焦虑程度是否会随着 ICT

产业在乌干达的扩张而加强，我们还不清楚。

乌干达唯一好用的光纤是香蕉牌光纤（Banana Fibre）。作为内陆国家，乌干达不能直接接通海底电缆，这一缺陷是严重的。带宽问题自然是 i-network 上的首要话题。在这里我们能找到互联网服务提供商报价的准确数据，了解到蒙巴萨第三条电缆登陆的消息，也能读到"在拨号上网的国家建科技公司"如何困难的讨论。早在 2010 年，我们就听说乌干达铺错了光缆，以 30 000 美元 / 千米的价格，花费 6 160 万美元铺设了 2 100 千米的光缆。相比之下，卢旺达则根据内部调研的具体规格购买光缆，目前具有更高的带宽能力。

i-network 列表也会分享关于中继站缺少发电机，用于安装电缆的浅沟太窄（甚至不足以避免小型挖掘施工的干扰）之类的信息：

建议的深度是至少 1.2 米，安装在高速路旁指定的路段，这通常能保护光纤免受涵洞（culverts）和修路时的小型挖掘施工影响，而在主要施工路段一般需要挖得更深些才保险。这是对比中断成本与挖得更深成本的投入产出分析所得出的结果。

雷蒙德·库昆达克维（Raymond Kukundakwe）回应道："你可以说成本过高了，但你不能说你'被骗'了——这就像是在 Spear House（奔驰代理商所在地）门口示威，抱怨奔驰的成本过高一样。"马延格·托马斯·基齐托（Mayengo Thomas Kizito）则补充说："在下雨地区看切尔西对阿森纳球赛的人可以为我作证：我们都明白天气会影响数字信号，但干扰不该持续两

10 《每日监控》（Daily Monitor），2011 年 11 月 19 日。

11 "SEACOM 海底光缆网络系统于 2009 年 7 月 23 日投入使用。该电缆网络将南非、东非与欧洲和南亚直接连通，全长超过 17 000 千米，体现了光纤技术的水平。"

个小时，更不该是在一场这么关键的比赛期间。"

腐败——无论是真实的还是人们的感觉——似乎一直伴随着这个地区的 IT 项目。保罗·阿西姆维（Paul Asimwe）说道："整个共和国是个巨大的赌场……我敢说，乌干达人对乌干达并不感兴趣。"如果再考虑到电力负荷的持续降低造成的生产力损失，想从伦理和政治经济学角度把握全局其实很困难。或者再看看这篇新闻报道：

> 教育部奖励给 M/S 网络学校技术解决方案（M/S Cyber School Technology solutions）的一份价值 390 万美元的合同，引发了争议。事情发生前两天，赞助人刚刚因为教育部涉嫌腐败和管理不善而削减了赞助额度。得奖公司的老板肯尼斯·卢比格（Keneth Lubega）先生正是乌干达国家权威信息技术局的主席，ICT 委员会的议员称，卢比斯先生可能是靠他的影响力才赢得合同的。[10]

i-network 上讨论的断网问题通常都不神秘，一般都能很容易地找到故障的原因。尽管解决方案通常最终都令人满意，还是会有令人失望的地方。乌干达式"带宽辩证法"是："两年前我们都习惯了慢速的网络，也从不抱怨。现在我们期待有更好的网络，就感觉网络变得更慢了。"（约书亚·推纳马斯克［Joshua Twinamasiko］）海底电缆公司 SEACOM[11]

> 依然没有为哪个互联网服务商提供任何服务水平协议（service level agreement），就我们最近经历的状况来看，他们始终不肯的原因是显而易见的。他们早就承诺备份通往蒙巴萨的光纤，执行日期又拖到了周末。不过，他们的确

一直在遭受光纤受破坏、设备故障和昨天的路由器线路问题的困扰。

（致 Dtanet.com 客户的一封信，2000 年 3 月 16 日）

12 约书亚·推纳马斯克，i-network，2010 年 5 月 15 日。

　　"步行去取一份文件几乎也比等着互联网提供商把字节传输给我更快"（史蒂芬）。不久之后，SEACOM 又因为塞舌尔附近的电缆损坏而关闭了五天。有些成员担心列表上令人焦虑的因素被过度强调了："如果我们只会指责互联网提供商的错误，网络就会丧失它存在的意义。" 约书亚·推纳马斯克则把这种焦虑放入了更广的语境下："互联网或许会成为生活必需品（在芬兰，享受 1 兆带宽是基本的人权，95% 的人都能上网），它对于克服贫困、腐败和低谷很重要，但在乌干达还没有实现。首先要给人食物、住房、电力，然后才轮到互联网成为必需品。"[12]

　　和上网相关的另一个讨论是内容的地位，以及到底什么算是内容。在一些人看来，这或许是个"鸡生蛋，蛋生鸡"类的问题，而且（至少是）西方人（尤其是 1990 年代末）假定这个问题已经被"解决"了。但 i-network 列表捕捉到了许多既富哲学性又接地气的讨论。一个成员写道："MTN、Warid、Zain、UTL 和 Orange 这类提供商都为各地提供网络连接，但不提供内容（他们不管内容，也不知道怎么管，这不是他们的长项）。按照我们如今对内容的理解，语音和短信都不是内容。"也有人反驳道："语音是内容，短信是内容，通过电缆的电流也是内容。它们都为网络连接（进而也为基础设施提供商）提供了一个目的。"（凯尔·斯宾塞）雷尼耶·巴滕伯格回应说：

到目前为止语音还没有被当作内容，因为它是虚幻的，刚刚产生就会消失。而且语音往往是一对一的，而网络却是一对多的，"内容"也会被存储下来。网络是一种"全新"的范式，它能标记出你曾访问过哪里。内容的存储与分享使它转化为"信息"。信息则带来经济价值，甚至它就是经济价值本身。

如果网络瘫痪了，就什么都做不了："我在 Airtel CUG 有 200 多名员工，但最近这一周，在姆巴拉拉镇，我们几乎没法联系和工作。这里的网络太差劲了。"（托马斯·基齐托）

人们经常谈到该如何发起丰富的、当地的互联网文化。必须等到带宽更高时才能实现群聚效应吗？应该先搭建起技客式/工程师导向的创业场景，为新来的用户提供基本代码，还是该首先着眼于内容的开发？从本地应用软件开始，然后再发展全国性的 4G 网络？还是像雷尼耶·巴滕伯格强调的那样：

应该先发起本地内容，这样就能追踪整个进展。我们每个人都是一场运动。如果不知道该怎么开始，你可以先创建一个关于你的文化遗产的维基页面。一点提示：还没有 Kwanjula（当地的订婚仪式）的页面呢。描画你的街区，去 OpenStreetMap 建一个账号就可以开始了。我绘制自己的街区地图的时候，Walking-Papers 帮了我很大的忙。找一个与你相关的主题，建一个脸书主页，寻找其他想法近似的人。

在这一语境下，本地应用软件发挥着重要作用，它是本地内容生产的助推器。甚至严格地说，在内容方面，它们也指出了一条可行的道路。

我从 2008 年 11 月就开始关注乌干达的消息，那时阿姆斯特丹大学的五个荷兰新媒体研究专业的学生聚起来，决定去乌干达做调研并完成硕士论文。[13] 他们当时参加了为期一年的"新媒体与数字文化"课程，这是阿姆斯特丹人文系下媒介研究方向的一个分支。该硕士课程既不授予商学或技术学位，也不提供国际关系或发展研究方面的文凭，相反，新媒体这一新兴学科研究的是互联网和手机的文化及批判性维度（当时的学生已经了解这一点）。他们的研究重点和方法迥异于当时欧洲流行的"热点"理论话题（如"物件导向本体论"、"下一个自然"［next natures］、"新美学"）。五名学生于 2009 年 4—6 月进行了田野调查，其目的总的来说是突破那种往往可疑的发展话语，探讨在市场炒作、NGO 话语、政府报告和所谓的"数字鸿沟"数据（"digital divide"data）以外，乌干达的具体实践究竟是怎样的。

2010 年初，学生们的论文调研完成后，我们又聚成一个小组，开始构思出版的想法和框架。最近网络文化研究所发起了"急需的理论"（Theory on Demand）系列出版计划。事实证明，在阿姆斯特丹安排出版在坎帕拉的研究成果非常困难，所以我们决定缩短单个研究计划并编绘成册，再加上一篇总论。通过采取这种做法，而不是把五篇文章综合在一起，我强调了我自己的研究动机和我们新建立的"后 ICT4D"研究框架。2004、2005 年我在阿姆斯特丹大学初次授课的主题就是独立的"ICT4D"批判，那时联合国信息社会世界峰会（World Summit on the Information Society）正在日内瓦和突尼斯召开。我还通过 Incommunicado 网络（网络文化

13 这一群人包括阿里·巴鲁尼瓦、圭多·凡·迪朋（Guido van Diepen）、乌特·迪亚克斯特拉（Wouter Dijkstra）、凯·亨利奇斯（Kai Henriquez）和本·怀特（Ben White）。

14 2015 年，乌干达有大约 25% 的人口连上了互联网，相当于 3 500 万人口中有大约 850 万人。2012 年以来，每年平均有每 100 万新用户接入互联网。2012 年总用户数为 570 万，2013 年 680 万，2014 年用户数达到 730 万（数据来自乌干达通信委员会）。

研究所的首批研究网络之一）第一次参加这方面的活动。Incommunicado 和我在新德里 Sarai 新媒体的工作同步展开。之后我又鼓励更多学生出国从事硕士研究。继乌干达小组新媒体研究的五名成员之后，瑞克斯·韦格曼（Rikus Wegman）研究了 ICT 技术在赞比亚高中的应用；彼得 - 保罗·沃雷文（Pieter-Paul Walraven）调查了中国互联网产业；艾伦·德·福里（Ellen de Vries）和田飞安（Fei-An Tjan）去了巴西和哥伦比亚，与那里的媒体社会活动者合作；郭及迪（Jidi Guo）则见证了 3G 智能手机进入中国城市的过程。

2005 年末，在突尼斯第二次信息社会世界峰会期间，我从乌干达代表那里了解到了这个国家的情况，他友好地允许了我与他同行数日。我不仅被这些活跃的市民社会代表（其中几个人已经是乌干达代表团的正式成员）的自信所震撼，也对政府机构在迅速崛起的电信部门的基础上推广 ICT 所发挥的巨大作用很感兴趣。非洲 ICT 占有率是全世界最低的（11%），但乌干达能排非洲网络连通性的前十名，ICT 发展速度也相当快。[14] 乌干达代表团友好和轻松的特点，以及政府机构、公司和 NGO 这些“权益团体”之间开放的交流也使我印象深刻——在大多数国家，这种“多权益者主义”（multistakeholderism）都只停留在意识形态层面。由于我对这种“社会性管理”结构的“社团主义”（corporatist）性质始终抱有怀疑（法西斯主义一度也将社会看作有机体），看到这种活生生的联盟对我来说是个很偶然的巧合。也许我是被陌生文化的差异欺骗或感染了？

自从 20 世纪 60 年代中期我首次参与政治活动以来，"发展援助"（development aid）中包含的矛盾就一直是我很感兴趣的研究话题。[15] 在我看来，"促进发展的信息通信技术"（ICT4D）的说法往往就像一面镜子、一种迂回操作，在一个功能性和"从新媒体获得信息"这一关键渠道越来越被营销、名人和公司独裁掩盖的当下，我们可以借此追问技术分布不均的本质。2005 年以来，媒体研究也摆脱了政策报告中充斥的笼统主张和要求，转而关注电信基础设施的实际扩张和新媒体市场在全球范围内的建立。我在 2002—2010 年参与的 Solaris 和 Incommunicado 研究网络，主要从解构主义的后殖民政策角度批判了电信基础设施的推广。[16] 这种视角从意识形态批判的角度质疑了对西方 NGO 组织的"好意"，追踪那些试图将世界"其他地方"也连接到电子废物倾销中的公司，勾勒出了认知正义（cognitive justice）和前面提到的"多权益者主义"。[17] 这些项目，还有 Sarai 项目、INC（网络文化研究所）开展的"批判视角"（Critical Point of View）维基百科研究计划、班加罗尔的网络与社会中心（Centre for Internet and Society），都是共同努力的合作者。我们试图借助集体努力，尝试超越发展（援助）的话语和方法。

几十年前法农（Fanon）就已经提出了对发展话语的批判，之后阿图罗·埃斯科瓦尔（Arturo Escobar）等学者又发展了它——2005 年以来，这一批判终于进入主流大众的视野。最近一代的发展批判著作有威廉·伊斯特利（William Easterly）的《白人的负担》（The White Man' Burden, 2006）和丹比萨·莫约的《死

15 我住在阿姆斯福特以北的一个正统基督教的村庄，1975 年，我成为当地"Wereldwinkel"小组的一员，这是一个售卖"第三世界"产品和左翼政治书籍的店铺，书籍主题包括反殖民斗争、女性主义、反军事主义。这段经验对于我的政治社会化产生了决定性的影响，也形塑了我对文学和哲学的兴趣。

16 对这些网络的概述见基尔特·洛文克的《发展后的信息通信技术：Incommunicado 议程》（ICT after development: the Incommunicado agenda），收录于基尔特·洛文克《零评论》（Zero Comments），纽约，Routledge，2007 年，第 161—184 页。这本书里也有个专门的章节和这一节类似，是关于德里新媒体中心 Sarai 的前五年的。

17 见基尔特·洛文克和索恩克·泽勒（Soenke Zehle），《Incommunicado 读本》（Incommunicado Reader），阿姆斯特丹，网络文化研究所，2006 年。我在《零评论》中总结了 Incommunicado 网络的相关讨论。《incom》邮件列表自从 2010 年中旬就不存在了。2005 年 6 月阿姆斯特丹 De Balie 举办第一届 Incommunicado 会议后，就没人试过再组织第二次会议了。

18 按照维基百科的说法，第一届金砖四国峰会于 2009 年 6 月 16 日在叶卡捷琳堡召开，巴西、俄罗斯、印度和中国的领导人参会。

19 见他的博客《促进发展的信息通信技术》（ICTs for development），还有他设立在曼彻斯特大学的发展信息学中心（Centre for Development Informatics）。

亡援助：援助为什么无效与非洲如何找到其他出路》（*Dead Aid: Why Aid is not Working and How There is Another Way for Africa*，2009）。对我影响最大的内容包括琳达·波尔曼（Linda Polman）对联合国及紧急援助的作用的调查性报道，如《我们什么也没做》（*We Did Nothing*，2003）、《危机大篷车》（*The Crisis Caravan*，2010），伦佐·马滕斯（Renzo Martens）2009 年的影像作品《享受贫穷》（*Enjoy Poverty*）以及刚果的相关项目。《享受贫穷》是纪录片形式的影像作品，在艺术节、美术馆和电视上都常常播出，它呼唤非洲人自己掌握媒体再现，自己宣传自己的苦难、摆脱 NGO 这个中间人，并接管生产所需的援助收入的生产资料。随着全球金融危机的爆发和金砖四国的崛起，这种"对发展的批判"销声匿迹了，这不是偶然。[18]2001 年 9 月 11 日起，发展预算被交托给了盖茨基金会（Gates Foundation）这种私人机构和大型跨国 NGO——它们是政府的承包商，更像全球物流公司，而非草根社会运动。

　　21 世纪的头十年，在"911 事件"后，伴随着军事化的进程，对发展和紧急援助部门的合理批判也同时展开。与此同时，右翼民粹主义则主张西方国家大幅削减发展援助，这种观点正成为西方国家的主流政策。印度等国拒绝接受发展援助，而中国成了发展游戏的主要玩家。同时，有关 ICT4D 的学术和社会工作也取得了一些进展——如理查德·赫克斯（Richard Heeks）的"发展信息学"（development informatics）方法。[19]Bytesforal 邮件列表，以及 2010 年伦敦、2012 年亚特兰大关于 ICT 技术和发展语境下的互联网的会议汇聚的努力，也都还活跃着。有多少人还关注尼古拉斯·尼葛洛庞帝（Nicolas Negroponte）的"一个孩子一台电脑"项目的进展报道？在执行期间，围绕良好的意愿展开的宣传往往会从新闻头条中消失，在 Facebook 时间轴和推文里也不见踪影。最近，公众的注意力已经从之前对"ICT 与发展"的关注，转向了中国在非洲开展的基础设施建设项目、埃博拉流行病事件。

　　手机是"后殖民"（post-colony）的社交工具。"后殖民"这个棘手的词是由阿基利·姆班贝（Achille Mbembe）提出的，读了他的《论后殖民》（*On the Postcolony*）之后，我一直在思考这个概念。2015 年 2 月 22 日，在约翰内斯堡，比约特耶·范·德·哈克（Bregtje van der Haak）为荷兰电视广播电台 VPRO 和 Tegenlicht 采访了姆班贝。在未出版的记录稿中，姆班贝将非洲的互联网描述为一种"整体社会现象"，它的影响范围不限于崛起的中产阶级："人们认为自己是更广的世界的一部分，非洲人知道世界其他地方正发生什么。"在姆班贝看来，互联网能产生世界主义性影响："宗教的功能是宣扬救赎，今天发挥这一功能的是技术力量。"统治着这一领域的公司不再是帝国性的，而是霸权式的，它们在飞地和离岸地区经营业务。姆班贝将其描述为一种被区隔的、斑马似的"全球"。移动技术对非洲人来说并不陌生，在他们的世界里，"一个人类总比一个人还多些什么，他／她可以转化为别的东西：变成狮子，再变成一匹马或一棵树。新数字技术的哲学和古非洲哲学几乎是一样的"。在此姆班贝参考了阿莫斯·图图奥拉（Amos Tutuola）的小说《我在幽灵丛中的生活》（*My Life in the Bush of Ghosts*，

1954），小说描述了一个不断从一种形式转变为另一种形式的人："互联网直接回应了这种驱力。你要想稍微理解未来的世界的话，就看看非洲吧！"非洲是个机构和实践的实验室，按姆班贝的说法，早在数字时代之前，虚拟的运动就已经和真实的运动相结合了："非洲社会是通过流通、流动和运动建构起来的，在各个非洲起源神话中，迁徙都发挥着关键的作用。非洲没有哪个民族是完全没有迁徙过的。"

与其采用另一套 ICT4D 批判，为了在非洲语境下尝试开展后殖民研究，我试图做的是倾听事实——而不只是再次借用西方的最新概念和成果。我充满好奇地倾听、阅读并提出有关乌干达局势的新问题。乌干达是肯尼亚的英联邦邻国，它的技术趋势追随着附近更有国际影响力的内罗毕中心。可以说这是一次"民族志转向"，但真正令我着迷的是，乌干达对技术的采纳是有主权的（sovereign element），它能沿着自己的方向发展。换句话说，非洲的手机和互联网用户不只是消费者。只能从 ICT 普及的历史和文化中看到市场机遇或政策受害者的研究进路是犬儒式的。越来越多的人开始把技术掌握在自己手中，开发自己的网页、软件和应用，这产生了非洲的移动货币等现象。在非洲，不只有网核文化能为自己说话，他们已经摆脱了源于西方或回归西方的再现方式。还需要强调他们从事技术工作时的愉快与戏剧性——"网核"人士也和其他人一样会受到软件故障、连接失败和公司锁定协议（lock-ins）的困扰。最后一点是，我们应摆脱"手机不能拿来吃"这种老生常谈的偏执态度，脱离西方媒介理论仁慈的"代言人"。

移动手机的普及率相当令人吃惊。据说，作为"最后的边疆"的非洲，是除亚洲以外，全球手机市场发展最快的地方。非洲大陆的用户数量每年会增长近20%。前诺基亚研究人员简·奇普齐斯（Jan Chipchase）说道："非洲一些地区的人已经开始议论将于明年推出的4G网络，新技术进入人们视野的速度令人难以置信。这是一种进展（progress），无论好坏都是进展。仅此而已。"奇普齐斯注意到，尼日利亚一位较贫穷的21岁中产阶级女士用的第一部手机就是黑莓："原本只有'华尔街战士'群体才用的设备如今已经普及。"班加罗尔的网络与社会研究中心和海牙Hivos组织合作开展的题为"事出有因的数字替代物"（Digital AlterNatives with a Cause）[20]的研究，也追随着这一趋势，强调现实存在的新媒体实践，而非一再重复数字鸿沟的统计数据。该研究的主要发现是，虽然年轻人是ICT市场扩张的主要推动者，有把社交媒体试用于政治示威方面实践得最多，ICT却不只是年轻人的时尚。"数字原生代"指的不仅是1980年代出生的一代人，而是一种不分年龄的对待技术、媒体和社交网络的积极态度。

近些年来我逐渐熟悉了i-network社区，这使我开始好奇乌干达由ICT、电信、NGO和政府共同整合而成的网络文化在什么情况下会被侵蚀（假如会的话）。无论如何，对各个权力和领域的区分或许是种西方的想象。乌干达当地的学术媒体和传播学研究最终是否也会参与进来，通过i-network这类论坛展示研究成果？在目前的背景下，学者们一直出人意料地沉默。设计方面也是这样，乌干达当地似乎也缺乏屏

20 尼珊特·夏（Nishant Shah）和菲克·简森（Fieke Jansen）编，《事出有因的数字替代物？》（*Digital AlterNatives with a Cause?*），班加罗尔/海牙，CIS/HIVOS，2011年。

幕美学方面的讨论。那里一直都有网页设计师，但他们的美学界面作品何时才能被人看到，成为公共话题？还是说全球技术美学始终是给定的，始终缺乏非洲的贡献？人民之声（Voice of the People）呢？毋庸置疑，i-network 目前主要关注的还是乌干达新媒体的基础设施、规章和商业维度。

同时我们也从 i-network 了解到，Mobofree.com（一个非洲社交市场）的乌干达注册用户数已增长了超过 1555 个百分点。一个评论帖说："我想为大约 70 所乌干达医疗机构设立 VPN，能提供这项服务的人请邮件联系我。"之后又有人提出了是否所有议员都需要 iPad 的问题，还有人问有谁在追踪被偷的手机。一个新发明：能"让你随时了解你所在地区油价"的软件。i-network 列表中还讨论了中国在 15 天内建一座 30 层的旅馆的事情，以及那里对 IT 工程师的英语水平有什么要求。除了投诉，列表中还有这样的报告："我在古卢用 Zoom 的无线网看电视（Netflix、Hulu 等），他们的网络很好，不限时、不限量，只需 11 万乌干达先令，无疑是在可承受的价格范围内。他们网速快是因为他们是通过国家信息技术局（NITA）——乌干达的国家支柱、一流的承运商——的海底光缆从古卢直连蒙巴萨的。"（布莱恩·朗威［Brian Longwe］，2015年 5 月 2 日）

访问乌干达期间，我一直尽可能密切地关注着移动货币系统。阿里带我去了 Airtel（"帮你的钱大展身手"）等提供移动货币服务的电信供应商的总部，和那里的内部研究人员交流了一番。据他们说，他们确实正密切关注着邻国肯尼亚的发展，M-Pesa 就是发源于肯尼亚的。[21] 肯

21 大卫·穆夏比（David Mushabe）很快就对 M-Pesa 的区域性扩展作出了回应："还没听说过乌干达的企业能在这种意义上扩张。这是因为我们缺乏技术能力或商业领导力吗？在这个地区的货币交易方面，银行已经可以收拾东西走人了"（2015 年 4 月 24 日）。按照杰里亚·理查德（Geria Richard）的说法，"非正式文化是移动货币和移动电话技术能在非洲成功的原因"。欧洲正式的文化则解释了银行的增长和对移动货币的兴趣的缺乏。

尼亚不仅在移动货币推广方面有着最成熟的市场，在附加服务方面也很发达——比如能"随时支付公共费用"的储蓄账户，它与你的手机绑定，能通过西联汇款向境外转账。关于公司合并的思考是一方面（乌干达公司有充分的理由合并……），但给我印象最深刻的是参观位于贫民窟的一间货真价实的 MTN 移动货币营业厅，在那里你能亲眼看到真实的转账过程。我站在写着"Orange：最棒的网络——没有拥堵"的广告牌前，一个简单的美国信息交易标准代码（ASCII）的绿色界面向买家和卖家展示着登记的信用额度。每天都有小孩带着现金走进营业厅，准备把钱转进朋友的手机。当地官方代理的编号和名称就在牙膏和冷饮旁边随处可见。营业厅的女老板递给我一部平板电脑，屏幕上的账户概览显示着当天流入和流出的每一笔交易。她在坎帕拉运营着三家营业厅，还随时用同一部平板关注着另外两家店的转账。

除此之外，参观坎帕拉的几家阴暗、尘土飞扬的书店也是很有趣的体验。我在一个小角落里看到了"发展"专题的书，有《援助陷阱》（*The Aid Trap*）、《冷战后的境外援助》（*Foreign Aid after the Cold War*）、《结束对援助的依赖》（*Ending Aid Dependence*）、《援助困境》（*The Trouble with Aid*）、《如何实行援助撤离》（*How to Manage an Aid Exit Strategy*），还有李光耀（Lee Kuan Yew）的重要著作《从第三世界到第一世界：新加坡与亚洲经济的繁荣》（*From Third World to First: Singapore and the Asian Economic Boom*）。有意思的是，互联网专题的书只有营销方面的，如《社交繁荣！》（*Social Boom!*）、《商业社交网络》

22 见华威的博士学位论文的总结，亨利·华威，《线下图书馆的激进策略》（*Radical Tactics of the Offline Library*），阿姆斯特丹，网络文化研究所，2014 年。

（*Social Networking for Business*）、《了不起的线上营销》（*Brilliant Online Marketing*）、《社交营销游击队》（*Guerilla Social Marketing*）、《营销的 22 条军规》（*The 22 Immutable Laws of Marketing*）、《货真价实的社交媒体》（*No Bullshit Social Media*）和《广告化的心灵》（*The Advertised Mind*）。

阿里还带我见了他的哥哥，马凯雷雷大学商学院的院长。我回绝了他请我给商学硕士生做讲座的邀请……这真的不是我的特长。我们又去主楼图书馆参观了计算机实验室、阅览室和装订部门。马凯雷雷大学在非洲排名前十，整个大洲的学生都聚集到这里学习、做研究。我们走进媒介与传播学院，发现他们确实提供一些互联网研究方面的课程。在第二天一场令人惊喜的典礼上，我将亚历山大线下图书馆项目（Alexandria Project offline library）交托给了马凯雷雷图书馆馆长。这个项目是由多伦多学者、音乐家亨利·华威（Henry Warwick）开发的，他在欧洲研究生院攻读博士学位时提出了线下图书馆的概念——这是我所指导的第一个博士学位。[22]

在西方的发展语境下，移动货币是按照"金融普惠"（financial inclusion）的规则运作的。享受储蓄、信贷和保险等金融服务能否以及在何种情况下可称为一项人权，这仍然是个问题。数十亿财富的货币化与"其余人的衰落"（Decline of the Rest）的关系是什么？驱逐，正如萨斯基娅·萨森所说，是一种停止给普通人提供的服务的管理策略，他们的顾客身份被抹消、被看作是"机灵而精益"的公司必须摆脱的压舱物。

一方面，穷人确实从全球经济中被排除出去了；另一方面，全球金融部门作了那么多孽（bad Karma），还要求人"完全"投身进去，听起来很荒谬。科菲·安南（Kofi Annan）优先关注"使人无法完全参与进金融领域的那些限制"，但我们也要对这意味着什么保持警惕。在数十年的兼并、支行倒闭和失业的语境下，"金融普惠"会是什么样子？

说到移动货币，我们可以清楚地看到电信部门也跳进了这个"坑"，开始提供一些能显著降低开销的服务。一些说辞很容易让我们觉得蓬勃发展的移动货币领域是由技术驱动、自动运作的，但这和表象背后肮脏的现实有很大区别。移动货币不只是个"做好事"的提议，而是为亚非数以百万计的客户提供服务的快速变动的产业。它的普及性远不及小额信贷先驱，但后者的用户数群相比之下却很小。

i-network 列表中的某个人注意到，在坎帕拉的一次会议期间，本地用户接触的大多数内容都是存放在海外主机上的。[23] 本地内容提供者在全球网页排名（如 Alexa）上迅速下滑的危险体现了坎帕拉对外地的内容和服务的高度依赖。移动货币也可能面临类似风险。在一些人看来成功的本地解决方案，可能使外国在线服务在局外人眼中变得隐形——甚至不存在。另一个严重的问题是炎热、往往潮湿的气候，往往会影响 IT 设备和基础设施。非洲必须寻找"本地解决方案，以确保数据主权和高效的网络性能。减小制冷需求，让夜晚凉爽的空气流经空调系统，或利用地源冷却机制。这两种机制都能有效降低为数据中心降温所需的电力的使用量"。[24]

23 大卫·奥克维（David Okwii），i-network，2015 年 2 月 19 日。

24 引用自 Aurecon 的新闻报道，《21 世纪非洲的数据》（Data for a 21st Century Africa）。

非洲 ICT 基础设施还需要考虑到"地震、海啸、火山喷发、大雨、高温、火灾、传染病和洪水"。

按照 i-network 的一个成员所说："每个挑战都能找到一个数字解决方案。但问题的根源又是什么呢？"对发展话语的批判一向对救世主式的解决方案持怀疑态度。每个非洲人都希望能超越混乱（anomic）的技术方案，这表明叶夫根尼·莫罗佐夫既对了也错了：他对"解决主义"的批判在几十年前就在这个大洲响起了。在穆本德（Mubende）地区卡萨姆比亚下属郡的社区计算机中心，莫罗佐夫的著作（它们和硅谷和欧洲语境关系最密切）在人们看来似乎是常识。因此在非洲从事"网络批判"工作会更愉快得多。尽管一些地区还存有数字鸿沟，不断地讨论它已经不再是有效的策略。进入 vs. 无法进入（access vs. no access）的分析不再能帮助我们理解情况。现在决定性因素是速度，以及人愿意为此花多少钱。如果技术从来不能按照原本的意图运作，批判的角色从一开始就要有所不同。我们可轻易略过解构技术议程这种艰难工作，正如 i-network 成员的"网核"态度成功表明的，我们正进入互相援助这种更适应社会的状态。

09

09 作为症候的乔纳森·弗兰岑：网络愤慨

我们复杂得足以造出机器，却又太原始，无法让机器服务于我们。

——卡尔·克劳斯（Karl Kraus）

思考者不会愤怒（Wer denkt, ist nicht wütend）。

——西奥多·阿多诺（Theodor Adorno）

美国作家乔纳森·弗兰岑因"对从古典女作家的外貌，到互联网的一切的粗暴批判"而广为人知。[1] 在他为当代读者翻译的卡尔·克劳斯译本中，这位 21 世纪的斯宾格勒甚至敢把 Windows Vista 的发展和第一次世界大战前的维也纳相对比：帝国的衰落就在眼前。他 2013 年出版的《克劳斯计划》（*The Kraus Project*）一书中，收录了这名奥地利剧作家、诗人、社会评论家、"讽刺天才"的三篇主要论文，弗兰岑翻译了克劳斯的文章，还附上他和另外两名文学评论家合写的注释。有趣的是，这本书的宣传中完全没有提到，弗兰岑为本书写的大部分脚注，都体现出了一种怪异的 21 世纪媒体批判。他像腹语师一样分析文章的各节，摆出了一整套不同的论断，比如，克劳斯（或者说是弗兰岑本人）会怎么看待 Mac、个人电脑、

1 麦迪·克拉姆（Maddie Crum），《乔纳森·弗兰岑再次抨击珍妮弗·韦纳》（Jonathan Franzen slams Jennifer Weiner, again），《赫芬顿邮报》（*The Huffington Post*），2015 年 2 月 13 日。

2 乔纳森·弗兰岑，《"我刚才打电话说了我爱你"：手机、多愁善感与公共空间的衰落》（'I Just Called to Say I Love You'：cell phones, sentimentality, and the decline of public space），《MIT 科技评论》（MIT Technology Review），2008 年 8 月 19 日。

3 在他武断地说"我把这看作我的书，我的创造，我不希望上面印企业所有权的图标"之前，他的出版商就已经制作了带奥普拉图书俱乐部（Oprah's Book Club）印章的 80 万册《纠正》（The Corrcctions）第二版。而 Farrar, Straus & Giroux 出版社是霍尔茨布林克（Holtzbrinck）出版集团的一部分，生意规模比奥普拉公司大得多，却不在弗兰岑的考虑范围内。

4 引自阿尼塔·辛格（Anita Singh），2012 年 1 月 29 日。

Twitter 在社会运动中发挥的有争议的作用，以及媒体的力量对西方民主政体的影响。

这一章自始至终将要讨论的一点，是全球文化和主流艺术在网络批判方面的沉默。这本关于克劳斯的书不是弗兰岑第一次（甚至也不是最出名的一次）尝试媒介批判——对媒介技术的厌恶贯穿了他的全部作品。他为《MIT 科技评论》（MIT Technology Review）写过关于手机、伤感和公共空间衰落的文章。[2] 在一系列采访中，弗兰岑笨拙地拒绝了奥普拉（Oprah）电子化图书俱乐部的邀请——这个媒体事件使他能作为一个反公司人士，对当代的一系列事情做出批判，只是不谈和他自己有关的图书产业部门。[3]2012 年初，弗兰岑抨击电子书和亚马逊的文章再次登上了头条，这次他把原本针对公司电子化图书文化的焦虑，扩展到了媒介最近的调整上。他说："黑莓手机上的莎士比亚和雅顿版（Arden Edition）莎士比亚的差别，就像在鞋店发誓和在教堂发誓的差别一样。"他还论证说，电子书正在摧毁社会：

> 我把纸墨偶像化了吗？当然，真理和正直也是我的偶像。我认为对严肃的读者来说，永恒感始终是体验的一部分。你生活中的其他东西都是流动的，但这篇文字不会改变……《了不起的盖茨比》上次更新是 1924 年，你也不需要它更新，不是吗？这就好像幻想另外一种性别，但根本没有另一种性别，也不存在另一种书！一本纸质书才是一本书就这一本书（A book is a book is a book）。[4]

他的另一段坦白使他的斥责带上了明显的反资本主义色彩："我更喜欢平装书。上面洒了水也还能看！这项技术真不赖，一本书印出来十年以后也还能读。难怪资本家恨平装书，这种商业模式太差了。"

弗兰岑一再将互联网描述为一种有害的愚蠢组织，他对在线文化的警告无疑惹恼了许多推特潮人。在更成熟的婴儿潮一代媒体专栏作家——具有所谓反精英意识的受雇发言人——看来，这个臭名昭著的、不用社交媒体的人很容易攻击，他是个不领情的聪明人，观念还停留在别人早已摆脱了的现代化初期。他以为自己是谁，能在他自己厌恶的平台上占据那么多舆论空间？这位小说家猛烈抨击最新的数码设备，将矛头直指大型科技垄断企业。他尤其关注互联网对严肃文学作者（与它的出版者）的危害，这种斯洛特戴克式的焦虑在现实中确实成立："我知道一些用电脑软件写作的作家在写作期间都不上网。办公室太吵闹时我会戴隔音耳机，对我来说，邮件和数字语音邮件是限制、管理现代技术释放的通信洪流的重要工具。"[5] 弗兰岑显然不是个反技术革新的勒德分子（Luddite）。[6] 但他夸大了当他无法关掉电脑、平板和手机时的忧虑——尤其是在他追求（矛盾的）自主性和道德高地的情况下："我的新联想超级本各方面都让我很满意，除了它的名字。用叫'思想本'（IdeaPad）的东西会让我不愿有想法。我不介意技术做我的仆人，我只是不希望它成为我的主人。"[7] 他也主动反驳了说他是勒德分子的指责："以前我在公共场合放肆地说推特'愚蠢'的时候，推特成瘾的人就说我是勒德分子。唉，这就好像我说抽烟'愚蠢'一样，只是这次我没有医学证据。"[8]

5 乔纳森·弗兰岑，《克劳斯计划》（*The Klaus Profect*），纽约，Farrar, Straus and Giroux，2013 年，第 301 页。

6 译注：英国 19 世纪破坏机器的工人。

7 人们都知道比起 Mac，弗兰岑更喜欢 Windows 电脑。"Windows 电脑使你做的事情'变得严肃'（sobers），使你能把它看作未经装饰的（unadorned）"，他的说法呼应了安伯托·艾柯（Umberto Eco）1994 年对清教式的 MS-DOS 和天主教式的 Mac 的区分。见弗兰岑，《克劳斯计划》，第 9-10 页。

8 弗兰岑，《克劳斯计划》，第 142 页。

弗兰岑无疑不是网络批评家，但他是目前少数几个在英美系国际主流媒体上讨论互联网，并且观点被广泛传播的人之一。在这个问题上，大多数哲学家都保持沉默，很少有人站出来表示出对互联网目前的管理、运作和未来的兴趣，更不用说表态并参与辩论。会认真讨论互联网对文化的影响的人大多来自欧洲，但他们在欧洲也相当边缘化。在弗兰岑的脑海中，欧洲大陆学者对公众的文化智识意识依然有话语权——这是他假设的，但金融资本危机也正在欧洲展开，冲击着这个被崇拜的文明"中心"。不过知识权威的确还没有技术化——在任何地方都没有。

　　互联网不是这个时代的"大话题"，即使间接说来也不是。我关注这个问题，而且我绝对不算是文学评论家。被弗兰岑借来写反网络批判的克劳斯也不是我偏爱的 20 世纪作家——他从来没有像本雅明那样深入探讨他的时代的技术或媒体。我感兴趣的是，在弗兰岑对那种彻底技术化的 21 世纪的权威式批判（无论多么过时）的理解中，类似批判的东西是如何与媒体技术意识很合的。我读完他对网络文化的讨论，发现他只比我年长不到两周，这时我的好奇心被激了起来，又浏览了他的作品集和网上相关的讨论。我们两个都是生活在时代夹缝里的后朋克一代，深受经济停滞和萧条的影响，既非嬉皮也非雅皮。我发现了我们这代人的一种共同的渴望：找到自己的路、渴望自主性，这类似于孤僻者的偏执。我们在打字机的陪伴下长大，20 岁出头时个人电脑开始出现，我们谨慎地接纳了它，与此同时也做好了应对机器的任何不良意图的准备。如果是这样，弗兰岑

被广泛消费（也常常被拒斥）的分析中，可能
有误导性，甚至有误的东西是什么？我们很容
易就能找到事实去反驳他，不过这与我无关。
技客们已经这样做了，这些你都能在网上找到。
我也不想对他的小说表示批评或欣赏，我不关
心下一部公认的伟大美国小说是不是关于互联
网的，对互联网产业与出版界精英之间是否缺
乏共同利益这一问题也不感兴趣。我最感兴趣
的是，弗兰岑对互联网经济的文化生产主义
（cultural productionist）狂怒是为何、如何凸显
出来的？它具有一种怎样的内在文化逻辑？在
这点上，弗兰岑只是一个形象，我们可以通过
他反思在我们被中介化的日常生活中，那些容
易被不断拒斥并消失的网络文化及批判。

　　作为一名网络批评家，我生活在弗兰岑作
品十分流行的时代。在我看来很突出的一点是，
他对互联网的抱怨总是"次要的"。推特和亚马
逊从没成为他论文的核心主题。从弗兰岑的作品
中可以看出，直接谈论网络话题是我们时代的
媒体文化（和教育）的一个明显禁忌，这一点
让我很感兴趣。人们可以间接评论互联网，但
尽量别被贴上"互联网作家"（intenet writer）
这个标签（同样还有互联网艺术家、理论家、
批评家的标签）。弗兰岑对媒体技术的评论往
往都不明确，这明显是对数字的愤慨被压抑的
标志。更直接地批评新媒体技术会威胁他的文
学生涯吗？他是个伟大的美国白人小说家，毫
无疑问，这个受人喜爱的"物种"已经"濒临
灭绝"了——所以答案是不会，完全不会！弗
兰岑陷入了"网络愤慨"（net resentment）这种
混乱的模式，这和"网络批判"（net critique）
相反——后者是对互联网经济现状的副作用的

9 这个关于"网络文化政治学"的电子邮件列表保留了下来,始终是个有趣的批判性反思空间,这很值得一提。但它的订阅基数的可笑的"可持续增长"曲线(从 2001 年 9 月的 2 000 人,到 2004 年 7 月的 3 250 人、2006 年 12 月的 4 000 人、2015 年 9 月的 4 500 人),表明这些先驱始终受到(自我)边缘化和停滞的威胁。

10: 谢里·图尔库,《独自在一起:为什么我们对技术期待更多,却对彼此期待更少》(*Alone Together: Why We Expect More from Technology and Less from Each Other*),纽约,Basic Books,2011 年。

合理关注,前者则是一种间接、糟糕的力比多经济,它遍布整个网络文化,却又从不直接评论它应当评论的对象。当弗兰岑的媒体批评小说被不断提及,互联网愤慨也变得如此平常,我认为这是他的评论中很值得讨论的一点。

更直白地说,我很好奇在 Nettime 先驱于 1995 年上线的 20 年之后,我们在"网络批判"方面究竟有没有取得大进展。[9] 我对这个说法是有保留意见的。要知道,从早期电影的产生,到电影批判开始作为新兴领域形成(约 1912 年),也经过了 20 年。在新媒介刚刚产生的那几年,人们几乎没有关注到它的存在。开拓的时期令人兴奋,但在局外人眼中并不重要,今天也依然如此。杰出的互联网文化批判作品在哪? 2008 年以来,反对意见主要都来自互联网产业内部,学院和文学领域的批判一向不太有力。我当然希望下一部史诗级小说能改变我们对社交媒体的态度。如果弗兰岑这样的作家能就美国互联网文化谈点什么,难道不重要吗?

当说到关系的问题,弗兰岑的讨论是最真诚、最有说服力的。沿着谢里·图尔库的《独自在一起》(*Alone Together*)的思路,[10] 他的全部作品都在为(尤其是)我们与智能手机的关系表示哀叹,因为它们取代了我们与他人的直接接触。如他所说,一切电子设备都被设计得"特别招人喜欢",这和只不过是一件产品的产品很不一样:"技术的最终目标是,用一个总能回应我们的愿望、几乎就是自我的单纯延伸的世界,取代对我们的愿望无动于衷的自然世界——飓风、艰辛和心碎的世界、反抗的世界。"弗兰岑称,按照技术消费主义的逻辑,"我们的技术已经能十分熟练地创造出一种符合我们幻想中的情欲关系的理想产品——被爱的对象什么都不索取、什么都能立即给予，让我们感觉自己强大无比，当它被更性感的对象取代、被打发进抽屉里时，也不会摆出吓人的样子来"。[11]

　　沿着安德鲁·基恩在《数字眩晕》中分析社交媒体的思路，[12] 弗兰岑也指出了社交媒体的自恋倾向：

　　经过脸书性感的页面的过滤后，我们的生活显得有意思多了。我们是自己电影里的明星，不断给自己拍照，只要我们点击鼠标，就会有一台机器确认我们的控制感。既然技术真的只是我们自身的延伸，我们就不用像对待真人时那样瞧不起机器的可操控性（manipulability）。和一个人做好友，只需要把这个人加进我们挂满了谄媚的镜子的私人大厅里。[13]

　　接着就出现了弗兰岑的作品中反复提到的，关于真正的爱的问题：

　　突然间，我们要做一个真正的选择，不是在黑莓和苹果手机之间二选一的虚假的消费者选择，而是一个问题：我爱这个人吗？对另一个人来说就是：这个人爱我吗？正是因此，点赞的世界归根结底是个谎言。存在一种真正的爱，在其中，你会爱上他/她真实自我的每一个部分。因此爱威胁到了技术消费逻辑，它暴露了谎言。

　　弗兰岑对关系的危险十分着迷，他指出："即使是脸书（它的用户总共会花几十亿小时更新他们自我的投射）也有本体论的出口，关系状态现况栏（Relationship Status menu）的各个选项里藏着这样一句话：'这太复杂了。'这也许是对'正要退出'（on my way out）的委婉表达，

11 乔纳森·弗兰岑，《更远方：论文集》（Farther Away: Essays），纽约，Farrar, Straus and Giroux，2012 年，第 6–7 页。

12 在 VPRO 2008 年的纪录片《维基百科眼中的世界》（The world according to Wikipedia）中，蒂姆·欧瑞利谈到了基恩："他所有的宣传，我认为都只是想找一个角度，制造些争议来卖一本书。他没完没了地说的那些东西在我看来毫无实质"。

13 乔纳森·弗兰岑，《更远方》，第 8 页。

14 乔纳森·弗兰岑,《更远方》, 第 52 页。

15 玛丽亚·布斯蒂略斯,《乔纳森·弗兰岑, 来加入我们吧》(Jonathan Franzen, come join us),《纽约客》(The New Yorkert), 2013 年 9 月 18 日。

16 米克·怀特(Mic Wright),《镜报》(Telegraph), 2013 年 9 月 16 日。

也可能只是对其他很多选项的表达。只要还有这些错综复杂的东西在, 我们又怎么会觉得无聊呢？" [14]

弗兰岑对公众媒体空间中的年轻人自恋性的不恰当关系(mis-connect)感到焦虑, 但他对参与性网络文化的批判, 却采取坚决的"非参与"(non-participatory)姿态。就像广场上裸奔的人一样(其实每个作家都是这样), 他倾向于把自己的材料吐露完毕就跑回他自己安全、单向的领域。在其中一次"在媒体上吐露然后跑走"(media-dump-and-run)的论战中(讨论了推特上的各种事情), 玛丽亚·布斯蒂略斯(Maria Bustillos)呼唤弗兰岑说, 他"真应该上网和大家聊聊。过来吧, 弗兰岑先生, 这儿没问题"！但到目前为止这些呼唤都没有效果。人们指责弗兰岑是只偏爱小圈子的伪君子, 是在传统媒体的象牙塔中炫耀自己优越性的作家。但布斯蒂略斯怀着一种弗兰岑从未展示过的对媒体效应的欣赏写道："他也许是个呆子, 但他是我们的呆子。"弗兰岑的一些观点令人信服, 这无疑是因为他仍然能触及那些酷炫潮人的敏感之处, 指出那些所谓创意家在智力和精神上的贫乏——他们"接受别人告诉他们的想法而不反抗机器, 过度沉迷于自己的小玩意儿, 哪怕世界毁灭也不愿抬头"。[15] 但也有些互联网评论家说："网络之于弗兰岑, 就好比灯柱之于一条狗：他往上面尿尿, 还轻蔑地嗅着其他人尿过的味道。" [16] 气味或许是被记住了, 但这种活动不会有任何效果。这种说法公正吗？我不清楚, 更重要的问题是, 它是否有意思, 是否是批判性的。

这位上了年纪的、以小说《纠正》（The Corrections）与《自由》（Freedom）闻名于世的"媒体敏感分子"，会自称"网络批评家"吗？不会。但正如我说过的，这不重要。弗兰岑既不是这个潮人时代的托马斯·品钦（Thomas Pynchon），也不是像尼古拉斯·卡尔这样深入的技术批评家，一次次凸显出来的是他特有的那种躁动本身："如果你选择每天花一个小时捣鼓你的脸书页面，或者意识不到在 Kindle 上读简·奥斯丁和在纸上读她的区别，或者认为'侠盗猎车手 6'（Grand Theft Auto VI）是自瓦格纳以来最好的整体艺术（Gesamtkunstwerk），只要这只涉及你一个人，我就可以为你开心。"[17] 这里对我们技术条件的间接讨论，又一次被放进了新康德式的背景中。为什么对数字垃圾的反抗被压抑，而不能公开表达进行深入讨论？难道谷歌、推特和脸书的网络结构不够重要吗？或者说确实存在一种公共的焦虑，使得公众不敢太过直接地攻击这些势力？或是说我们认为它太技术化了，以至于我们的作家处理不了它？还是说"高级"（文学批评）和"低级"（社交媒体）的区分还在一如既往地发挥作用？

如果说在欧洲大陆，作家依然能掌握关于文化的公共智识意识（这一点有争议，但至少相较于美国是成立的），这或许是在圣路易斯（St Louis）长大的弗兰岑渴望的一种责任。这位转型成名人的作家知道自己一开始只是个边缘人物，他也确实在美国小报出版界——这是惹是生非的人最容易得到报应的地方——扮演着重要角色。但弗兰岑出名并不是因为他谈了什么我们时代的大问题，相反，他的形象更像是一个"快活的怀恨者"（happy hater）。

17 弗兰岑，《更远方》，第 144 页。

18 见我在 e-flux 期刊上发表的文章，朱丽塔·阿兰达（Julieta Aranda）、布莱恩·库安·伍德（Brian Kuan Wood）和安东·维多克（Anton Vidokle）编，《互联网不存在》，柏林，Sternberg Press，2015 年。据编者所说，互联网不存在是因为你看不见它，"它既无形又无面孔"。2015 年编者则说："我们仍然在努力爬上甲板，进入它的内部，成为网络的一部分。但我们将永远无法进入一个不存在的事物的内部……你可以试试，但做不到"。（第5 页）这只是个概念问题吗？或者是由于社会-经济状况的缘故？由于缺乏科技素养？我们只能猜测。

19 有一次他也谈到了抗议，但抗议发生在遥远的立陶宛："成群的无政府主义者一如既往地公开拿着横幅和标语牌，他们的工装裤兜里偷偷装着强力条形磁铁，希望能用磁铁抹掉新的全球桌面（Global Desktops）的大部分数据。他们的横幅上写着'拒绝它'，还写着'计算机是革命的对立面'。"（弗兰岑，《修正与自由》（The Corrections），第 397 页。

20 利昂·韦瑟尔提尔，《在被搅乱的人中》（Among the disrupted），《纽约时报》（The New York Times），2015 年 1 月 7 日。韦瑟尔提尔写道："处理信息不是人类精神渴望的最高

网络文化和网络批判在当代媒体空间和艺术产业不受重视，有多种原因。网络已经通过平台被中立化、模糊为我们数字化存在的基础，而技术与（学术的或其他的）政治经济学思考的持续分离，使评论者只能在越来越虚拟化的意见页面和网络上讨论 19 世纪的道德问题。至少在欧洲，艺术界偶尔还会讨论到网络知识及批判的离奇缺失。在事实缺席产生的空洞中，我也贡献了一些能引发争议的小册子和论文集，比如 e-flux 的一群当代艺术家编辑的《互联网不存在》（The Internet Does Not Exist）。[18] 对于我作为网络批评家的工作来说，当代文化中"从不互联网"（never-internet）的立场很值得注意，它正变得越来越奇怪，使我们每个人都难以把握。弗兰岑把握到了这一难题，即使（或者说尤其）是在他有些跑题的时候。

观看弗兰岑的世界就好像一次探入美国停滞的中产阶级的日常生活的旅行。[19] 他的小说不像稍年轻的道格·库普兰那样夸大和肤浅——后者因麦克卢汉（Mcluhanite）式的存在主义口号，描绘了媒体泛滥的环境，完全避免了广告中的胡言乱语。用利昂·韦瑟尔提尔（Leon Wieseltier）的话说就是，当我们读弗兰岑时，会感到我们就是"被搅乱的人"（the disrupted）之一。[20] 被搅乱的人是迟到的网络使用者，他们既不支持也不反对硅谷，愿意在热潮之后接受数字产品和服务。技术通过一系列预先决定的事件，来到这些被搅乱的用户面前："看一下这个网站，我告诉你地址。'这强大的新技术可能会产生麻烦，但它不会停止。'这可能就是我们时代的座右铭，不是吗？"——小说中的人是这样对《纠正》的主角格雷格说的。

这本书后面的一段也体现出同样的技术宿命感：

　　她最喜欢的书之一是《科技想象：今天的孩子们应当教会家长什么》（*The Technological Imagination: What Today's Children Have to Teach Their Parents*），作者南希·克莱（Nancy Clay）博士在书中对比了天才儿童的"疲惫模型"（tired paradigm）和"连线模型"（wired paradigm），在前者中，有天赋的孩子被社会孤立，而在后者中，他们被看作创造性地连接的消费者（Creatively Connected Consumer）。她主张说，电子玩具很快会降价并普及开来，锻炼儿童想象力的将不再是画蜡笔画和编故事，而是现有技术的综合与开发。加里（Gary）觉得这个观点既有说服力又令人沮丧。[21]

　　弗兰岑的"慢小说"在"后911"文化中大获成功（《纠正》是"911事件"发生前6天出版的），但他的故事却设定在1980年代，文风是巴尔扎克式的：他的"多代美国史诗"（multigenerational American epics）充满了忧虑重重的人物的意识流，这些人物活跃但不稳定。故事中没有太多事情发生，发生的事件大多都在过去。从媒体的角度说，小说中很显著的一点是现代通信技术的实际缺失：书中的主角不像大多数家庭一样看电视，电话不会响、没有传真、没有电脑，甚至都不会偶尔看一眼报纸标题。我们的主角也不收短信，更别说在电梯里用智能手机刷脸书了。每当我们深入故事，这些原本看上去很罕见的（甚至是解放性的）设定就会显得不现实，甚至过时。作者自己不想被打搅[22]，不意味着他的角色应该是能克服所有当代诱惑的半神（更别说书的读者多半只是

目标，在全球经济中的竞争力也不大。我们社会的特点不能被工程师决定。"他和米歇尔·塞尔一同问道："我们该如何掌控自己的掌控力？"

21 乔纳森·弗兰岑，《修正与自由》（*The Corrections*），伦敦，Fourth Estate，2001 年，第 181 页。

22 正如史蒂芬·马奇（Stephen Marche）所说："主角们的生活是有目的的，他们一心一意地追求着舒适和被社会认可的金融安全，而这种安全总是濒临崩溃或是正在崩溃。如果说雷蒙德·卡佛（Raymond Carver）是摧毁美国梦的大师，弗兰岑便是它作为鬼魂继续存在的编年史家——经济增长与不安全感加深的结合"，《第二黄金时代的文学》（Literature for the second Gilded Age），《洛杉矶书评》（*Los Angeles Review of Books*），2014 年 6 月 16 日。

23 道格拉斯·柯普兰（Douglas Coupland）谈到过他在智利与世隔绝的假日："我拿了一本史蒂芬·金的小说和一本没有提到电视或手机的历史性传记。这好像一次时间之旅，我仿佛置身于1910年代的加州。我这样过了3周，就想回去了"。蒂姆·亚当斯（Tim Adams）在《卫报》上对他的采访，2014年10月19日。

24 弗兰岑，《纠正》，第51页。

25 要注意"Zorn"一字可以翻译为"狂怒"(rage)或"愤怒"(anger)，德语里没有分别描述这两种情绪的词。

斯洛特戴克式的"普通人"的一员）。这种风格带有一种乡愁式旅行的感觉：小说将你带离现实，它没有再现世界的迫切愿望。[23]

在《纠正》一书中，我们也发现作者提出了一种后现代主义的怀疑，对批判的无用性、它可能的类别和它过于熟悉的特权的怀疑：

> 批评是种病态的文化，即使一种批判什么也没达成，它也总好像是一件有用的作品。但假若所谓的疾病根本不是疾病呢？假如技术、消费者的品位、医学，以及了不起的唯物主义秩序确实改善了被压迫者的生活，只有奇普（Chip）这样的白人直男才觉得这一秩序有问题——那么这个人的批判就连最抽象的用处都没有。[24]

这里的关键问题（也是弗兰岑的问题）是，美式的否定（American Negation）是否倾向于表现为抱怨文化（Culture of Complaint）。主流媒体中充满了值得被称为"批判"的怒斥，它们像丑闻一样在美国按默认方式上演。独自表明观点会吓到别人，并且显得太个人化了："这个人肯定有问题，他在骂什么？"但重要的是，从媒体情绪的角度来解读这些批判，把弗兰岑的出现理解为在目前互联网运作的背景下产生的，普遍的无政府情绪的核心体现。

我倾向对照彼得·斯洛特戴克2006年的《狂怒与时间：心理政治研究》（*Zorn und Zeit; Rage and Time: A Psychopolitical Investigation*）一书，来理解弗兰岑的感伤情绪。通过对狂怒与时间两个概念的哲学解读，斯洛特戴克表明：欧洲一切在哲学和文化上重要的东西，都始于愤怒（anger）。[25]这本小册子对情感在政治中扮演的角色（及其历史）的讨论贡献很大。愤怒已不再是一种只有英雄和统治者这种希腊式激情（Thymos）形象才拥有的神圣能力，如今，几亿网民都表达着"渴望被认可"这种"太过人性"的孤独，这些激情被准确存入数据库，有待谷歌机器人等软件、情报机构和其他权威的解读。

如今，真实的抗议还有表达空间吗？我们该如何区分真正的动乱与当今互联网论坛上愤慨的潮流？[26] 弗兰岑对互联网垄断的批判是否被他暴怒的标签抵消了，这样一来，普通用户就能免受有效批判的打扰，可以继续点击、点赞？互联网这一军事—娱乐复合体常常向我们推送精神饱满、参与性强的名人，但他们只能陪我们走一小段通往非正义的道路。小说作家则更少会表现得像愤怒的神灵。弗兰岑的愤怒是对复仇的呼唤吗？我们还知不知道怎么有尊严地恨？或者换句话说，在这个充满各种渠道和意见的世界，我们该如何有威信地指出什么是真正重要的？

狂怒（rage）是一种充满能量的力量，尼采称它为权力意志。我们应该这样理解弗兰岑吗？还是说应该以一种斯洛特戴克的方式，把弗兰岑绝望的尝试看作消气运动（movement of dispersion）的一部分？"似乎愤怒不想再学习什么了。"[27] 我主张，应该从科技的角度理解互联网时代下的愤慨（这种情感原本就已经很复杂了）。如今大多数事件都是社交媒体上的事件，被智能手机录制、传播。文化（Kultur）已经是一种技术文化（techno-culture），但还很少有人准备从这一角度分析。哪怕是在数字时代成长起来的学者，也依然把观念的世界化简为一种作者互相引用的诠释学的树状结构。把一段概

26 可以参考伊拉斯姆斯大学的事件和2014年5月鹿特丹Worm的活动，它们表明"人们经常说，在整个现代历史中，愤怒向来是左、右派抗议者基本的意识形态的情绪病理学。从浪漫主义到雅各宾主义，从女性主义到后殖民主义，每个例子中，嫉妒而无能的愤怒的'爆发'都使乌托邦斗争不可避免地走向暴力的反乌托邦"。活动组织者问道："难道新自由主义把培育愤怒当作控制策略吗？这是一种在人们心中培养嫉妒、希望、怀旧、义愤和焦虑等伤感的激情的战术，这些人以彻底的自保为名，置一切乌托邦批判于不顾，放弃自己的权力，屈从于秘密和怯懦，把负罪感藏起来并向外发泄恨意。"

27 彼得·斯洛特戴克，《狂怒与时间：心理政治研究》，纽约，Columbia University Press，2010年，第283页。

28 弗兰岑，《修正与自由》，第 117 页。

29 加州大学圣芭芭拉分校，杀手艾略特·罗杰（Elliot Rodge）："你们活该，就因为你们过得比我好，你们这些受欢迎的孩子。你们永远也不会认可我，现在你们要为此付出代价。"

念史追溯回尼采和古希腊，远比理解交互应用产生的内容和它们网络化的影响来得容易。

如今，技术促进了个体的幸福和财富创造，却不再为社会提供人人都能使用的公共基础设施。《纠正》中写道："细胞状的东西正在扼杀公用电话。但奇普对手机的态度与丹尼斯（Denise）（他认为手机是庸俗人的庸俗装饰）和加里（他不仅不讨厌手机，还给他的三个儿子每人都买了一部）都不同，奇普恨手机主要是因为他自己没有。"[28] 因此，这种（从未获得过的）特权的丧失使弗兰岑的角色感到愤慨，他们总在寻找发泄的方式。愤慨缺乏明确的敌人，它产生于一种弥漫的不满情绪，这种不满既无法遗忘又不能被恰当地处理。忧虑的记忆反复重放，陷入一个循环，动机的强迫性重复[29]是愤慨积累起来的必要条件："我们喜欢互联网，但它太蠢了。"这种报复性（vengefulness）并不真的想复仇，相反，我们讨论的是一种长期持续的状态，不满只有在最后一刻才能完全表达出来。就社交媒体来说，人们通常连一个明确的厌恶对象都没有，狂怒作为一种情感倾向只能在（虚假的）虚无主义框架内表达。我们也许可以不只把弗兰岑的角色看作愤怒的迷你版弗兰岑，而将其理解为作者正在处理的一个真实问题，一个我们与硬核数字日常的情感关系中的僵局。下一步是要把网络上表达的"激情"（thymotic）（在希腊语中意为"精神化的"）本能与（如今占主导地位的）"言论自由"的法律话语拆分开。目前的互联网话语只能将精神与再现的张力呈现为片面的二元对立：要么你可以想说什么都可以，要么你的发言要被调控甚至禁止。媒体文化这种守法主义的多重决定（legalistic over-determination），体现了律师和咨询师在西方商业文化中扭曲的权力位置。能否用一种"精神化的"的技术哲学与这条法律的死路抗衡？在杰弗里·伯恩斯坦（Jeffery Bernstein）看来，斯洛特戴克有关狂怒的说法可能有发明"一个没有对象的空洞概念"之嫌。在我看来，这是由于斯洛特戴克和他的许多同代人与推特上的"狗屎风暴"[30]（shit storms，按谷歌的解释，它指"一种以激烈争执为特征的情况"[31]）一类的事情，以及如今评论界的其他丑陋争辩脱节了。博客圈（blogoshpere）和网络论坛上的意识形态冲突通常是男性中心的，关注宗教和名人（弗兰岑也是其中之一）。[32]

　　戈尔德伯格（Goldberg）称推特是"一台靠狂怒运转的机器"[33]："你看见一样让你反感、愤怒的东西，就发推以暂时缓解情绪，并从他人转发中获得一丝确认。之后当你阅读推送，又会再次摄入其他细微而有爆炸性的恶劣消息，你再被激怒，做出回应，继续这个循环。"戈尔德伯格举了一个微博（中国的推特）研究的案例，研究发现愤怒的消息传播得比其他消息都快。她也注意到她更倾向于简单地理解那些恼人的消息："在网上写作最简单的方法是冒犯别人。推特会奖励意识形态警察。"另一方面，弗兰岑的愤怒则始终是弥散的，和他的许多同代人一样，弗兰岑为错过的机会（"可能/曾经可能有另一种互联网"）感到懊悔，却无法凑近考察在他自己专业以外的具体话题或方案。在米歇尔·戈尔德伯格的观点的基础上，我会说弗兰岑缺乏对负面网络情绪的感受力，比如，尽管推特的"狗屎风暴"从客观角度说是可怕和毁灭性的，它也可以是一种真实的经验，尤

30 杰弗里·伯恩斯坦（Jeffrey Bernstein）对《狂怒与时间》英译本的评论，见《欧陆哲学评论》（Continental Philosophy Review），44.2（2011），第253—257页。

31 你肯定要爱上维基百科："德语媒体自从2010年开始用'狗屎风暴'一词形容网上喧哗的愤怒，尤其是通过在社交媒体上发帖、写作表达的愤怒。它被德国陪审团选为'2011年度最有英国味的词'（Anglicism of the year 2011），2012年又在瑞士被选为年度词汇。狗屎风暴的反义词是糖风暴（candystorm）。"

32 弗兰岑对奥普拉·温弗莉（Oprah Winfrey）的敌意是众所周知的。温弗莉和珍妮弗·韦纳一直是媒体界的传奇，她发明了"弗兰岑幸乐"（Franzenfreude）一词，用来指单身女性小说家与弗兰岑的名声的怨恨关系："幸灾乐祸（Schadenfreude）指拿别人的痛苦来取乐。弗兰岑幸乐指的是在劈头盖脸地洒向乔纳森·弗兰岑的各种详尽评论上耗费力气。"（当然更为准确的说法应该是"弗兰岑灾祸"[Schadenfranzen]或者是"弗兰岑之畏"[Franzenangst]）这种父权式情绪的在线放大的科技成分体现在哪里？如今的社交媒体继因架构推崇这种情绪吗？'玩家门'（Gamergate）以及随后

大批 IT 行业的女性离开硅谷，似乎都证实了这一点。

33 米歇尔·戈尔德伯格，《捍卫乔纳森·弗兰岑》（In defense of Jonathan Franzen），《每日野兽》（The Daily Beast），2013 年 9 月 26 日。

34 Scratch 杂志玛纽拉·马丁对弗兰岑的采访（2013 年第四季度）。

其是对历史主义者而言。

在一次与玛纽拉·马丁（Manjula Martin）的访谈中，弗兰岑表明，对他而言真正的问题不是互联网本身，而是（用他的话说）它的成瘾性："你会达到一个临界点，之后就再也离不开电子社区，并且几乎会在身体上依赖它。"[34]访谈中，弗兰岑还问为什么苹果股东会越来越富，从事劳动的记者却被解雇。与技术自由主义者们相当不同的是，弗兰岑认为互联网需要监管：

> 就像以前的无线电一样。如果某个国家的整个地区的主要工业由于另一个地区工业的掠夺性举措，失去了 90% 的有薪就业机会，那么如果你是政府，你或许会介入并说："我们不能真的让整个地区挨饿。我们要补贴物价，重新分配收入。"

这里展现出的对嬉皮士和雅皮士联手毁掉世界的邪恶联盟的反抗，没能考虑到凯恩斯模式的干预主义国家已经被新自由主义政策取代了。但一种正当的批判应当超越感伤，成为有依据的论述。就互联网批判而言，我们可以说，弗兰岑需要把对软件和界面的技术性理解，与对 IT、电信和最先进资本主义本身的政治经济状况的洞察结合起来。

弗兰岑"被埋葬的"互联网狂怒中隐含的政治阵线和分析，在他 2013 年的多层次翻译项目《克劳斯计划》中，体现得最明显。弗兰岑从 20 岁出头就开始对 20 世纪初的这位维也纳批评家、《火炬》（Die Fackel）杂志编辑感兴趣。他的书分三部分，卡尔·克劳斯的德语原文放在左页，他的翻译放在右页，分割线下还有几乎一半的文字篇幅是脚注，写满了他关于美国互联网文化状况的激烈言辞。脚注的评论形式，反映了西方文化对社交媒体的次要、非正式的态度——社交媒体没有被官方文化产业当作主要的表达形式。

35 乔纳森·弗兰岑，《这个世界怎么了》(What's Wrong with the World)，《卫报》，2013年9月13日（已无在线资源）。

弗兰岑在《卫报》(Guardian)的一篇文章中，解释了他对这位维也纳讽刺作家的作品感兴趣的背景，这可以追溯到他在西德学习时期。他谈到了一种特殊的世界性愤怒（world anger），它似乎没有原初或历史性的源头，也和朋克差别很大。弗兰岑用了一件轶事，既格外坦率，又拐弯抹角地解释了22岁的自己、卡尔·克劳斯和他成为批评家的志向之间的联系。他提到了1982年4月的一个下午：

> 我以一种我从未有过的方式对世界感到愤怒。愤怒的直接原因是我没能和慕尼黑一个特别漂亮的女孩做爱，但这其实并不是一次失败，而是我的主动选择。几个小时后在汉诺威的站台上，我在作出这次决定之后丢掉了我的硬币，这是我开始之后的生活的标志。然后我就坐火车回到柏林，选了一个关于卡尔·克劳斯的课程。[35]

弗兰岑的脚注还进一步提到了他在1970年代和1980年代早期最初使用电脑的回忆，其中又涉克劳斯：

> 二十多岁时，对克劳斯的沉迷帮助我抵御了对技术的嫉妒。我把他对技术的不信任内化了，尽管1980年代早期的技术对我来说只是电视、大型客机、核武器，还有地震学实验室里小型巴士一样大的电脑（当时我在那里兼职）。我高中、大学时就用过电脑，也是最早开始用电脑做文字编辑工作的人之一，因此我坚持"技

36 弗兰岑，《这个世界
怎么了》，第 128 页。
37 弗兰岑，《这个世界
怎么了》，第 13 页。

术是工具，而非生活方式"这一古老的信念。
过去 20 年间不断变化、引发文化转型的技术进
步给我留下了深刻的印象，这证实了克劳斯的
警告。1910 年，克劳斯就已经不再崇拜技术，
他的作品则为我自己不再崇拜技术指明了一条
路。但即使是我也难免感到恐惧，当我看到书
籍在与电子的"性感竞赛"中败下阵来，也会
感到嫉妒。[36]

我们很难分辨网络批判的实际对象和这种
批判倾向的理性化总体上是从哪里开始、哪里
结束的。

弗兰岑借助"文明的衰落"这个相当直接
的比喻，比较了"911 事件"后美国在中东接连
不断的战争失利、2008 年的金融危机，与克劳
斯时代的奥匈帝国君主制的相似性："1910 年
的维也纳是个特例，但我们可以说 2013 年的
美国也是个类似的特例：日益衰微的帝国一面
给自己编造例外主义的故事，一面奔向某种末
世。"[37] 这既是一种时空置换，也是对消极、无
动于衷的情绪的形式化。弗兰岑欣赏德国文化，
因为它"不酷"，他更偏爱德国式的坚定与强
烈，而不是新浪潮式浪漫的轻浮。克劳斯是一
个榜样，但这不是因为他不顾时髦："他很精致
（sophisticate），因此《火炬》杂志有种博客的
感觉。"事后将克劳斯看作"博主"，并不妨
碍弗兰岑发表进一步的评论：

当代小说中"和善"（niceness）的暴政是
由互联网的恐怖和它幼稚而紧张的（ninth-grade）
社会动力学造成的。担心与博客和推特写手发
生冲突，害怕被人普遍认为"不和善"的作家，
会试图用下述这些受称赞的情感为自己辩护：

阅读、写作和自我表达是好的，偏执是坏的，劳动人民是地里的盐，爱比金钱重要，科技很有趣，中产阶级化是一个严重的问题，动物有感情，儿童不像成人那么腐化，等等。[38]

真正的艺术家有自己的特点和个性，但这种品质已不再受社会认可了："最近，许多优秀作家私下都在为自己对脸书和推特不感兴趣而烦恼。在我看来这意味着他们有个性。当你看到世界其他地方的人不假思索地接受了新技术，这些作家给你带来了一丝奇怪的慰藉。"[39]

在严肃的欧洲知识界和评论界，没有人敢公然说互联网是无关紧要的或多余的——他们不会这样说，因为他们太害怕犯历史性错误了。德法精英们确实比其他人更倾向于认为网络或网络文化是一场来去匆匆的时尚，但没有谁真地公开写出网络是一种时尚。这也是他们与弗兰岑的一点有趣的不同：在欧洲知识分子看来，最好是忽视网络，他们当中大多数人也是这样做的，而不是惹出什么麻烦，危及他们备受尊敬的诠释学专家的地位。（在这个问题上，我从来不想证明自己比非媒体知识分子"更"正确，相反我希望这不重要。）因此，弗兰岑对"成为欧洲人"的渴望就显得很有趣，这种渴望使他确实想对当代网络文化说点什么，而欧洲人是不会以这种方式这样说话的。

弗兰岑主张："克劳斯花了很长时间读他厌恶的东西，以便能有理有据地厌恶它。"[40] 这多半也是弗兰岑自己希望表现出来的，他希望自己是博客盛行的世界里的当代文学权威："据大多数人说，克劳斯在个人生活中是个温柔、大方的人，有许多忠实的朋友。一旦他开始展

38 弗兰岑，《这个世界怎么了"》，第 116 页。

39 弗兰岑，《这个世界怎么了"》，第 127 页。

40 弗兰岑，《这个世界怎么了"》，第 11 页。

41 弗兰岑，《克劳斯计划》，第 11 页。

42 对于弗兰岑来说，不可能有多任务处理："克劳斯对于在工作时听音乐的排斥和我一样。当我听到有作家说他们边工作边听贝多芬或拱廊之火乐队（Arcade Fire），我总会特别惊讶。他们是怎么同时集中注意力于两件事的？"《克劳斯计划》，第 67 页。

43 弗兰岑，《克劳斯计划》，第 33 页。

44 弗兰岑，《克劳斯计划》，第 12 页。

现他有争议的雄辩，就会成为那种极为严苛的人。"[41] 但弗兰岑对媒体技术和网络批判的具体态度是什么？戏剧评论家需要对剧本和演员保持激情，也需要了解它们的历史。弗兰岑对互联网的态度也是这样吗？他是否真的关心这种媒介？是否准备好要深入探讨导致工作的重新分配、技艺的毁灭和垄断倾向的"平台资本主义"？

在弗兰岑看来，我们生活的实质是一种彻底的电子干扰，结果是：

> 我们无法面对真正的问题……唯一能做的便是将自身交付给酷炫的新媒体和技术，交给史蒂夫·乔布斯、马克·扎克伯格和杰夫·贝佐斯（Jeff Bezos），以损失自己的利益为代价让他们获利。我们这种情况有点像 1910 年的维也纳，只是当时的报纸技术（还有电话、电报和高速印刷机）被如今的数字技术取代了，维也纳的魅力也被美国的酷劲取代。[42]

"在有这么多博客可以追，推特上有这么多食物大战可以看的情况下"，谁还有时间读文学？[43] 弗兰岑批评了"屈服于推特"的萨尔曼·鲁西迪（Salman Rushdie），也准确地抨击了《n+1》杂志，它"忽视了互联网正使自由撰稿人日益贫困的事实，也未能批判那些称互联网是'革命性的'、愉快地接受苹果电脑，坚信它们的优点的左翼教授"。[44] 这些就是我们想进一步弄清的矛盾。我们该怎么使这些动乱变得更有生产性和解放性，而非滋生个人化的罪责感文化？第一步，要始终明白你不是独自一个人；第二步，要意识到还有其他替代方案。公共作家的任务不正是带领我们迈出这几步吗？

弗兰岑提出了一个切实的问题：公共媒体对网络文化的态度，是怎么在技术和文化方面达到现在的"愤慨阶段"——总把网络文化当作"次要的"？从这种含糊、错位而次要的角度看，流行的网络批判已经开始变得危险、有传染性，却又"可能"无法改变任何东西。弗兰岑在处理复杂的金融和政治问题时出错或自相矛盾，为什么人们还是一直着迷于他？我感兴趣的不是证明弗兰岑的错误，而是试着理解这一现象——理解作为全球主流文化的美国文化，为什么在很大程度上拒绝处理互联网问题，而互联网问题又令它的大多数民众着迷。我们该怎么从政治哲学的角度克服这种愤慨，尤其是在网络批判的对象方面？

一个重要分析性主题是，在作为社会核心的意义提供者的文化长期退却的情况下，被忽视的技术历史和理论："1908 年前后，克劳斯开始相信我们的技术能力和想象力正朝彼此相悖的方向发展，技术能力的提升导致了想象力的降低，这个想法确实吓到了他。"[45] 文化被技术取代了。弗兰岑的这一说法呼应着莫罗佐夫对解决主义的批判：

1990 年代的技术空想家承诺说，互联网将开启一个和平、爱与理解的新世界，推特执行官们依然敲着乌托邦主义的鼓点，自称他们对社会运动贡献重大。听了他们的话，你甚至会觉得，东欧在没有手机的帮助就脱离苏联，一群美国人在没有 4G 网络的情况下赶走英军、建立美联邦，是多么不可思议。[46]

西方资产阶级花了数十年才建立起对它自身文化的深入理解。但当我们想批判性地介入

45 弗兰岑，《克劳斯计划》，第 12 页。

46 弗兰岑，《克劳斯计划》，第 140 页。

47 弗兰岑，《克劳斯计划》，第 140 页。这里明显和叶夫根尼·莫罗佐夫的《要想拯救一切，点击这里：技术，解决主义，与修复不存在的问题的紧迫性》（*To Save Everything, Click Here: Technology, Solutionism and the Urge to Fix Problems that Don't Exist*）有关，伦敦，Allen Lane，2013 年。

工程师文化的"殿堂"，这种明晰的话语依然缺乏。截至目前，人们都在用直白的技术 - 商业术语理解它。

弗兰岑重新编订克劳斯文集，以说明技术的发明和应用已成为自动化过程，它缺乏作决定这一关键的、有意识的步骤："如今人们反复强调，'我们强大的新技术永不停步'。草根阶层对这种技术的抵制几乎完全局限在医疗和安全问题上；我们醒着的时候一直在发短信、邮件和推特，在彩屏设备上发文章，只因为按照摩尔定律我们可以这样做。"弗兰岑把这一点与严苛的新自由主义政策联系起来：

> 据说要想保持经济竞争力，我们就得忘记人性，培养我们的孩子们对数字技术的"激情"（借用托马斯·弗里德曼［Thomas Friedman］在 2013 年《泰晤士报》专栏上的说法），让他们做好准备用一生的时间不断自我教育、追上技术的步伐。这个逻辑意味着，如果我们还想用 Zappos.com 或者家用视频录像机——谁不想呢？——就要对稳定的工作说再见，迎接一辈子的焦虑。我们需要变得像资本主义自身那样躁动不停。[47]

弗兰岑在商品的世界和我们最终从事的工作之间建立起一个重要的联系。一切设备都会造成影响，我们的设备所促成的那种生活方式不只是个人选择的结果。我们也不是把这些产品当作对自己的奖励买来，而是先用它们装备自己，再进入世界——然后以不同的方式解读它。

在之后的一段文字中，弗兰岑终于提出了他自己的论点：

在克劳斯看来，报纸的可憎之处在于，它们别有用心地将启蒙观念与对利润和权力的无止境追求结合了起来。在技术消费主义背景下，"赋权""创造力""自由""联系"和"民主"这些人道主义修辞助长了技术巨头公开的垄断。（互联网）这种新的地狱机器似乎越来越只遵从它自己的发展逻辑，而且它强烈地让人上瘾、比报纸更能迎合人们最差劲的冲动。[48]

一切数码物都从内部产生，它内嵌于新自由主义主体内部的这种特性，使我们更难探讨这种新权力的本质。这也是麦克卢汉的隐喻不再适用于我们的原因，媒介不再是我们的延伸，我们已经内化了它们。技术设备变得这么小、令人熟悉、亲密无间，我们不再能和它们保持距离，也就很难批判地反思它们的影响。

弗兰岑写道：

如今，琐碎的、伪造的、空洞的数据海洋膨胀了上千倍。克劳斯设想，有一天人们会忘记如何做加减法——这在当时只是一个预言。但如今，人们在和朋友聚餐时，总是要用 iPhone 查一些原本应当由大脑负责记住的信息。技术鼓吹者们当然看不到这有什么问题，他们说人类早就把记忆"外包"给吟游诗人、历史学家、配偶和书本了。但我很确信，一个 16 岁的孩子就足以看出，让你的配偶记住你侄女的生日，与把基本的记忆力交给一个全球企业控制系统，绝对是两回事。[49]

我们记住的不再是信息，而是身体性的重复与姿势。这种"瘾"是最难克服的，比如在

48 弗兰岑，《克劳斯计划》，第 141 页。

49 弗兰岑，《这个世界怎么了》。

社交媒体深渊：批判的互联网文化与否定之力

50 弗兰岑，《这个世界怎么了》，第 146 页。

51 我也会没完没了地解读报纸，寻找不同的观点、知识和政治辩论，不同的是，我读的是柏林的《日报》（*Die Tageszeitung*）。那时，我对于另一阵营完全不感兴趣，瞧不起保守派的金融报纸，把它们看作灾难性的、即将退场的 20 世纪陌生历史残骸。

电梯里看智能手机。

　　这样看来，借用卡尔·克劳斯就不只是一场历史恶作剧。但弗兰岑的作品中确实出现一些历史类比，使他对克劳斯的借用颇有争议。弗兰岑写道，在 1980 年代阅读《波士顿环球报》对他来说既是自我惩罚，也是一种训练，这能让他像克劳斯那样及时作出评论。[50] 他当时已经致力于"提出一种更有力的，有关机器逻辑的末世论证（apocalyptic argument）。在克劳斯的时代，机器还局限于欧美，而现在它已走向全球，正加速着地球的去自然化和海洋的贫瘠化进程"。[51] 弗兰岑通过把 1910 年的维也纳和 2013 年的美国联系起来，试图说明这两个时刻都是否定性内在（negative immanence）的时刻，按埃兹拉·庞德（Ezra Pound）的说法，这时的文化是人类文明退化的天线，一切信号都表明帝国正要崩塌。但对我们来说重要的是，这些都只是崩塌的文化信号——它们是感受层面的，没有证据，且在很大程度上是操演性的（performative）。明显的一点是，克劳斯确实目睹了帝国的衰落、崩塌和它的后果（希特勒等），但无论是弗兰岑还是你我，都不会在有生之年见到美国的崩塌。美国及其政权依然强大，有控制力。但即使它没有在字面意义上真的崩塌，它也正因内部矛盾（不是因为外部反对势力，也不是因为它的统治者们都疲惫了）而解体。在这个意义上，弗兰岑就像一根艺术天线，他是症状的忠实表现者，体现着一种在我看来十分普遍的反应性（reactivity）。克劳斯是他实现这一目的的手段，而弗兰岑是我的手段。

正如我在第 6 章勾勒的，美国正在经历它的皮凯蒂时刻（Picketty moment），最保守的行家们也承认了这一点：中产阶级在缩水，贫富两极化正加剧。而十年前这种程度的共识不仅无疑是不可能的，甚至是公共意见的绝对禁忌。如今，在势不可挡的证据面前，就连保守派也警告说美梦已经完结了。但问题是，系统本身并没有瓦解。弗兰岑试图理解这一点，然而，这种新常态与 1980 年代衰落的美学没有那么相似，那时是生锈链条的工业音乐腐蚀掉了早先的光泽。在某种程度上，我们已经完全走出了工业衰落的影响，弗兰岑在他的第一本畅销书中十分巧妙地写到了这一点，他看透了美国现代铁路系统中那些软弱元老的心思。如今，中国的强大已成事实，各个工业部门都离开了美国也是痛苦的事实。不再有乡愁了，甚至弗兰岑早期作品中的情感逻辑也都烟消云散了。

在弗兰岑对剧烈衰退的一次标志性警告中，他回避了网络政治经济学的现实，只关注图书出版界。"末日看似开始退去，但依然潜伏着，"他评论道，

在我自己的小世界，也就是说美国小说的世界中，亚马逊创始人杰夫·贝佐斯虽说不是反基督者，但他确实看起来很像《启示录》中的四骑士（the Four Horsemen）。亚马逊期待一个图书要么自费出版、要么由亚马逊出版的世界，读者依赖亚马逊评论员选书，作家自己负责自我宣传。在这样的世界里，喋喋不休的人、转发的人、吹牛的人和有钱雇人帮忙编造几百条

52 弗兰岑，《克劳斯计划》，第 274 页。

社交媒体深渊：批判的互联网文化与否定之力

五星评论的人，他们的作品将泛滥成灾。[52]

但是，乔纳森啊，你要知道，捍卫专业边界的斗争将是集体性的。作家写作，营销商为他们做公关宣传，这没问题。如果作家开始发推文，他们会摧毁劳动分工吗？与其捍卫过去的工作关系，我们应当积极参与对新技能和职业的规定，拒绝那些把所有任务都交给了个别创造者的念头。

不讨论互联网的过去和现状是如何被生产出来的，只厌恶今天的互联网，实际意味着什么？弗兰岑气愤的不是我们共同继承下来的这个世界，而是一次失去的机遇、一种终于浮出水面的认识：我们搞砸了。这一切不归我们管，但我们还是得自己负责。弗兰岑表达的是一种错失了机会的愧疚，我们本可以建构更加智能的网络文化（"我们没能建成它"）。我们要求过、也实践过媒介多样性、多种来源，以及一种新场景：那里将没有老套的记者、评论家、主持人和垄断频道之陈词滥调——但我们得到的却只有谷歌、脸书和推特。我们再也忍受不了老一套的合理而冰冷的报告了。弗兰岑提到，他之所以经常读《波士顿环球报》，是在为新自由主义时代的挫折做准备，在这个时代，技术机会并没有在一个更民主、开放的"网络社会"中实现出来。

该如何评估弗兰岑的论证的影响，是个政治策略问题。到目前为止，弗兰岑的媒体策略完全是老套的（出现在流行电视节目上、与传统出版商签合同、给《卫报》撰稿，等等）。

他试图影响公共舆论，以限制公众对脸书和推特等社交媒体的估价和使用，他甚至不愿承认博客的价值。归根结底，他满足于他偏爱的 19 世纪小说体裁（他的文化理想）等文学样式，再加上偶尔给杂志或报纸写几篇文章作为补充。这种复古态度削弱了他的立场。无论我们是朝后、朝前、朝两侧还是朝最底层看，弗兰岑给出的建议都与康拉德·阿登纳（Konrad Adenauer）一致：不要搞实验。我们甚至跳过了 20 世纪的文学实验，仿佛它们从未发生。

弗兰岑曾这样说道："反动的理论和革命性的理论不仅在克劳斯的作品中共存，他们还彼此支撑。"[53] 但我们在弗兰岑自己的作品中却找不到这种生产性的碰撞，尽管有时他似乎承诺这样做，也说了些妙语，但是他把自己过深地藏进了他的角色们毫不起眼的日常情景剧中，因此难以深入挖掘今天更广泛的技术-文化矛盾——统一世界观与碎片化强烈印象的矛盾。无论我们多么喜欢 Netflix 电视剧和经典的 90 分钟大片，"大文学"（Big Literature）都不能解决交互式实时网络时代的问题。扩展的经验并不能取代，也无法改变实际存在的平行数据流的碎片化，而且这些碎片化要求我们持续关注。仅仅观察到"互联网和社交媒体如此有诱惑力、能带来即时的满足、容易使你迷失自我"还不够，[54]"我们有责任坚持自我"，弗兰岑强调道。但如果这个自我与我们时代的大问题无关呢？我们可以躲在 19 世纪的人道主义主题背后，但 20 世纪的文学、电影和视觉艺术实验的开展不是毫无道理的——从那时起，这个

53 弗兰岑，《克劳斯计划》，第 274 页。

54 乔·福斯勒（Joe Fasler），《乔纳森·弗兰岑在他的互联网怀疑主义背后评论 19 世纪作家》（Jonathan Franzen on the 19th-century writer behind his internet skepticism），《大西洋》（The Atlantic），2013 年 10 月 1 日。

55 福斯勒，《乔纳森·弗兰岑在他的互联网怀疑主义背后评论 19 世纪作家》。

著名的"自我"就已经被分析、医治、打碎、解构、放大、映观和重获。[55] 注意到技术发展不尽如人意的方面并对它们说"不"是一方面；另一方面，则是要承担起叙述当下的美学使命，无论这个当下有多么破碎。

10

10 作为动词的都市化：地图不是技术

人类的移动等同于信息学（informatics）[1]，这是我们的数字移动性所假设的。不仅我们的移动会被交通摄像头捕捉到，我们还不断向"系统"提供动态自己的位置，通过推特、脸书等社交媒体向网络发布我们的"移动情绪"（mobility affects）。我们被追踪、自我追踪，使数据不断移动。数据"成熟"的时代还没有到来。档案（achieve）作为理论和比喻都正面临危机。在本章中，我将从新媒体网络和媒介美学的批判视角出发，考察移动性（mobility）概念背后的变化。这里的研究主要是在之前关于"分散式美学"的另一个研究项目的基础上展开的。[2] 这次，我重点关注的不是虚拟化和数码化进程中消融的对象，而是稠密（都市）网络中的运动。难点在于理解移动性和 IT 之间的关系，超越"可追踪性"和"控制"这两种常见的说法。[3] 如果智能城市（Smart City）有能力知道我们所做的一切，这会不会从根本上改变我们对智能城市的理解？在开始设计更进一步的"智能公民"系统（及其相关的"伦理"）、开发艺术项目——它们的理念总会不可避免地成为新鞋、皮包、手机的蓝本，还有追踪我们

1 这一章是在 2012 年 3 月的原稿基础上的改进版。感谢汤姆·阿珀利（Tom Apperley）和琳达·华莱士（Linda Wallace）宝贵的评论和编辑工作，以及罗博·凡·克拉嫩伯格（Rob van kranenburg）和马克·图特斯（Marc Tuters）关于频射识别／物联网与定位式媒体的大量知识输入和启发性的工作。

2 见线上期刊《光纤文化杂志》（*Fibreculture Journal*）2005 年 第 7 期关于分布式美学的专刊。我在"论分布式美学"一章中概括并解释了专刊中的合作研究，见基尔特·洛文克，《零评论：博客与批判性网络文化》（*Zero Comments: Blogging and Critical Internet Culture*），纽约，Routledge，2007 年。

3 回避这个话题的一种说法是对 SmartCap 表示惋惜，它是一个能读出我们帮老板开车跑腿时的疲劳程度的小仪器。

4 "城市化技术"一词出自萨斯基娅·萨森。在她看来，我们的技术还没有充分"城市化"。她指出了智能系统的局限性，提出需要设计一种让全部技术真正服务于居民的系统，而非相反，把居民看作偶然的用户。

5 比如见德语选集《网络中的城市，电信公司的视角》(*Stadt am Netz, Ansichten von Telepolis*)，斯蒂芬·伊戈尔霍特 (Stefan Iglhaut)、阿敏·米多什 (Armin Medosch) 和弗洛里安·罗泽 (Florian Rötzer)，曼海姆，Bollmann，1996 年；以及《虚拟城市，在全球网络时代重塑城市》(*Virtual Cities, Die Neuerfindung der Stadt im Zeitalter der globalen Vernetzung*)，克里斯塔·马尔 (Christa Maar) 和弗洛里安·罗泽，巴塞尔，Birkhäuser，1997 年。这两本书的话题还不是很明确：究竟是计算机网络在优化集中式城市规划方面的应用，还是公民自下而上地运用信息技术、将社区网络化并通过在讲自我组织增强民主参与？还是二者皆有？直至 20 年后这一困惑在某种程度上还依然存在。

移动的自行车、汽车、火车和飞机的蓝本——之前，我们似乎必须先勾勒出一些关键问题。一味抱怨事物的视觉属性在高速运动中消融掉了还不够。这些（新）感官形式发挥的作用又是什么？

定义城市化技术

考虑到任何技术都有它繁荣和萧条的周期，我们又该如何理解"都市化"与技术发展 [4] 的关系？"大都会"繁忙而时尚的城市模式是从 19 世纪（巴黎、伦敦等）继承下来的，那时人们肯定不会谈到网络。我把目前的"都市化"迷因看作第一阶段"数字城市"盛衰周期结束后的"第二阶段"现象。都市信息系统无疑存在于整个 20 世纪，"虚拟城市"的浪潮在 1995—1997 年达到了巅峰，那时人们在市政层面上讨论并测试过引入互联网会造成怎样的影响，但由于宽带铺设不充分，并没有付诸实施。[5] 最近这次自上而下的"智能城市"热潮已经快过去了，但如果依旧以一种 19 世纪的怀旧视角，看待 21 世纪城市的技术，许多人依然会把网络设想为社会学例证，将它看作冰冷的工具或者基础设施。人们直观地把网络理解为科学元范畴，技术官僚发明它以管理世界，在外行人面前，它总是呈现为抽象和数学的形式。这最终导致了一种理性、过时的 20 世纪工程城市概念，相当无聊，而且与当下无关。互联网的全球性作为既定的现实，被安置在智能城市中，但网络基础设施和城市具体能有怎样的关系，依然超出我们的想象。网络在地方层面对城市的影响是神秘而有吸引力的。城市是个密集的场所，有着清晰的辖域，城市作为隐喻之所以如此有趣，正是由于它有边界（即使没有传统的城墙）。

　　我的问题涉及和都市化技术相关的"新美学"：能否让"城市"（the City）艺术家和学者讨论的重点，从（最初的使用者的）ICT 社会应用方面的思辨性设计的先锋观念，转向面向大众的政治经济学介入？当信息技术的发展超出了它的临界值，变得无处不在，会发生什么？传统的电子艺术为了聚焦于未来的新事物——物联网、自造的传感器等，而忽略了这一问题。人们已经开发出复合信息可视化的方法，但有哪些真的完全投入使用了？

　　一旦光纤电缆铺设完毕、无线信号覆盖整个城市区域，一种辩证的转向就会发生。等数字技术达到"饱和"，它的意义便会有所变化。规模的问题（Scale Questions）一直在向全球意识（Global Consciousness）模型靠拢。但归根结底，我们真的理解"全球有 70 亿手机用户"意味着什么吗？约翰·佩里·巴洛（John Perry Barlow）所说的从突触到突触的全球连接组织正成为现实，但大多数人还没有真正理解这一点。什么样的视觉化能帮我们理解它？系统的冗余正转化为熵。等到可用性和访问准入成为普遍存在、毫无意义的全球概念时，它们还意味着什么？当我们越过单纯的量、越过无处不在的饱和状态，达到又一个未知的综合时，会发生什么？我们一次次地看到，太过完美的"总览"（overview）会导致无动于衷，它注定要在集体无意识中重现。下一个阶段会不会是鲍德里亚预测的"客体的复仇"（电池没电、失联、电缆断裂）？还是说，我们能实现其他形式的社交？

6 按照乌斯曼·哈克
(Usman Haque)的说法，
企业关于智能城市的说
辞全是关于效率、优化、
可预测性、便捷和安全
性的："你将能够按到
单位、有无缝的购物体
验，获得由摄像头确保
的安全性等。好吧，所
有这些会使城市变得更
能容忍，却没有使得城
市变得有价值。"

7 见诺伯特·埃利亚斯
的两卷本研究《文明的
进 程》（*The Civilizing
Process*），牛津，Black-
well，英译版出版于
1969 年、1982 年（德文
原版 1939 年）。

　　智能城市已经从意识形态变成了真实运作
的机器，在此之后，我们可以从多种角度解读
作为隐喻的"都市化"。[6] 我们可以强调传感
器和信息点的密度，也可以把这解读为"文明
化进程"（civilizing process），它或多或少类
似于诺伯特·埃利亚斯（Norbert Elias）的社会
学 [7]——即社会性使用产生了复杂的规则、姿态、
习惯和举止，这种说法摆脱了经济学家和技术
决定论者对基础设施的强调。这种"文明化转
向"（civilizing turn）使我们从单纯的功能（如
密集性的挑战）走向复杂精细的美学和古怪的
日常使用，它们不一定能打破或动摇现有的协
议（想想智能手机时代的普鲁斯特式"数据花
花公子"［datadandy］程序会有多复杂）。21
世纪有哪些形象，能与本雅明所说的 19 世纪巴
黎游荡者（flâneur）对应？ 1980 年代末，我们
或许会想到赛博朋克的原型，但这在今天太过
亚文化了。1990 年代类似的形象也许是技术呆
子（nerd），但他们也过于边缘化，而且和西方
年轻白人男性技客独有的情感经济绑定得太过
紧密。盯着智能手机看的那些匆忙而内向的潮
人呢？技术本身已不再为人提供身份认同——
这完全是个品牌问题。IT 城市化的观念需要一
段时间才能成为主流，但我们的时间还够吗？
人在变化，城市也在变化。"定位式媒体"（locative
media）没有时间实现群聚效应。设计理念也不
再能超越当下——如果它们是为当下定制的，
就算我们幸运了。对已经处在边缘位置的理论
来说，这种情况很麻烦。的确，无论技术规模
扩展得有多快，日常惯例的建立都需要时间。
在技术"成为文化"的过程中，只有抛开被过
度报道的时尚周期，那些当代技术资本主义宠
儿们生产的时髦、设计新颖、很快将被淘汰的

小设备，公用事业（utility）才有机会在社会中扎根。

（最终）成为公共的

让我们先抛开"智能城市"政策中依然盛行的大数据潮流。我更感兴趣的是用户、互联网 / 手机应用层面的"快速数据"（fast data），以及它如何在"定位媒体"（locative media）和频射识别（RFID）下的物联网中体现出来。许多例子表明数字移动技术正从时髦的实验阶段向无处不在的日常生活过渡。GPS 设备的无处不在是否标志着一种总体的、发散的，凌驾于市民之上的监视力量的存在？这种技术什么时候会转而进入变态和色情的阶段？我们不妨用谷歌举个例子：从谷歌地图到谷歌地球，再到谷歌街景，其中哪个是"革新的时刻"？这需要重新解释一番。人们对经济增长和利润的关注美化了风投资本家和"早期使用者"的天赋、坚韧和开放态度，但革新的第二步只有等采纳周期（adoption cycle）结束、技术被习惯性地整合进社会时才会发生。当移动性和沟通两者的结合变得惯常，我们和媒介一同移动时（when we move as media），将发生什么？技术的使用会迅速转变为习惯。到那时，技术的实在性将隐没进背景中，连学者都不会讨论它（知识生产者对互联网本身的依赖也会被忽略）。这种转变所需的时间是相对的。打字机花了很久才"成为习惯"，手机则更快些。技术的发展正在加速。讽刺的是，技术的使用进入"集体无意识"阶段之时，也是 GPS 和频

8 "公共性"一词出自
杰夫・贾维斯 2011 年
的著作的标题,谷歌福
音派的人也用这个词捍
卫互联网文化中大型分
散式新平台上的数据分
享,并为脸书、谷歌等
的企业的隐私侵犯而辩
护。我在这里用"公共
性"一词,是指创造(和
设计)可称作"公共领
域"的新表现形式的集
体潜能。按照贾维斯所
说,公共性和隐私性一
样需要发起者。问题在
于,如何在新自由主义
国家已经从对公共保护
和规章中退出、转向金
融-法律监管后,发展
起来共同所有权?

9 译注: 2013 年抗议运
动的主要场所之一。

射识别等技术架构开始产生它们自己的"公共
性"(publicness)[8] 意识之时,这时人们开始
表露对设计新公共空间或占领已有公共空间的
需要。因此,移动性数字空间的设计和运营要
到社会技术变革的最后阶段才会发生。历史上
一个有趣的巧合是,正当"智能城市"相关的
公关政策出台的时候,我们也看到从开罗、马
德里到加济公园[9] 和独立广场的一系列"广场运
动"在市民(之前被看作用户)的推动下展开。
我将在第 12 章更深入地讨论广场运动的问题。

概念的作用

要在技术政治领域有所作为,需要了解不
满、创造力、颠覆和欲望之间的相互作用。投
机资本控制下的创业公司大概是传播最广的机
构模式,但还有许多其他类型的机构,有的更
偏文化性,或具有政治亚文化性,有的由国家
和学术研究主导。酝酿的过程也很重要——主
意是源自哪的? 含糊的观念如何转化成可操作
的概念? 概念是怎么被当作"很酷"的观念接
受,并转化为可执行的实体? 研究迷因的艺术
家和学者宣称要探讨这个领域,但自从 1976 年
《自私的基因》(The Selfish Gene)问世,理查
德・道金斯(Richard Dawkins)提出的物种自发
演化机制的概念"流行"(catches on)起来之后,
这个概念一直没有多少严肃的追随者。1996 年
奥地利电子艺术节(Ars Electronica)上关于移
动概念话题的"迷因"(Memesis)网络辩论也
没能让人们更多地使用这个概念。或许在 4chan
聊天版面以外的其他地方,"迷因"总会被化

简为民间网络文化中次要的片段，它们每时每刻都不断产生，在网上传播并迅速消亡。[10] 要想解决观念如何在网上传播的问题，只靠"文化基因"的生物模型是不够的，还需要对大众理解力、网络压力和意见分享做出更复杂的社会解释。[11]

概念的规模是可变的——它既是基本、容易理解的，也是抽象和一般的，能把复杂的问题涵盖在内。从我自己的理论实践中产生的概念包括"战术性媒体"（tactical media）、"数据花花公子主义"（datadandysim）、"网络批判"和"组织化网络"。还有一些概念至今一直影响着网络技术世界，如"开放""免费""去中心化"和"分散式"。最近，政治和设计领域的一个关键概念，是温哥华设计杂志《广告克星》（Adbusters）提出的"占领"，它最初是关于华尔街的，之后扩展为普遍概念，把这种紧急政策与一切关联起来（从"占领华尔街"到"占领经济／教育／博物馆／一切"）。[12] 和其他那些最终转化为名称、品牌的"好概念"一样，"占领"一词本身是不需解释的。回到数字移动性的问题上来："都市化技术"这类概念对于理解我们的"移动情结"有什么帮助？我们又期望这些概念发挥什么作用？它们是否该激发起想象力，推进代码的发展？它们应当成为革新性商业计划的基础，还是成为新的组织结构的基石？

对图绘（Mapping）的批判

面对数字移动性（空间）信息的激增，精

10 理查德·道金斯，《自私的基因》，牛津，Oxford University Press，1996 年，以及基尔特·洛文克，《迷因网络讨论》（The Memesis Network Discussion），出自 1996 电子艺术节，《Memesis，演化的未来》（The Memesis, The Future of Evolution），维也纳／纽约，Spinger，1996 年，第 28—39 页。有关迷因的最新讨论见：里摩尔·希夫曼（Limor Shifman），《数字文化中的迷因》（Memes in Digital Culture），马萨诸塞州，剑桥，MIT Press，2013 年。

11 其中我最喜欢的一个例子是伊丽莎白·诺尔-诺依曼（Elizabeth Noelle Neumann）的"沉默的螺旋"媒介理论，在她 1984 年的书《沉默的螺旋：舆论理论——我们的社交皮肤》（The Spiral of Silence: A Theory of Public Opinion—Our Social Skin）中提出，最近克里斯蒂·巴拉卡特（Christie Barakat）又在 SocialTimes 上再次谈到它。按照这一理论，"当人们感到他们的意见占少数，会倾向于保持沉默。这一模型有三个前提：①人们有一种'半统计学的器官'（quasi-statistical organ），因此不用搞投票调查就能知道主流舆论是什么；②人们对孤立怀有恐惧，而且知道哪些行为使他们更有可能被孤立；③人们不愿意表达他们的少数派意见，主要因为害怕被孤立。一个人越是觉得他/她的意见与主流舆论相似，越愿意公开表达它。随着感到公共舆论和个人观点的差距越来越大，人就愈发不愿表达观点。见克里斯蒂·巴拉卡特，《为什么Quora 不扩大规模》(Why quora won't scale)，《社会现代》(SocialTimes)，2012 年 9 月 13 日。

12 类似的书还有《迷因战争》(Meme Wars)，纽约，Seven Stories Press，2012 年，作者是《广告克桑》创立者凯尔·拉桑。另一个例子是"重新思考"——重新思考一切。

13 最初几份探讨地图与网络的批判性出版物的其中一个，是彼得·霍尔 (Peter Hall) 和珍妮特·阿布拉汉姆 (Janet Abrahams) 的《别/处：地图绘制——网络和辖域的新制图学》(ELSE/ WHERE: MAPPING –New Cartographies of Networks and Territories)，明尼苏达，School of Design，2006 年。

通媒体的人最常见的"第一反应"是制作地图并测查这个领域。但如果我们更批判性浏览一遍这种数据可视化，结果往往令人失望。地图能产生知识（或反知识）吗？[13] 我们做的不就只是在内容、软件架构、世界观和美学的层面，展现我们原本就知道的现状吗？为了理解网络化时代的数字移动性，我们还要进一步深入，抛开 1990 年代对"流"的执着（视觉文化的"花架子"），重新回到设计和相关伦理的基本概念。图绘能将运用中的观念视觉化——它通常是由那些新方案替代高速的技术的人做出的。这种方法能克服强有力（这一点容易理解）却不充分的"开放数据"运动的盲点。图绘应该关注潜力，不应被简化为描绘现状的绘图学（cartographies of the status quo）。地图从来不是解决方案，开放数据这一有偏颇的做法也不足以解决问题。我们至少需要质疑目前的数据可视化狂潮的拜物性质。在我看来需要一种新综合图绘的谦虚（new integrated mapping modesty），社会分析要等到最后才能绘出地图，而不是从地图出发。

我们的思考必须从（感觉）经验的领域——即网络化事件的"可感性"（aesthesia）——出发。作为开发者和评论家，我们又如何看待博客贴文潮、博客、推特、脸书或者 Instagram 的更新？能搜索到它们就够了吗？是不是我们自己也切换到"点赞经济"模式了？一起尝试开展"智慧经济"会怎么样？还有可能成为"信息不可知论"者么？有可能不那么依赖推荐规则么？能不能摆脱谷歌的议程（它过分操纵搜索结果的排序到了没有用处的地步），迈向整合式"知识引擎"（integrated "knowledge engines"）？可不可能把批判性的洞察引进信息系统内部？

如果只把网络看作有模式和图表的工具，就无法全面地研究它，需要将其理解为一种产生于网络化生态语境的复杂环境。我们正在从体验、分析和想象的当代文化（它是计算机支撑下的信息社会），转向对（数字移动性所体现的）被此相应的交织缠绕、破碎的技术-社会网络的居住与想象。新媒体需要彻底对它的美学做彻底反思，当代数字传播形式的流行就是其中的一个体现。这种反思需要拆开形式和媒介这一对概念，这两个过时的概念长期以来依然持续形塑着人们对社会的分析。

在《零评论》（*Zero Comments*，2007）一书中，我通过与澳大利亚媒介理论家安娜·芒斯特（Anna Munster）合作的一个项目，总结了"分散式美学"所涵盖的关于图绘和视觉化的讨论。我们的一个前提是，网络视觉要素（在一个它们无所不能且无所不在的时代）已经开始慢慢消失。从单一图像或数据捕获分析网络流这种做法，本身就具有结构性问题，除此以外，我们也发现人们对"中看不中用"的网络可视化越来越不满：它宣称中立，却产生了对所谓"复杂数据集"很有用的再现。我们注意到的这种不满是因为我们自己缺乏"视觉阅读能力"，还是由于无法理解这么大量的数据？给我们自己的数据制作图绘，但这不等于说就要继续这样做。我们不是在某个"老大哥"的作战室里工作——专家提交的各种信息都汇聚在一起，等待着领导（也就是项目团队）更重大的决定给它安排命运。还是说，我们确实在给"老大哥"工作？我们是不是看了太多差劲的科幻电影了？又有谁需要那些总览呢？我们正在寻找怎样的未来知识？这种知识是不是如很多数字人文学科的倡导者所说，藏在大数据堆里面？
理论已经在很大程度上失去了霸权，一场新的
数据实证主义运动正趁着理论暂时的失宠而兴
起，准备以数字的名义填补一切裂隙。此外还
有一个更根本的问题是，我们首先该怎么对待
不可见者的美学（aesthetics of the invisible）？
要想深入理解事物的运作，"使事物变得可见"
并非总是正确的做法。

　　通常，信息可视化都是在不清楚它们需要处
理的问题是什么的情况下进行的。人们主要关注
的是从业者该如何进行视觉化，以及视觉化所产
生的对象的美，而不是为什么这样做。[14] 但我们
该怎么处理这个复杂的问题？网络可视化艺术
需要应对屏幕、算法和人类知觉的边界这几个
限制；我们能阅读、理解的互相关联的要素只
能有这么多。为了理解和欣赏网络地图，我们
首先要熟悉"云思考"（cloud thinking），这种
思维要求我们在链接的各层关系，在虚拟物体
和"更大的图景"之间拉近、拉远。为此，也
需要平衡在云内部的愉悦感和迷失感。

图绘：从 Ushahidi 到 AADHAAR

|

　　我们依然认为，图绘这种做法所涵盖范围
是很广的，我们可以着眼于狭义上的地图制
作——即一种生产出（有限）对象的工作。除
了法国的先驱 Bureau d'Etude（关注阴谋活动，
绘制秘密世界的地图）和合作式、维基百科式
的开放街道地图（Open Steet Map）之外，肯尼
亚的 Ushahidi 也许是在用图绘揭露危机的方面

最有名的当代 NGO。Ushahidi 是一个"非营利性软件公司，开发用于信息收集、视觉化和互动地图的免费开源软件"。如果忽视 Ushahidi 和其他类似的市民社会组织，对作为变量的数字移动性的考察便几乎无法开展，因为 Ushahidi 考察的正是非正式的含混地带。我们很好奇他们的议题能否被进一步推进，或被质疑。

更具体地说，Ushahidi 是：

一个群众外包的信息平台。由公众提交地理定位，发布在地图上。该平台可用于救灾、选举监督及各种需要从其他人那里快速、简洁地了解信息的情况。在实际应用上，Ushahidi 使人能够通过网页、手机应用（推特、脸书）及一些短信应用程序接口（APIs）提交报告。

Ushahidi 的其中一个应用程序是 Crowdmap，它是"一个基于开放应用程序接口的简单地图制作工具，让你能和全世界一起描画你的世界"。Ushahidi 引发的诸多问题之一，是图绘活动本身的伦理：研究能不能依靠局外人的观察展开，或者说观察行为本身就是对分布式行动者的介入？这个问题对于研究非正式的城市倡议和文化尤为重要。

一场类似、但规模更大的讨论也在印度展开了。当时一些正式的民间团体和《经济学人》等媒体，都支持推出国家身份认证系统，该系统也集成了指纹数据（AADHAAR）。一些规模较小的倡议组织和网络活动者则不断警告说，这种自上而下的监视系统是对个体隐私和基本权利的侵犯。AADHAAR 正迅速成为一场全球最大的生物测定（biometric）实验。

这里涉及很多策略问题。比如，是不是只有把全球穷人纳进官方的数值和法律结构，才能建立正式结构以消除贫困？以自下而上的方式将非正式内容正式化的策略，会不会更好？如果说"非正式的"（以往通常被等同为"离线的"）本身就是数字化和连线的了，又意味着什么？非正式参与者，比如贫民窟居民的经验，若要进入人们的视野，要付出什么代价？不用说，Ushahidi一类的项目都并不愿意和局外人讨论这些敏感的策略问题。印度对AADHAAR的抵抗比较直接，这在很大程度上是从西方的个人隐私观念出发的。Ushahidi的官方声明体现出了一种NGO式的"政治正确"，它假设（自我生成的）地图会自动给用户-"受害者"和弱势人群赋权。图绘方面最敏感的问题之一是居住区域的房地产权。这一类例子和表现在数据新闻、开放数据运动和黑客松（hackathons）等更广的范围内依然适用。这个领域的激进参与者该怎么把自己和更"交互被动"（interpassive）、从未进入现实空间的虚假行动主义区分开？Ushahidi是自下而上的，而AADHAAR采用了极端自上而下的模型。尽管两者模型不同，却都对"非正式者"予以关注。数字能够进行绘图，绘图的同时它也在做记录，并成为记录；这份数字文件或许迟早将成为合法的文件。

进一步谈不可见者（the Invisible）之谜

移动性的反面不是不动或惰性，而是加速。在这里，矛盾和辩证法已不再是驱动力，我们应该关注替代方案，关注渠道和速度的变化形式。重点不是要脱离"流"。我们可以试看继续保持下去、不退出登录，而是建立出乎预料的旁支，看看这样会发生什么。从聊天轮盘网站（Chatroulette）上，我们能学到的动员技巧和从匿名者组织（Anonymous）那里学到的一样多：在无缝且同质的连接的世界中，出乎意料、不受欢迎的东西会变得有颠覆性。一直被误解的蓝牙约会（bluedating）技术便是一个例子。[15] 蓝牙交友很有意思，因为它是自愿的。它的核心是亲密性（proximity）本身。参与者不依赖预设他们是"理性的"那种约会算法的随机逻辑："这就是你的最佳拍档。"艺术家和社会行动者还没怎么讨论过在社会和政治方面可能的"近感"（near sensing）（既是个比喻，也是种实践），但它或许能从根本上改变如今原子化的大众体验，使"孤独的人群"猛然转化成别的东西。在城市语境下，亲密性无疑可以用来表达政治意图，正如"无须电信网"（非加密）的无线手机应用 FireChat 在社会运动中发挥的作用。

一次性的密切群体能不能突然出现，作出一些充满有意义的美感的随机行动？21 世纪初的"聪明暴民"（smart mobs）狂热是可爱的，但很难说是自发的。我们都知道，在到处都是满员的火车、拥堵的交通、拥挤的体育场和音乐厅的后民主时代，人们对集体叛乱的渴望非常强烈——人们渴望无意义美感的随意行为。我们注意到，这股能量有两种流向：破坏性的愤怒，或者集体性创造。在这种情况下我们能把不满组织起来吗？该怎么和"可爱的陌生人"连线？社交既然是基于"做好友"（befriending）的，那该怎么走出社交媒体这一众所周知的回

15 维基百科的定义为："无线约会（Wireless dating），Widating 或 Bluedating，是一种使用手机和蓝牙技术的约会形式。和其他在线约会服务一样，订阅者输入自己的和理想伴侣的详细信息。当一个人的手机靠近另一个人（半径约 10 米），手机会交换两人的详细信息。如果匹配，两个人都将收到提示，可以立刻用蓝牙找到对方。也可以设置为，仅当两个用户有共同好友时才提示。"

音室，在组织上扩展规模？

在未来几年内，加快在脸书和推特等集中的公司平台以外的社交速度（既包括在线，也包括离线），将成为主要的技术挑战。在这种情况下，我们必须理解短信息——短信、聊天、推文、状态更新、短网址、手机图片——吸引人的一面。不能只按照范式把它们只当作"内容"（或者"噪声"），而是像勃洛尼斯拉夫·马林诺夫斯基（Bronisław Malinowski）曾描述的，言语行为（speech act）的功能是执行社交任务，而不是传递信息。

许多艺术家已经提到，在移动性增强的时代下，位置和地理具有不断变化的特点，主体不再固定在某地。随着移民或工作条件的更新，暂时的存在建构着转化着人们经过或临时占据的空间。人类的轨迹以及符号、商品和视觉信息的流通，形成了特殊的文化、社会和虚拟景观，它们物质性地铭刻在地域中。

从直接的地理意义上说，"批判移动性"（critical mobility）艺术家和理论家——如厄休拉·比曼（Ursula Biemann）、布莱恩·霍姆斯和安娜·芒斯特等许多人，提到了不断变化的世界秩序下，人类经济的运作逻辑。在他们的作品中我们看到了印度女性化的电信服务产业、横渡地中海的非法难民船，还有西班牙-摩洛哥边境上的走私线路。在另一个层面上，地理也充当着他们工作的思想模型，帮助他们对社会转型进行复杂的空间性反思，同时思考边界、连通性和越界等概念的变化。

"（不可）移动性：探索超移动性（Hypermobility）的边界"

16《（不可）移动性：探索超移动性的边界》（Im）mobility, exploring the limits of hypermobility），《开放杂志》（Open Magazine），21（2011），鹿特丹，NAi Publishers / SKOR。

这个小标题取自荷兰双语刊物《开放杂志》，由媒介理论学者埃里克·克伦滕伯格（Eric Kluitenberg）编订。[16] 这本书的背景是 2010 年克伦滕伯格组织的"电子烟雾"（ElectroSmog）节——它的目标是让所有的发言人、主持人都待在家里，用 Skype、电话或者聊天软件发言，不长途跋涉地去参会还能得到奖金。《开放杂志》整理了一系列有趣的批判移动性讨论：设计在生态和可持续性方面的作用（约翰·萨卡拉［John Thackara］），保罗·维希留（Paul Virilio）关于"极惰性"（polar inertia）的理论（我们移动得越快，就越静止），大卫·哈维关于"资本积累的特殊效果"的讨论，就边境政策与难民和移民的关系谈移动性（弗洛里安·施内德［Florian Schneider］）。

"移动性"这个概念的各种用法最终在"超移动性"（hyper-mobility）一词中汇合了。社会中的一切主体、对象、过程和程序都能够且将要开始移动。没有什么能在现有的位置上保持不变。稳定性是熵——在"加速主义"迷因诞生的数年前，这一洞见就使克伦滕伯格总结出，我们对自由移动的无限渴望（它与极端的发展同步展开），也许会被强化到"全球的致命停顿"的地步。通信量的实际增长，与屏幕前固定不动的身体，概括了目前陷入矛盾的知识生产的困境。这也表明关于批判理论（和实践）还能做出和说出什么，我们还需要其他的看法。从观众的角度说，在线和现实中的"电子烟雾"

节都不算很成功。或许这个活动太概念化了，缺乏焦点，也或许它和其他很多活动一样发生得太早了，早了好几年甚至几十年。我们很晚才意识到电脑，尤其是数据中心要消耗多少电力。好笑的是，电子烟雾活动的网页档案在活动结束之后反而显得重要了。我们在其他地方确实也注意到，随着光纤速度和总带宽的提升，公共讨论中用 Skype 发言的人越来越多。不过可见，公共地使用谷歌环聊（Google Hangout）等（实时）视频工具依然不多见。

定位式媒体（Locative Media）和
频射识别协议的深度政治学

艺术家、活动家和程序员会使用"定位式媒体"和各种技术、设备（从智能手机的地理标签到物联网，即射频识别芯片的内部架构），创造性地介入未来的技术政治。人们的关注点向来主要集中在移动物体（travelling objects）产生数据的数字"痕迹"的政治问题。加拿大学者和媒介艺术家马克·图特斯（Marc Tuters）讲述了如何超出单纯的可能性，向追踪技术的艺术应用（或误用）迈进。[17] 定位式媒体一开始被定义为基于 GPS 系统、按照或直白或隐晦的情境主义议程，欢快地重新想象城市的项目。随后，这类项目又吸纳了 Wi-Fi 和智能手机应用的功能。图特斯像这样直白地理解可追踪性（traceability）：如果商品能讲述它们背后的劳动条件，会发生什么？图特斯想把克莱·舍基等人倡导的"协同消费"（collaborative consumption）运动议程激进化。他参与并在理论上反思过的许多新媒体艺术项目，无须也是媒介研究"空间"转向的一部分——在这种转向中，城市环境正在成为"电子化意识"（electronically aware），不再只是影视和电子游戏产业里原始、怀旧、破败的后工业背景。

　　与"定位式"媒体和艺术家们颇具实验性的开放、半颠覆性议程相反，频射识别从一开始就有种负面的"老大哥"形象。要想把用专有代码和封闭的硬件传递秘密未知消息的小芯片激进化，确实需要些想象力。关于频射识别的讨论很强调布鲁诺·拉图尔（Bruno Latour）所说的非人类"客体"的维度，以考察在复杂供应链软件指导下的货物自动流。这一领域最有见识的研究者和社会活动者，是来自比利时根特的罗博·凡·克拉嫩伯格（Rob van Kranenburg），2008 年我们的网络文化研究所发表过他关于物联网（IoT）的报告。之后，凡·克拉嫩伯格关于欧洲官僚的工业政策和标准的研究又有了一些进展，其中一项成果是物联网委员会（IoT Council），这是"一个智囊团、顾问、加速器和预测组"。这个物联网先驱称自己是"对互联网持不同观点和意见的专家组成的松散小组"。作为一个介乎网络和智囊团之间的虚拟实体，它也可以说是组织化网络的典型例子。这些专家、官僚、政客和"修补匠"结成的不断变化的联盟所做的大多工作都是"协议性的"（protocological，正如亚历山大·盖洛威在他的《协议》［Protocol］一书中描述的[18]）。这种关注最终必须指向开放硬件和开源产品的开发，这是社会行动者和程序员们的真正愿望和动力所在。

18 亚历山大·R. 盖洛威，《协议》，马萨诸塞州，剑桥，MIT Press，2004 年。

物联网（频射识别的通称）正成为一个更普遍趋势的一部分——即彻底整合物质和虚拟维度（想想3D打印机，或者《丁丁历险记》一类的好莱坞电影）。手机黑客和社会行动者正艰难地从这里吸取教训——要想解决移动和智能手机的政治问题，你不能只谈（并实践）开放标准（open standards），还必须在硬件层面上应用它。被"允许"开发一个必须先由苹果（iphone或ipad）、微软（Windows Phone）或谷歌（安卓）认可的"应用软件"是不够的。这三个公司的规则都有很强的限制性。第一个自由软件/开源手机还有待被发明。这第一部自由/开放的手机会有加密层吗？如果Bricolabw网络内部的修修补补能更进一步，与供公民使用的开源无人机（open source drones）相结合，又会发生什么？

我们可以注意到对物联网的两种主要看法。第一种是观念和知识的反应式（reactive）框架，它将物联网看作现有基础设施和事物之上的数字连接层（digital connectivity），于是也就把物联网设想为汇聚了共同发展的基础设施、服务、应用和管理工具的可管理集合。正如在从巨大的IBM主机到基于个人电脑的互联网的转型过程中，一些产业会失败、新的产业会产生。整个过程都将在现有管理、货币和商业模式内部发生。和涉及管理的其他例子一样，这种"反应式"模式也是按照信息社会世界峰会和网址分配机构（ICANN）的"多权益者"（multi-stakeholder）方式运作的，参与者有三方：①公民和终端用户；②工业和中小型企业；③管理的法律层面。

第二种理解框架是观念和可能模型积极主

动（proactive）的结合，它把物联网看作相当混乱的聚合物，只有用新工具才能管理好它。这种理解希望改变从供应链开始的对数据和噪声的操作性定义，以便能用社交网络共享能源等关键（mission-critical）服务。按照这种看法，物联网的数据流将产生一种由上述三组参与者的性质共同构成的新实体。这样，就不会再有满心挂念"隐私"安全的"用户"了，因为隐私概念本身也是通过新的产业工具分配的。直白地说，在这个新的概念空间中，以上三个群体"反应性"的权益关系被有意混在了一起。隐私、安全、资产、风险和威胁的概念最终汇合成了一种主要基于强制关系性行为（compulsory relational behaviour）的主导"伦理"模式。当隐私与安全密不可分，隐私又是怎样的？

物联网将有助于关键服务的共享，借助开放的硬件传感器将巨大的数据集分享给个人和团体，它也会打破供应链层面的"物件"概念。新的物件将成为我们无法预料的动力关系的一部分，不过我们还是可以区分出几个层次：近身区域网络（Body Area Networks，包括眼镜和助听器）；局域网（Local Area Networks，如使用"智能仪表"［smart meter］的数字家庭；多合一物联网网关，如数据收集端）[19]；广域网（Wide Area Networks，如汽车）；超广域网（Very Wide Area Networks，如智能城市）。[20] 能无缝接入这些网关的人将统治网络，新的法律和移动性将轻松地融入关于"服务"的说辞。"母体"（The Matrix）仍将稳定地存在下去，但它能为我们提供什么却还有待决定和设计，这个选择已经逐渐变得清晰。它要么由 CISCO、IBM 和微软这种传统的封闭社区规定，要么由一同制

19 比如可见 Herma 倡议。

20 我有意把这一章的讨论写得比较思辨，没有包含对智能城市话语的详细解读和它具体的研究内容。如需要参考，可见如阿姆斯特丹的"未来社交型城市"（Social Cities of Tomorrow）大会——2012 年 2 月 14—16 日，由移动城市（The Mobile City）先驱组织。还有马丁·德·瓦尔（Martijn de Waal）的著作，他在这一研究领域中十分重要。

21 西蒙·雷诺兹，《复古狂潮》（*Retromania*），伦敦，Faber and Faber，2012 年。

订了协议的开源软件、开放硬件和开放数据先驱的分散式联合（distributed coalition）规定。1990 年代人对于实现这两种力量的"管制"联合（governance coalition）的梦想依然存在，但它和我们可能的（肮脏的）现实很不一样。

要想讨论数字领域的媒介美学，仅指出技术的可能性（与危险）还不够。我们要知道，本地化的总趋势将一直盛行；尤其是台式电脑正在消失、硬件在缩水，而在 Wi-Fi 和脸书、推特等围墙花园背后不可见的网络变得愈加重要。我们的任务不只是探索并参与实验的流变，还得做出明确的选择。只把批判限制在界面的层面也不够，因为媒介美学涵盖了网络化生态的整个领域。麻烦之处在于，如今的技术正变得具体、可穿戴、亲密，同时也变得抽象和不可见。想在图像层面扭转现状没有意义，这种做法只会在解读和判断中（空想地）扭曲现实。网络化美学的散布是有原因的，我们要把各种威胁完好保存下来，因为它们确实存在。这种复杂的技术唯物主义政治，与把问题简化到某种本体论本质的做法截然不同。

空间还是提供身份认同的首要要素吗？关于这个话题已经有很多讨论了，但有些问题依然重要，怀旧的模式还占主导地位。本地化的复古潮流很类似流行文化中的回溯性（西蒙·雷诺兹［Simon Reynolds］*21* 准确解释过它），我们是否应该对此心存适当的警惕？跨媒体和具现化、新唯物主义等焦点问题，是不是也体现了类似的复古倾向，即想要回归网络理论的"根"？这个问题从一开始就和空间 - 媒介 - 事件三者的辩证三角关系紧密，到了 1980 年代，这种政治立场在占屋、另类媒体和暴动中体现了出来。如今，中产阶级化的趋势使（房地产）空间更加昂贵，媒介（尤其是数据存储）的价格却在下降。廉价数字技术的兴起使之前的斗争变得碎片化，活跃的媒体实践和分析也远远超越了当初对集中化新闻和广播媒体的意识形态批判。但事件（the Event）发生的复杂条件依然神秘不清。

在"前西方"（Former-West）的现有环境下，城市空间已被资本殖民化。这场争夺还在持续，但展开的方式与三四十年前的后工业时代有所不同——那时中产阶级家庭、工厂和办公室统统向城市外转移。如今，空的办公空间和破败的第二次世界大战后郊区取代了工厂和阁楼，成为新的"前线"。但我们要小心，不能只一味关注空间的政治，从而对"现实"得出错误的概念——即使这种做法很有吸引力。

大卫·哈维说道：

新技术是一把双刃剑。一方面，它们可以作为"大规模干扰"（mass distraction）武器发挥作用，使人相信政治只在某个虚拟世界才可能。而另一方面，新技术也能鼓舞和协调街头、邻里和整个城市的政治行动。正如我们在开罗、伊斯坦布尔、雅典和圣保罗等地观察到的，什么都不能取代上街参与政治行动，当新技术与活跃的街头政治结合，便可成为一种巨大的资源。

但正如埃里克·克伦滕伯格所证明的，无论是否包含直接的亲身参与，今天的社会运动本身已经是杂交的了。[22] 真实-虚拟的对立已经过时，索菲亚、特拉维夫和纽约的街头广场上所谓的"真实"经验也已被高度媒介化，事件展开的同时就已在全球掀起了实时讨论。与其将

22 埃里克·克伦滕伯格，《战术性媒体的传奇，占领运动的战术：从汤普金斯广场到塔里尔》（*Legacies of Tactical Media, The Tactics of Occupation: From Tompkins Square to Tahrir*），阿姆斯特丹，网络文化研究所，2011年。

真实和虚拟对立，我们需要找到一个词来表达位置、网络和事件的实时混合。

　　斗争的一个关键方面，将（始终）是对空间的（暂时）占领。说如今的斗争已经转移到赛博空间是没有意义的，物质资源依然至关重要。虚拟本身也是物质性的。但（占领的）空间该如何与它们所处的更广的背景沟通？问题在于，物质领域已经被信号和数据深深淹没了。我们并不是漂浮在某个抽象的形而上学平行世界中，相反，形而上学正侵入我们的身体和系统最细微的血管里。为了与之对抗，我们需要使在背景中、在我们身后和我们眼底下默默运转的东西"变得可见"。

11 扩展与更新：一些网络批评的片段

MyResources："权力是不可见的，直到你触怒它。"（GFK）——不太可能的未来：在新兴文化中心（Centre for Emerging Cultures）工作——他们只读影响力低的杂志——"生活在一个没有名字的国家。"（埃利亚斯·卡内蒂［Elias Canetti］）——"我们发行由下一代人支付的债券，用来还上一代人的债。"（劳伦斯·J. 彼得［Lawrence J. Peter］）——大数据就像毒品收益，应当被看作肮脏的数据。——iPlasticity 与单张自拍：我不像你。——"进步意味着坏事发生得更快。"（邮件签名档）——"很快，军事委员会接管了脸书，全面掌控了所有的资料。"——"让互联网地方化（provincialising）"（巴特布兰肯堡的会议）——"名字就像一场使人惊呆的打击，你永远无法从中恢复。"（马歇尔·麦克卢汉）——心灵塑造大亨们填满了我的脑子——去除对世界的测量——一个世纪后，抽象又成了丑闻——"冒险的傻瓜＋好意＋资金＋技术技能＝致命"（叶夫根尼·莫罗佐夫）——"过去，一个能在世界破产中幸存的强壮主体或许是种激进的主体立场；但今天最激进的姿态是保留权力的充分性。"（亚历克斯·盖洛威）——"让我们在混乱的狂欢中，停下来赞美那些被打断的事物。美国城市的街道上飘着书店和唱片店的鬼魂，它们被文化产业史上最伟大的恶棍摧毁了。"（里昂·维瑟提尔［Leon Wieseltier］）

对链接的回顾性批判

|

"我不对你的网页负责。"我可以花好几天的时间想这句话，每当我读到"不对此链接作出任何担保"（endorsement）的声明，就会想起这句话来。链接的确是担保，它确认了另一份文件的存在。在此，主权式策略（sovereign strategy）是一种不可量化的否定行动：对链接的否认。但强权就是这样运作的：我清楚这些数据的存在，但是我不会公开它和我的关系。链接使事物成为同谋。我们不能责备说是机器创建了链接（它们没有），我们才是犯了错自食恶果的人。在自动生成的超文本（autopoietic hypertexts）的黄金时代，超链接被定义为"文档中对一条外来信息的引用"（维基百科），这个定义中缺少的是行动者（agency）的要素。早在 1980 年代，链接在人看来既是一种有礼貌的图书馆科技，又是嬉皮式的声明，是一种拓宽心灵、打开感知之门、进入新世界的邀请。链接是探索未知领域的远征的一部分：我们想知道，再告诉我们一些吧，请解释一下。那时知识还没有被看作工具，而是一种艺术活动，在最理想的情况下，就像一种奇妙的缘分，我们偶然地发现知识。人们并不认为从主文本中跳出是一种逃避——为什么要把链接贬低为离

开派对（leave the party），退出？不会的，网上冲浪本身就是一场派对！然而，现在每个网站和服务的目的都是让你待在原处。用户面临的主要问题并不是浏览本身，而是多个应用程序之间的多任务处理，是要彻底离开浏览器和应用程序。

网络上没有所谓"无辜"的链接。美国大法官理查德·波斯纳（Richard Posner）曾建议，在未经版权所有者同意的情况下，禁止链接报纸文章或其他有版权的材料。按照波斯纳的说法，在网上链接报纸文章之前我们必须先获得允许：

我们也许有必要扩展版权法，在未经版权所有者同意的情况下，禁止在线发布版权材料，或禁止链接、转述版权材料。只有这样才能防止在线杂志赞助的内容被人搭便车，以免打击昂贵的新闻采集活动的动机。否则到那时，路透社（Reuters）、美联社（Associated Press）一类的新闻服务商就会成为唯一专业、非政府的新闻和意见来源。

硅谷新闻网站 TechCrunch 回应道：

波斯纳断言说，博客等网站只会从报纸上摘引内容，而不承担新闻采集的费用。这一笼统的断言当然不对。包括 TechCrunch 在内越来越多的博客都自己采集新闻，自己出钱请记者报道活动。但即使我们把讨论范围限制在那些只复制粘贴的网站，波斯纳关于"搭便车"的说法还是不太成立，只要你会回馈一些价值，就不算是搭便车。链接本身就是有价值的……按照波斯纳大法官的看法，那些报纸网站都是从哪里吸引到读者的？大多都是通过链接，而不

1 见卡洛琳·格利泽（Carolin Gerlitz）与安娜·赫尔蒙德，《点赞经济学：社交按钮与数据密集型网络》The like economy: social buttons and the data-intensive web），《新媒体与社会》（New Media & Society），15.8（2013），第 1348 页，以及 Daily Dot 关于虚假点赞频繁发生的报道。

是直接浏览。移除链接反而会使许多报纸损失大部分在线读者。

在这里我们会看到"免费"意识形态正发挥全力。

另一个例子出自美国国家航空航天局（NASA）的网站，它冷冰冰、有技术性，也正中要害：

> DASHlink 可以链接到由其他公共/私人组织创建并维护的网站，这些链接是由社区成员或者美国航天局 DASHlink 团队提供的。但出现链接不表示我们或美国航天局为这些网站担保。一旦用户点击外来链接，他们就离开了 DASHlink，要遵守外部网站所有者或赞助商的隐私和安全政策。美国航天局和 DASHlink 不对外部网站的信息采集活动负责。

互联网的游戏已开展了数十年，链接依然存在，但正如许多人指出的，它正在被"点赞"取代。[1] 链接过于含糊，不足以表达肯定的担保。而点赞是一体化推荐系统的一部分，在这个系统中，微小的评价先是被识别，再被收集起来，之后又被货币化，这一切都发生在用户的视野之外。链接是个乏味的技术程序（复制粘贴，转到另一个窗口，看看能不能打开，它看起来怎么样），而点赞只要几毫秒就能完成，属于赛博潜意识的范围。我们还会点击链接，但是一般客户已经不用再把链接放在他们的社交媒体上了——一切都自动为他们做好了。如果你的手机没有自动上传的话，你可能偶尔也会手动上传一张照片，但也就仅此而已。为了应对这种状况，谷歌搜索算法继续发展，它已不再只依靠链接流行度的自动排名。随着链接的缓慢消亡，未来人们将会看清搜索引擎一直以来的真实面貌：它是腐败、"太人性"的"数据库"，激起了人们对广告和筛选政策之前的"纯"机器逻辑时代的怀旧浪潮。[2]

互联网不是档案

一旦互联网开始作为公共记忆设备运作，它便随时会令人失望。[3] 它发挥着沃尔夫冈·恩斯特（Wolfgang Ernst）所谓的"临时存储"功能。[4] 尽管有很多流行神话、学术参考和新闻推测，但没有证据表明应当把计算机网络看作档案。国家和企业的利益使"网络之网"（network of networks）太过动荡和不稳定，不利于文物的长期保存。一旦账单无法偿还，系统管理员就会离职，退休或去世，操作系统版本不再升级，公司破产，电信政策也会改变。然后硬盘崩溃、无法访问，连接中断甚至直接被切断，一整套服务器被遗忘、断线，然后被当作废品变卖和回收，域名过期、不再更新。互联网这种不停变化的活力与"档案"隐含的停滞状态背道而驰。

如果说相对于互联网的技术现实，"档案"的概念太过正式和形式化，或许可以把互联网看作是关于当下的临时伪档案——一种提供"档案替代活动"的元"无政府档案"（anarchive）（西格弗里德·齐林斯基）？[5] 这种市场无政府主义的起源和特征都有军事性，但充满了不完整的索引、未完成的数字化项目中失效或损坏的链接，以及被人遗忘的数据库中过时的信息。简而言之，它是种开放的"收藏的收藏"（collection

2 2015 年 7 月 7 日，B2C 网站报道说："基于链接的主页或许会成为过去，被一种集中的、由谷歌引导的协议 - 人工智能算法取代，这种被输入进公司（愈加）庞大的知识库的协议 - 人工智能算法，在给网页排名时首先考虑的是相关性和事实信息，而不是链接的数量和质量。"作者克里斯·霍尔顿（Chris Holton）称之为"从链接到思想"，但他不确定这是不是个好的开始。

3 感谢亨利·华威对这一节的片段所做的编辑工作，以及他源源不断的观点。这篇文章的初稿首次发表于彼得·皮勒（Peter Piller），《档案材料》（Archive Materials），科隆，Verlag der Buchhandlung Walther König，2014 年，第 87–91 页（另外的德语版）。

4 沃尔夫冈·恩斯特，《通过网络数据库展开的大量数据检索的立即性，与当代文化有意接受的使用期限不断最大化的竞争》（The immediateness of the retrieval of immense volumes of data through online databases contends with an increasingly maximum usability period, which contemporary culture knowingly accepts），见克劳迪亚·贾奈提（Claudia Giannetti），《无政府档案》（AnArchive(s)），奥尔登堡，Edith-Russ-Haus für Medienkunst，2014 年，第 176 页。

of collections），是被遗忘的组合或"野生考古
学"（wild archaeologies）（克努特·埃贝林［Knut
Ebeling］），由"多样性逻辑和多样化的财富"
驱动，并受到固定设计的限制。齐林斯基对比
了"从（关于设备的）全体视角出发收集、选
择并保存下来"的机构档案，与"自给自足、
反抗的、容易消失的自主无政府档案"，但这
一做法也许是错的。之前由反对另类亚文化的
国有机构和大公司组成的互补阵营——这种情
况在1960年代达到顶峰——已经被大数据范式
取代。大数据范式是无辜的IT垄断公司和同样
庞大的安全机构的联盟，无知的用户很乐意服
从它们并与之合作。

计算机被设计出来是为了一件很具体的事:
数字运算。它们从开机就要开始运算。到目前
为止还没有所谓"闲着"的电脑，只有关掉电
源它才能休息、安静下来。计算机缺乏保持消
极的原始能力，它是疯狂的机器。但相对于这
种构想和用途，1960年代互联网刚刚推出时，
扩大的用户群则把计算机理解为活跃的电子交
换媒介，彼此连通的交流机器（为连接而连接），
不论是否有人（也就是用户）在场管理。无论
是通过数据流还是固定文件的传输，网络中的
通信总是在节点之间展开。互联网由无尽的服
务器环路构成，这些服务器彼此联系，拷贝这个，
存储那个，永不停息。

互联网出现50年后，只有网络管理员理解
了它"活力论"的一面。内嵌、往返的一般知
识已经逐渐被推入背景中。如今多少普通用户
还在用telnet、ping和traceroute这类Unix命令?
只有机器本身，或者系统管理员这些专业用户
才会用。互联网的技术活力论是阻碍我们把互

联网视作或用作档案的主要障碍之一。如果能让设备"休眠"，需要恢复连接时再远程唤醒设备而不用再担心版本的问题就好了……。对早先版本的兼容性不足或损坏是计算机时代的瘟疫，未来的人会因此嘲笑我们的。这不只是用户界面或计算机语言问题，这些都可以慢慢学。问题在于大量不兼容和废弃的数据格式、文件扩展名和网络协议混杂在一起，使一切可能出现的档案变得无法访问、无法实现的。

抛开网络，服务器不过是数字数据的集合，它只是存储设备。我们知道，计算机的存储能力正呈指数状持续增长，每个字节的成本也正快速度下降。我们这里需要解决的问题，是计算机终端（智能手机、平板电脑、笔记本电脑等）静态的世界观，它还需要人获准访问其他的数据库，才能传输请求的文件。但档案通常不是这样运作的。按照传统，档案（直到现在依然）是受保护的，不能即时读取。官僚的、通常也是经济性的惯例，对谁能访问那些数据做出了规定和禁止，甚至公共记录也是如此。能即时访问一切数据的这种很酷的理性设想，是个没有摩擦的乌托邦，它能完全理解并整合人们对存储一切信息，使信息普遍可用的需要，是一种自动化的理性。

档案一方面强调它在长期延续（longue durée）方面的价值，另一方面又要保护它免受当下的破坏。这是一场对抗时间的阴谋。数字化使"时间胶囊"程序变得过时，并把这项工作转变为对数字材料没完没了的"新中世纪"（neo-medieval）式拷贝（和升级）仪式，一种从底本（substrate）到底本、从一种格式到另一种的不停翻译。这是为了防止黑客删除资料，预防硬件的故障，防止文件随着格式和标准的过时而无法读取。

不用说，过去，类似的纸质档案也不能永远存在。一切物体无论是数字还是非数字的，都将消散于熵之中。因此，档案的主要关注点和目的是保护已有的材料，直到世界做好处理它的准备。有时这需要几个月或几年，有时则需要等一个世纪甚至更长。

因此，档案的未来依然需要是离线的，网上资料是个例外。数字化和"公开取用"（open access）是公民民主化运动的要求，也是（西方）网络社会特有的文化程序。新自由主义的晚期资本主义社会就是这样再生产其合法性的。即便是未来的计算机硬件、软件和连接性三者的结合也太过脆弱和不稳定，无法长久保持原状。完全依赖持续电流供应的计算机网络相当不可靠，这也解释了为什么很多数字公司都设在持续的电力供应单位附近，比如谷歌设在水电大坝附近，IBM则在地热发电站附近。

只有靠数以百万计的用户、工作人员和志愿者维持着计算机网络生存所需的关键要素和系统，全天候地关照着它，它才能蓬勃发展。这才是技术活力真正的理性内核。互联网不能被藏起来，等几十年或几个世纪后再重新访问它。它只能作为一个动态实体存在，其持续运作依赖着许多训练有素的参与者的持续投入：服务器软件程序员、网络管理员和分析师、系统管理员、本地和全球电信及光纤公司（还有他们的股东）、卫星程序，以及国家监管和全球管理组织：互联网地址分配局（IANA）、互联网名称与数字地址分配机构（ICANN）和互联网工程任务部（IETF）。

在目前微妙的互联网生态中，快速增长的大型数据中心处于一个特殊位置。乍看之下，数据中心的偏远位置和未来主义的技术面貌，似乎表明这些数据存储地点将一直存在下去——甚至可以说它们就是我们所找寻的互联网档案。但没有什么比这错得更离谱了。地缘政治、电价、土地和房地产成本（也不要忘记电子设备的快速老化）突然而简单的变化，以及可租赁的机房空间的利润率调整，都可能使这些设施在一夜间关闭。服务可能被国家政策禁止，主机公司可能破产，民众对网络上各种应用程序和内容的品味也可能突然转变。

所有档案都需要分类整理，因此，严格来说不存在大数据档案。未分类的原始数据集可以并且将被存储下来，供下一代人研究，但上千个存有大数据的服务器是否有任何文化价值，依然是个问题，更别说会不会有人去看它们了。只要时间充足，所有垃圾都能变成金子，但大数据也是这样吗？在疯狂科学家和美国企业贵族雷·库兹韦尔（Ray Kurzweil）的带领下，谷歌的"人工智能 I"项目正在将编辑整理好、检查过的材料数字化并存储起来。这个过程是由谷歌的寄生咒语指导的："让别人先做那些我们不愿意付钱的工作。你写这本书，我们扫描它，然后在旁边加上我们的广告。"你希望给 AI 提供，让它继承的是浓缩且价值高的信息。[6] 这种精英主义的思路假定，大数据必须经过（人类的）大量过滤和解释，否则可能会"污染"AI。收集和处理大数据的辛苦工作是由简单的机器完成的。其他想把互联网做成档案的英雄之

6 正如 BBC 2013 年的纪录片《谷歌与世界大脑》（*Google and the World Brain*）中清楚解释的。

举通常也是如此。布鲁斯特·卡利（Brewster Kahle）的网络档案中最好的部分是那些被整理过的区块。互联网档案网站时光机（Wayback Machine）的随机部分也有技术缺陷，比如插件过时和页面丢失。人类完全可以放心，谷歌是无法将脸书等的社交媒体服务存档的，因为这样做的话，他们的人工智能很快就会被大量垃圾数据吞没，失去价值。

搜索引擎领域内也有一个类似的问题。在某个点上，再添加额外的信息会将数据集转化为熵态。人不能把搜索查询无限地提炼下去，显示最新信息也不能解决问题。这也许是深网（deep web）仍然隐蔽，我们只能满足于"仅"访问 30% 的网络的原因。由移动应用程序远程控制的普通家用电器所生成的数据必须是完全可搜索的吗？一个普通搜索词会返回数百万个结果的现象已经不再困扰我们。我们已习惯数据和它所需资源的恶性增长，也满足于这种状况。或许这种现象是我们应当介意的。

在《线下图书馆的激进策略》（*Radical Tactics of the Offline Library*）一书中，亨利·华威（Henry Warwick）反思了个人移动图书馆（personal portable libraries）的兴起。由于客户数据存贮设备价格大幅降低，现在我们只要用一个 30 欧元的 U 盘就可以存储 10 000 本书，或者用 120 欧元的硬盘存储 800 部电影，整个大学图书馆都可以装进 3TB 的硬盘里。但严厉的版权保护制度——它是被事先设计好，用来抵制数字的无处不在性的——使整个在线世界成了不稳定的陷阱。亨利·华威总结道：

个人移动图书馆反对网络的不稳定性和对安

全状态的入侵，它反转了基于复制知识底本的传统做法，引领我们走向一个超越了有产者体制中反社会式贪婪的未来。拥有并管理个人移动图书馆不只是一种好的研究实践——它也是抵制信息封建主义的激进策略，是破除有产者理论的战略，是一种为了每个人的利益、与每个人分享文化成果的高尚行为。[7]

与"档案"这个被过度理论化的概念相比——这个词直到不久之前都主要是与管理文档的（民族）国家相关联的，"图书馆"这个词也许是个更好的说法。在存储容量（如今是以 TB 为单位衡量的）和取用都不成问题的时代，用户只需要关注社交环境（social setting）就行。很快，与离线 Wi-Fi 网络或网状网络（meshnets）相连的有索引（indexed）的数字图书馆，将成为成员查询信息的社交中心，随之而来，人们会自然而然地通过读书俱乐部、组织网络（orgnets）、聚会、局域网派对、咖啡馆、学生休息室和其他混合论坛相聚。当好几辈子都读不完的媒体、书和信息可以通过廉价的客户技术轻松存储和共享，在我们设计下一代公共图书馆的时候，该如何体现数字图书馆的政治和诗学？

恶搞（Trolling）

恶搞问题很容易被孤立为个别案例。恶搞者是例外的人，编辑、程序员、最终还有法律都要和这个无法制止、离经叛道的他者打交道。为了阻拦烦人的信息，人们设置了过滤器，机器人在网络空间中全天候巡游，删除人们不喜

7 亨利·华威，《线下图书馆的激进策略》，阿姆斯特丹，网络文化研究所，2014 年，第 49 页。

8 罗伯特·休斯,《抱怨的文化》,纽约,Warner Books,第 4 页。

欢的挑衅。一个社会如何对待那些跨越无形界限的人,恰恰体现了那些所谓宽容、开放和自由的说辞的局限性。被看作"逍遥法外"的恶搞可以是一些搞笑的修辞,它能确保高质量的叙述、戏剧化的人际互动(human drama),并益于洞察不同参与者的兴趣和角色。但是如果恶搞从青年文化中扩展出来成为常态,会怎么样?

我们依然活在罗伯特·休斯(Robert Hughes)《抱怨的文化》(Culture of Complaint)的咒语下,同时又梦想着一个与任务相关(task-related)、以社区为中心、以共识为导向的在线现实;这种现实或许从未存在过,也可能永远不会到来。休斯在 1990 年代初描述了一种持续存在状况:一个"沉迷于治疗的政体,满怀对正式政策的不信任,怀疑权威,容易迷信,它的政治语言被虚假的怜悯和委婉说辞腐蚀了"。[8] 休斯在抱怨忏悔式文化的粗俗时,也注意到区分(distinction)的观念早已消失。他把攻击目标对准美国电视节目糟糕的粗鄙性。但休斯式的批评和它在今天的社交媒体混乱中的应用有很大的不同,因为现在的精英对成年人互联网评论文化持无动于衷的态度(监管青少年是另一回事)。文化学者不会介入,也无意拯救这种大众文化。恶搞者好像一匹孤独的狼,他们可以很容易地被识别、隔离、筛选出来,并通过治疗消解掉。没有文化理想,只有愤慨,也没有什么历史性任务能让互联网这个杂乱无章的机器升华。按照旧的控制论式指挥-控制(command-and-control)的做法,计算机网络只负责处理数据。但如今它却通过封锁网站、设置时间限制和应用程序限制、监控聊天室、筛选搜索结果、设置电子邮件提醒、检查音频与网络摄像头等做法，计算着可计量的意识形态（calculates measurable ideology）。恶搞的信念是，它期待法律、技术 - 医学会作出回应。

　　不同于休斯所抨击的政治正确的清教主义，20 年后的民粹主义网络评论文化更加顽皮和刻薄。为捕获话语而设立的架构没有精致到能容纳"差异"的地步。相反，用户被引诱去揭露某个有待激发的隐藏真相，而粗鲁和激进是这种做法的副作用，尽管它们是一种社交媒体设计的直接产物——这种设计强调"新闻"、更新和快速简短的回复，而忽略背景故事和长时间辩论。社会的真相不是由 1 000 块拼图组成的共同努力的产物，而是在单纯（话语）暴力的压力下显露出来的。目前正发挥作用的"理想"是，最努力的用户将能打破环绕着每一种活动、产品和政策的公关泡沫。但评论不只是抱怨。在今天的社交媒体世界中，用户恰恰不是用输入设备发泄愤怒和不满的局外人。真正的辩论和恶搞的区别完全是主观的。亨利·詹金斯和他的支持者们试图强调"用户生成内容"的"积极"一面，但真正的参与已经不复存在了。在互联网文化已经把参与缩减为使用几个平台的时代，人的每一种回应都可能被当作恶搞。

新媒体作为一种专业

　　如今"新媒体"一词已经悄无声息地消失了，原因不是没有足够多的新技术进入市场。想想 3D 打印、频射识别、量化的自我、虚拟现实头戴显示器（Oculus Rift）、比特币和相关的区块

9 这里指金特·安德斯（Gu̇nther Anders），《人类的淘汰》（*Die Antiquiertheit des Menschen*），慕尼黑，C. H. Beck，1956 年；英文标题为 *The Obsolescence of Humankind*（该书未被译为英文）。

链技术、电子书、自动驾驶技术，以及当代的其他设备，比如谷歌眼镜和 iWatch；它们或多或少都对社会有影响。因此，并不是说新媒体正在变"老"。所有技术都会在某个阶段变老并消失。计算机技术已经 70 岁了，但问题不在于"数字的淘汰"（Antiquiertheit des Digitalen）[9]。无论我们对"后数字"（post-digital）有多少推测，"新媒体"这一标签的消失主要是因为提倡者们设想的乌托邦没有实现。在数字化主导的时代，社会日益不平等，（西方）文化整体陷入停滞。人们很容易把这理解为，"新媒体"本身已经成了问题的一部分，它所承诺的一切都破产了。人们发现大数据是一种自上而下控制人口的工具，尽管"公民数据科学家"付出了许多努力，数据依然与秘密、隐私泄露和监视捆绑在一起。新奇性带来的酷劲也无法消除这一点。工作人员依然面临着与日俱增的压力，他们需要不断更新和掌握最新应用程序、编程语言，以及连接不同系统的混合解决方案。"新媒体研究"（一些学院派项目依然被这样称呼）则面临另一种困境，一方面，它为了在社会中创造一个合法的专业位置，必须捍卫自身的自主性，另一方面，它也需要将自己的专业知识传播给其他现存的职业，比如护理和农业等传统上与信息技术世界毫无关联的领域。

为了理解"新媒体"的停滞状况，我们也需要考虑批判性创客运动和理查德·桑内特在《手艺人》（*The Craftsman*）一书中关于流动劳动的讨论，以及为新媒体与设计工人组建协会和工会的提议。在优步时代，"新媒体"的职业化还能朝什么方向继续推进？已经没有什么它能涉足的机构了。如今新媒体研究已经摆脱了影视研究的附属，它是否注定要回到信息研究（即图书馆学）这个源头，成为档案？新媒体研究成为一门独立学科的梦想已经破灭，保守派取胜了。人们根本不把互联网当作媒介，也不认为它像文学和电影那样值得人特别关注。这其实是因为设备的技术性质非常不稳定，无法让它的文化在前景中持续存在足够长的时间。互联网是最典型的消失的媒介（medium of disappearance），下一个消失的可能就是"互联网"这个词本身。

对摄影的无处不在性的回应

　　世界真正的神秘在于可见之物，而非不可见之物。

　　　　　　　　　　　　——奥斯卡·王尔德

　　文森特·拉瑞克（Vincent Larach）有一段论述照片分享社交网站 Instagram 的笔记，他写道："照片已经成为我们生活中不可或缺的一部分。它深深扎根于我们捕捉时间片段和分享信息的方式中，我们甚至几乎注意不到这种我们使用得如此频繁的媒介。"我们几乎注意不到，欢迎进入"技术潜意识"（techno-subconscious）的领域。随着我们周围的设备和记录仪器越来越多，这个领域正快速扩张。意识知觉水平以下的那部分心灵会始终被机器的反馈回路控制着。起初我们对此还感兴趣，也觉察到了"打搅"，但应用程序和功能很快就会融入背景，成为日常生活的一部分。图像的生产与消费已经成为"不完全有意识"（not wholly conscious）的领域的一部分，于是在各种场合下，公共的凝视都战胜了隐私。

在当今不断变化的媒体环境中，要想批判性地理解一切藏在软件、界面和平台背后，直接注入技术潜意识的意识形态，并保持这种理解，需要我们不断努力。对那些出于美学或政治原因，积极探索新技术的可能性的艺术家和社会行动者来说也是如此。埃兹拉·庞德曾宣称，艺术家"是人类的触角"。一个世纪前，他们被认为是最先感受到剧变即将到来的人。但我们时代的先锋是由技客和风投资本家组成的，这一虚拟阶级规定着新产品和服务的用户框架。艺术家和行动者一度是局外人和激进人士，现在却是"用户"，是早期采用者（early adopters），像你和我这样的人。

当小型化趋势在我们不经意间占据主导，照相机无处不在时，会发生什么？让·鲍德里亚本人也热爱摄影，他也许会说：图像已经失去了它们的"场景"。不再有"拍照"了（只有自拍者崇尚在公共场合一次次重复的动作而已）。艺术家的策略是试图"恢复"摄影活动的人为性，社会行动人士则执着于"现实"体裁，服从于社会技术的规则，人们每天新拍的几十亿张照片都以这些规则为基础。是时候更新一下约翰·伯格（John Berger）的《观看之道》（Ways of Seeing）了，该如何解读 Tumblr、Instagram 和 Pinterest 时代的图像？让我们面对现实吧：维兰·傅拉瑟（Vilem Flusser）将图像看作"有意义的表面"（significant surfaces）的定义已经过时。在图像洪流之中，没有时间去等待意义固化。有意义的只有"下一张"。

大容量存储和对数字图像的自动分析，已经取代了先前以选择（selection）为核心的范式。照片不再被人看作事件的象征或总结，而是成为由搜索和识别程序推动的后工业进程的一部分。图像总是某个流的一部分。照片不再是对故事的图解，也不再具有装饰的功能。图像的实时传输与摄像机的无所不在，使作为证据的图像（image-as-evidence）变得更为重要。"真实报道"的粗糙性（rough quality）已经成为一种可以专门研究、展示的特殊效果——就像我们探索数字图像的"故障"（glitch）美学一样。

艺术家和社会行动者回应这些技术和经济条件的策略大有不同：艺术家为了维持自己在艺术市场中早已岌岌可危的位置，不得不"美化"图像；社会行动者则被推向相反的方向。他们采取了"创客"的反圣像（iconoclast）立场。创客们对"后数字状态"的理解太过于表面化了，他们想回到工匠式生活的无中介的体验中，而社会中的其他人则屈服于数据存储的堆栈。我们大多数人都是在当代图像制作领域内，在链接、点赞、推荐、评论、元标签（meta-tagging）等公司逻辑下工作的。在算法文化逻辑的影响下，大多数社会行动人士都没有研究社交媒体的政治经济学，而是迅速落入了平台的陷阱。

除了众所周知的公司所有权、国家审查和其他更复杂的过滤形式的限制外，社交媒体注意力的短期性也是一个重要问题。今天的社会运动总是被它们不可持续的组织形式所限制，这是由于它们无处不依赖社交媒体。在全球范围内我们也看到了一种类似的模式：抗议活动消耗着自己的意象，甚至在"社交"形成之前就消失了。在最初的动员中，视觉材料往往能发挥积极作用，但街头抗议的图像本身已不再有持久的象征价值。起义很快会被赋予一个代号名称（用作元标记和推特标签），进而能借助电子网络以光速传播，但快速的社交互动无法凝固为持久的社会行动（比如社区会员，还有邮件列表、论坛或类似的群件上的特殊任务小组）。

在评判图像前，先要探索我们共同的前提（collective a-priori）：我们的图像帝国，我们都是它的臣民。理解视觉文化的政治经济学是一方面，但在此之前我们需要先拓宽兴趣点。摄影可以作为一个临时的庇护所。别再刷照片，开始质疑吧。唤醒创造性想象的呼吁（按照卡斯托里亚迪斯［Castoriadis］的传统）该怎么与目前数字图像的大生产关联起来？——这要等到我们开始处理自己未知的知识（unknown knowns），也就是幻想的时候。怎么才能突破包围着我们的、充满隐含规则和期望的复杂网络？我们能重编自己的技术潜意识吗？在这条可能的出路中，图像这一领域有什么作用？

实时的永恒回归

正如画家们理解抽象的空间，我理解抽象的时间。

——白南准（Nam June Paik）

我们需要能实时减速、加速的艺术品。在网络 2.0 和社交媒体的时代，我们再次经历了全球实时文化（real-time culture）的衰落。脸书和推特的核心概念并不是实时性——恰恰相反，这些平台把全球不同的时间综合在一起，体现了一种对历史性时间（historical time）的准 - 新体验：一种在我们查看自己的时间线时展开的历史性时间。与之相对，流媒体（streaming media）能像无线电一样实时开展，但它通常只是从数据库中提取出一份文件。参与现场活动是令人激动的体验，尤其当它与聊天和网络电话服务（如 Skype）相结合的时候。用推特进行现场报道可能是个边缘案例，因为这种报道显然是有延时的，且很个人化。如果说目前的创业文化忽略了什么，那就是对点对点实时性的进一步探索（其中一个原因可能是美国整体网络连接速度太慢，阻碍了新实时网络工具的推广）。对远程在场的感知具有一种颠覆性的潜力，而这还有待探索。到目前为止，真正在这方面有所创新的，仍然是全球各地的那些本地 / 免费 / 盗版广播倡议者。布莱希特（Brecht）和加塔利（Guattari）啊，我们还在继续努力！

10 科 瑞·罗 宾（Corey Robin），《反 动 派 心态 》（*The Reactionary Mind*），纽 约，Oxford University Press，2011 年，第 98 页。

技术精英的微观社会学

正如科瑞·罗宾所说："保守派并不要求我们服从他们，而是要为他们感到难过，或者因为为他们感到难过而服从他们。保守派对启迪（illumination）不满意，他们希望重置，新的革命与反革命力量则为他们提供了这个机会。"[10] 正如罗宾所描述的，新保守派（neo-cons）把世界看作他们的舞台，这与企业里的保守派非常不同。新保守派们兜售观念，把世界看作智识投影的景观。统治硅谷的赛博保守派（cybercons）的心态显然不同：如果能建立脸书帝国，为什么还要用这个时间入侵伊拉克？硅谷或许是新的上层阶级，但他们已经将"统治阶级"的角色外包给了替他们管理国家残余物的次级精英了。

这一论点与 C. 怀特·米尔斯（C. Wright Mills）在《权力精英》（*The Power Elite*，1956）一书中，对让民众眼花缭乱的名人和当权者的区分截然不同。早在 1969 年，来自圣克鲁斯的 G. 威廉姆·多姆赫夫（G. William Domhoff）就注意到了这种分析的缺陷。多姆赫夫关注社会流动性、女性的角色、通婚，以及作为景观一部分的"富豪一族"（jet set）的角色。为什么在美国登月和互联网发明的年代写作的多姆赫夫，对那些在他眼皮底下疯狂地编码的计算机工程师感到不满？人们当时曾研究了工程师在社会中的作用，但政治理论主要关注的是他们在极权政权中的从属性位置。如今，"谁在主持这一切？"完全是个误导性的问题，媒体从业者要十分努力才能维持他们在中产阶级下层的经济地位。我们生活在皮凯蒂共识的时代。问题不再是"权力精英"是否主导着政治进程，而是究竟何种利益驱动着这些权力精英。人口管理是冷战期间的福利国家面临的问题，在如今新网络的新自由主义时代，人口管理又变回了一开始那样：它最终被交托给私人监控公司、警察和军队，精英们则忙着干他们自己的事情。

对于崛起中的硅谷科技精英来说，世界上没有和谐，只有（对其他人的）扰乱（disruption）。除了市场与国家的对立外，世界上并没有什么根本的冲突。扰乱是个自然的历史过程。是时候让国家下台了，所以请收拾东西走人吧。我们已无须在反应性的、临时的做法（克林顿和奥巴马的进路）与布什家族积极、强有力的做法之间做选择。因此一些硅谷内部人士正在鹰派 vs. 鸽派的逻辑之外，规划他们自己的美国外交政策。[11]

与群众逻辑不同，硅谷缺乏能与大众对抗的想象力和意志力。"独一无二的领导力是一种很人性的东西，它无法从大众社交社区中产生。"基辛格曾说道。想象一下假如你无视这条规则，开始设定自己的政策目标（如埃隆·马斯克 [Elon Musk] 登陆火星的目标）会怎么样？如果精英罢工会怎样？硅谷科技精英拒绝执政，他们不愿与 NGO、国家机构、国际组织和老派全球公司等"理性"选手一起参与"全球管制"（global governance）的游戏。自由派的科技书呆子也不愿玩名人游戏，他们对媒体自我表现的狂热没什么兴趣。为什么要管这个？为什么妥协？用代码来说吧。"意见"……太"20世纪"了。初创企业的自由主义者一致认为，不应该再次接管国家、实施改革，而应迫使国家缩减规模——并最终瓦解它。他们认为公共项目在几十年前就应该私有化，而实现这一点的最好办法就是无视政治的存在。加州的统治学说已经被解构为当代版的艾茵·兰德（Ayn Rand）[12]，但"超人"在哪里？我们时代的霍华德·罗克[13]又在何处呢？一种不通过英雄形象来表达的利他主义批判是怎样的？

网络自由主义者喜欢忽视国家。大多数技客都认同这一点，但他们缺乏废奴主义者的冲动，而是采取了一种不会引发与当局对抗的温和、冷淡的方法。归根结底，技客会为任何人工作。无论是谁统治，他们最终都要雇程序员，因为没有程序员就什么也做不了。在企业初创

11 谷歌会引领潮流，还是能一直保持为他们的外交政策的例外，还有待进一步观察；具体见埃里克·施密特与贾里德·科恩的记录，《新数字时代：重塑人民、国家和商业的未来》（*The New Digital Age: Reshaping the Future of People, Nations and Business*），伦敦，John Murray，2013 年。

12 译注：俄裔美国哲学家、小说家。她的哲学理论和小说开创了客观主义哲学运动，她同时也写下了《源头》《阿特拉斯耸耸肩》等数本畅销小说。她的哲学和小说里强调个人主义的概念、理性的利己主义以及彻底自由放任的资本主义。

13 译注：艾茵·兰德小说中的主角。

社交媒体深渊：批判的互联网文化与否定之力

14 阿瑟·克洛克和迈克尔·韦恩斯坦，《数据垃圾：虚拟阶层理论》（Data Trash:The Theory of the Virtual Class），蒙特利尔，New World Perspectives，1994 年。

阶段，犬儒的"扰乱"模式取代了 1990 年代赛博乌托邦的愿景。人们的动力不再是创建一个平行世界，而是迅速进入现有市场、改变游戏规则。在虚拟世界里建设更美好世界的想法已经过去了。尽管关于观念力量和传播观念之必要性的启蒙想法依然存在，但它们已不能再为社会提供替代性的蓝图。相反，IT 寄生性地从现存价值流中抽取价值，在大型经济流程中捕捉利益，无论是"智能城市"还是食品物流。克洛克（Kroker）和韦恩斯坦（Weinstein）在 1994 年精辟地将这个数字少数群体描述为获利的"虚拟阶级"，但他们不会掌权。[14] 甚至连阴谋论也没能准确描述他们的崛起。等到这个统治阶级真的开始统治，它会做什么？它将松懈下来，陷入自己的孤独症中。平庸者拒绝下达命令。我们显然需要新的政治理论，首先需要深入理解自己对这样一个答案的失望（"这不可能是真的！"等等）。欢迎来到米歇尔·韦勒贝克（Michel Houellebecq）的世界。黑格尔和弗洛伊德都无法充分解释包围着我们的这种临时的崩塌和无聊状态。咱们把目光移开，不要去管它，说不定电脑只是一种时尚，欧洲大陆就是这样回应这种状况：ICT 曾经是革命性的，就像蒸汽机，但这个阶段已经结束了，就像街上的马一度是大众运输的必需品，但现在却只是富人的爱好。

杰伦·拉尼尔对硅谷氛围的描述是乡村式，在这种氛围下，辞职并转而为竞争对手工作不会被视为背叛，人们看重的是整个网络的总体利益。加州技术精英们庆祝后末日赛博朋克状态的到来，然后退入自建的"网络中的孤岛"上。相较于旨在取消战后福利国家全部再分配功能的施虐狂式新自由主义议程，这种长期的逃避主义策略会产生更深远的影响。撒切尔说不存在社会，但一些社会碎片没有被抹除。新自由主义者致力于根除（社会主义的）过去，因此陷入了报复的模式，摆脱不了无止境的拆除、削减预算、紧缩、私有化和闭锁的（精神）状态。贪婪和愤慨是同一枚糟糕硬币的两面。结构调整和不稳定的劳动条件会导致萧条。可笑的是，陷入这种无止境的恶性循环的新自由主义者，需要靠强大的国家来执行其暴力、监视和控制的严酷议程。但技术自由主义者已经进入了后危机的阶段，他们自认为掌握着能解决所有社会、政治和生态问题的技术方案（莫罗佐夫所说的"解决主义"）。问题中所谓的"复杂性"不过是另一个障眼法：解决方案已经存在，我们只需要扩大它们。

谷歌、脸书和亚马逊等新中间人（New Intermediaries）对剩余价值的榨取必须在无形中秘密地完成。对这些公司的运营的任何批评，正如解密者爱德华·斯诺登的揭秘，都是极不受欢迎的。我们不应该理解算法经济的运作方式。在我们的网络社会中，大众已成为社交媒体平台中的个人用户，就好像多人网络游戏一样。要想研究技术精英的价值观，只需要安装电子游戏《精英：危机四伏》（Elite: Dangerous）并开始战斗：乍看之下，"联邦社会似乎建立在民主原则的基础上，领袖是选举出来的"，但"实际上，对企业的忠实驱动着这个机器的运作，而且联邦空间是一个贸易的战场。商业组织在法律允许的范围内激烈地争夺着联邦公民的时

15 引自 T. B. 巴特摩尔（T. B. Bottomore），《精英与社会》（*Elites and Society*），哈蒙兹沃思，Penguin Books，1966 年，第 9 页。

16 译注：达·芬·奇曾经设计过引水道，aqueducts 也是 github 上使用 dart 语言写 http 框架时常用的软件包名称，为代码生成时添加基本行为和测试。但不知这里作者是否一语双关。

间和精力，公民的生活遭受着广告的轰炸"。《精英：危机四伏》游戏手册继续写道："联邦在文化上能容忍某些事物（如宗教），却完全容忍不了吸毒、激进政治活动和某些文化。许多东西都是非法的，比如奴隶制、克隆和一些致幻剂。"这听起来难道不耳熟吗？

意大利政治学家加塔诺·莫斯卡（Gaetano Mosca）当初对统治阶级和被统治阶级作的区分，已经被推翻了。[15] 在 20 世纪，取得臣民（subject）（即用户）的身份是一种荣誉和特权。全球劳动力面临的最大威胁是他们只能自生自灭，无数人正争取着被剥削的权利。上流阶层不再需要大队的奴隶来维持霸权，它可以将生产大量外包，以至于一切依赖性都变得模糊、不可见。为了实现数字团结，有必要让全球基础设施"变得可见"，让众多匿名的工人（他们都有智能手机，也使用社交媒体）出面发言——是他们维持着我们脆弱的世界没有沉底。我们还没有开始设计关于如何使用、塑造这种全球可联系性（planetary reachability）的集体想象。

技术精英至多算是最早采用他们自己的设备的人。成为"上层阶级"只是一个风格问题，不是潮人共同承认的文化理想。技术精英持续的退出状态并不意味着程序员已经跃升于社会之上，事实恰恰相反。深受流行文化影响的、穿兜帽上衣的年轻人也没有想表现得比其他人好。如今的上流阶层吸着毒，这就是我们的贵族阶层吗？这里没有隐藏的"超人（Übermensch）综合征"——毫无个人魅力，甚至连工程师的魅力都没有。卓越性只在代码里，而不在别处。在 Github 上可以欣赏我们时代的大型工程。接不接受随便你，那是我们时代的达·芬·奇该去的地方[16]。定义我们时代的艺术不会是布鲁斯·瑙曼（Bruce Nauman），相反，我们注定要徘徊在平庸的层次、模板化的虚拟环境中。

艾伦·刘（Alan Liu）的《酷的法则》（*Laws of Cool*）一书，可以说（仍然）是那些关注技客文化和人文学科的交汇领域的人心目中的圣经。请务必重读这本经典。书中没有先锋派的印记，甚至连对历史的引用也没有。与传统统治阶级不同的是，对硅谷的技术精英来说，生活中的最高价值并不是艺术，也许是汽车？艺术市场和慈善机构都还没能应对这一新现实。技术精英们没有负罪感，因此也不觉得有必要"回报社会"，更不用说赞助一个活的艺术家这可怜的傻瓜了。技术精英反而继续在技术方面投资（值得尊敬的盖茨基金会甚至也是这样）。设立开放社会基金（Open Society Fundation）的金融家乔治·索罗斯是个例外（唉，一个来自东海岸华尔街的家伙）。他在东欧经营了一个当代艺术中心网络，长达十年之久，直到欧盟和各民族国家决定投资当代艺术基础设施（当然，他们实际上没有）时，他才放弃了它。

在技术圈内，对议会民主的批判已成事实。他们理解的后民主概念既不是一种关切也不是条约，而是一种难以摆脱的不成熟的现实。腐败被看作透明性缺乏的症状，是前西方推崇商议（deliberation）所产生的副产品。计算机逻辑是无可置疑的首选，关于政治的唠叨则只会浪费宝贵的时间，这时间原本是该用来执行技术治理方案，来应对全球变暖、对抗埃博拉病毒、进行有效的粮食分配和实现其他高尚事业。谷歌在华盛顿和布鲁塞尔的大规模政治游说活动也应当从这个角度解读，它的目的是让企业能不受妨碍地追求它们自己的利益。

12

12　占领运动与组织化网络的政治学

　　"我忘了我的网络客观性（network externalities）了"——"我们走得慢，因为想走得更远。"（萨帕塔谚语）——"独自找寻生活的意义是种人类学的幻象。"（迪阿丽斯［D'Alisa］、卡丽斯［Kallis］和迪玛利亚［Demaria］）——"我们需要那些西装革履、学习刻苦、能说会道、愿意为自己的事业而牺牲的人的帮助。"（乔纳森·布龙［Jonathan Brun］在"广告克星"上说）——"灵魂在反思中看到的一切都令它痛苦。"（帕斯卡尔［Pascal］）——"我感觉尚未发布的 Suite A 算法正保护着我。"（J. 斯杰普斯特拉［J. Sjerpstra］）——"我上了愤怒松鼠的黑名单（angry squirrel's shitlist）。"——加入面向对象者（Object Oriented People）的行列——"哲学会令人厌恶，而你不会。"——"下午5点在愚蠢污水池（Sinkhole of Stupid）见。"——"我找代笔帮我重写了约会网站的页面。"——"与傻瓜制机构（Idiocracy Constitution）的副编辑见面"——军事 - 创业情结："为了做这件事，他们已经足够坏了，但他们够疯狂吗？"——"确实应该有'反 - 众筹平台'（Kickstarter）之类

　社交媒体深渊：批判的互联网文化与否定之力

1 这一章是我和奈德·罗西特的持续合作的一部分。我将他看作这一章的共同作者，因为我们两人的概念和材料很难真正区分开，虽然这篇文章在很大程度上是为此目的而写的。本章的论点可以看作是对这一系列的第三本书（《零评论》[Zero Comments，2007]，最后一章，以及论文《文化和政治中的组织化网络》（Organising networks in culture and politics）的补充，出自《无缘由的网络：社交媒体批判》（Network Withont a Cause：A Critique of social media）第四卷，剑桥，Polity，2011 年。

的东西，让你可以花钱以避免一些事情发生。"（加里·卡纳万［Gerry Canavan］）——"社交媒体的退潮：点对点企业的废墟美学"（毕业论文）——"忘掉数据科学家吧，我需要的是数据看管人。"

网络行动主义（Net.activism）已经成长起来，规模之庞大可以与种族、性别斗争以及气候变化问题相媲美。[1] 这个时代属于维基解密、匿名者、对重要基础设施的阻断服务攻击（denial-of-service）和美国国家安全局泄密者爱德华·斯诺登。这些事件吸引着全球的想象力。几十年来，这个世界一直是公共机构的未知之地。交流已不再是奢侈，而是转化为一个更大的问题，它已经超出了那些最初为贫民区设计的战术。但我们该如何衡量规模？我们不再需要参考社交媒体分析工具来确认这种现象的范围。如今的网络行动主义将互动和行动联系起来，把组织问题摆上了台面。我们该如何设计出集体协调的艺术？该如何超越"点赞"，介入现实的真实事件？技术能在决策过程中占有一席之地吗？这些由社交媒体推动的运动与传统政治的机构形式（如 NGO 和政党）有何不同？它们能否演变为可持续的自我组织形式？

我们都还在努力理解 2011 年发生的事情，这一"迟来的"抗议年在占领运动中达到顶峰。斯拉沃热·齐泽克在他 2012 年的《危险地做梦的一年》（The Year of Dreaming Dangerously）中，巧妙地总结了这一年。为什么 2008 年全球金融危机爆发后又过了三四年，这些运动才展开——为什么我们之后又花了同样长的时间来解释这一系列全球事件？在保加利亚、瑞典、土耳其、巴西和乌克兰爆发下一波抗议活动前，

2012年的人们是不是需要休息一下（"为人民而暂停"）？[2]2011年的事件为什么没有产生更强大的政治势头？大规模动员起来的政治激情是怎么如此迅速地被中和、吸收进现状中的？行动主义的能量真的无法建立比事件景观更长久的政治技术基础架构吗？我们是否充分利用了我们有意为之的缓慢，来反思运动策略的问题？为什么一场运动那么难重整旗鼓再次登台？

大卫·德格劳（David DeGraw）评论说："通过匿名者、占领运动和99％运动，我们一起证明了：由志同道合的人组成的去中心化自组织网络可以引爆世界。然而，我们缺乏一个退出策略（exit strategy），也缺乏建立起自足的运动——它能真正实现我们清楚需要的社会变革和演变所需的必要资源。"这一讨论并不局限于社交媒体和手机在大规模动员中（被高估了的）作用。我们必须问自己：在一个事件以光速传播的实时数字网络时代，诠释学的延迟意味着什么？迈克尔·莱维特说道：

> 占领运动本质上是一场被自身的矛盾限制了的运动：充斥着自称无领袖的领袖，受一个未能达成共识的基于共识的结构统治，在拒绝政治化的同时追求政治变革。这场运动尽管看起来有些可笑，但随着时间的推移，它的影响会越来越强大和清晰（许多人只能从后视镜里看到它）。[3]

甚至企业界也加入了这场反思的盛会，表现出了对无领导策略的关注，并提醒我们仅仅利用社交媒体本身是不会产生计划的。外交政策策略家埃里克·施密特（Eric Schmidt）和谷歌的贾里德·科恩（Jared Cohen）评论道：

2 写到"2012年春不寻常的相对冷静"时，齐泽克观察到："令情况显得不祥的一种全方位的堵塞感（sense of blockage）：没有显而易见的出路，统治阶层精英显然正失去统治能力"，《危险地做梦的一年》，伦敦，Verso，2012年，第197页。

3 迈克尔·莱文森，《占领华尔街的胜利》（The Triumph of Occupy Wall Street），《大西洋》（The Atlantic），2015年6月10日。

4 埃里克·施密特和贾里德·科恩,《新数字时代: 重塑人民、国家和商业的未来》(*The New Digital Age: Reshaping the Future of the People, Nations and Business*),伦敦,John Murray,2013 年,第 129 页。想要进一步了解这两个作者的合作项目,我强烈推荐朱利安·阿桑奇的导论《善意之外,与"不作恶"》(Beyond good and 'Don't be evil'),《当谷歌遭遇维基解密》(*When Google Met WikiLeaks*),纽约/伦敦,O/R Books,2014 年。

未来的革命将产生许多名人,但组织运动的这一方面将阻碍完成这项工作所需的领导力发展。技术能帮助我们找到那些有领导力的人——

思想家、知识分子等,却不能创造他们。人民起义可以推翻独裁者,但只有当反对派力量有一个完善的计划且能执行它的时候,他们才能在独裁者被推翻后取得成功。建一个脸书页面不算是计划,真正的操作性技能才是推动革命走向成功的关键。[4]

硅谷似乎需要自我反省,因为到目前为止,它一直对"操作技能"(operational skills)的民主化没有兴趣。相反,大多数社交媒体平台都故意使印象之"云"扩散,随后,机器就会把私人经验和微观意见变成操作性的。技术精英优先考虑的既非解决问题,也不是有效的沟通工具,更别说在线决策程序了。"初创企业"的观念已被有意简化为短期商业模式。为什么我们不能开一家非营利的初创机构?听说过这种说法吗?想象一下,如果一家与高等教育和文化相关的初创机构,明确地拒绝风投资本,会发生什么?这听上去很欧式,但它们会被有策略地忽视,自然也无法存在,尤其无法在欧洲存在——那里被新自由主义的企业思想和紧缩制度牢牢控制着。

脸书和推特这类封闭平台使人很难预估半私人对话的真实规模和影响力(包括 Avaaz 主张的公开"点击行动主义")。"直接行动"是否比以往更具象征性(和信息化)?从广场运动(塔里尔、太阳门到马克西姆、乌克兰亲欧盟示威运动〔Euromaidan〕)来看,1990 年代人梦想的城市空间与网络空间的混合已成事实。克莱·舍基和杰夫·贾维斯等少数几个互联网权威只能把上述那种"脸书革命"解读为仅遵照美国（市场）价值，打着"公民新闻"的幌子在设备上输入大量资讯，而其他专栏作家很少能耐心细探这里的关键问题所在（保罗·格尔鲍多［Paolo Gerbaudo］[5]、泽伊内普·图菲克兹（Zeyncp tufeckz）[6]和埃里克·克伦滕伯格[7]等人算是一些例外）。

　　这究竟算是理论的赤字，还是实时报告的过度生产？社交疏理（social grooming）和其他令人上瘾的"自我展示"文化可能的确是社会学事实，但却几乎没有涉及我谈到的组织问题。幸运的是，不再需要呼吁人们参与了。不满的情绪正在高涨，无动于衷的时代已经过去。但该如何塑造如今的团结？难道要做的只是"捕捉"和"传输"悬浮在我们周围的政治能量吗？无论往哪里看，人们都会感觉到问题正在累积，但紧迫的状态才刚刚开始，我们甚至还完全没有开始挖掘互联网在构建组织性机器、话语平台和集体愿望工具方面的全部潜能。

　　行动主义从来不会局限于缓慢而无形的宣传过程。自称公民并批判主流媒体报道可能显得很无聊。我们离开漫长的 20 世纪已经有一段时间了。[8]是否参与、内容是否"正确"已不再是斗争的焦点。"运动主义"（movimentalism）[9]也不是"集体意识"的初级形式。在制度政治的多种形式中，"公民社会"可以被还原为一个输入装置：多谢，我们收到你的消息了，现在闭嘴吧。这与新自由主义的另一种说法相矛盾，按照那种说法，公民不应只是抱怨，他们还应"具体实现"（而不只是暗示）解决方案。只有当我们手头有明显可行的替代方案时，才有权抱怨。目前的政治官僚已无法应对愤怒，他们的

5 他既是社会活动人士也是学者，著有《推文与街头：社交媒体与当代行动主义》（*Tweets and the Streets: Social Media and Contemporary Activism*），伦敦，Pluto Press，2012 年。书中一句很关键的话是"是交流在进行组织，而不是组织在交流"（It is communication that organizes, rather than organization that communicates.［第 139 页］），但关注组织化网络不是要强调"流体组织"（liquid organizing）或者"舞蹈的领导力"（choreographic leadership）。"流体组织"的问题在于，一旦它蒸发，它的湿气很可能就不再回到同一个地方来了。相反，为了克服临时性的问题，我们应该加强社会联系。在格尔鲍多看来，组织始终存在概览和协调上的问题。这里的提议与其"超越碎片"，不如说是要强化碎片。

6 比如见她的博文，《有没有一种社交媒体驱动的抗议风格？》（Is there a social-media fuelled protest style?），2013 年 6 月 1 日。

7 埃里克·克伦滕伯格，《战术性媒介传奇》（*Legacies of Tactical Media*），阿姆斯特丹，网络文化研究所，2011 年。也可以参考《情感空间：见证广场运动》（Affect space, witnessing the Movements of the Squares），这篇文章是

在他阿姆斯特丹的博士研究的一部分（2015 年 3 月）。

8 《离开 20 世纪》（*Leaving the 20th Century*）是第一本英文的情境主义合集，克里斯·格雷（Chris Gray）编，1974 年由 FreeFall 出版。这个题目出自 1964 年的一篇文章，其中说道："是时候结束主导这个世纪的死气沉沉的时间，结束基督教时代了。过度之路（road to excess）会通向智慧的宫殿。到目前为止，我们的做法是离开 20 世纪的最好的尝试。"可以把组织化网络概念解读为对"先锋之后会有什么"的论争的一份贡献。在这个意义上，我们还没有离开后情境主义阶段。这里重要的是事件在相互连接和创造连锁反应方面的无能——尽管有那么多可用的、已投入使用的全球交流工具。

9 指一种对作为活的实体的"运动"的有些偏执的（意大利式）讨论，这种有自己的意志的运动什么也不做、不想、不行动，它无精打采，却又渴望着、讨论着、进行着、克服着、创造并还击着。

10 "加速主义宣言"，艾利克斯·威廉姆斯（Alex Williams）与尼克·斯尔尼塞克（Nick Srnicek）。

麻木反过来又激怒了大众的意见。另一个结果是当局者毫无目的的镇压、突然爆发的过度示威，以及无从解释的暴力。如今公开表示反对很容易导致逮捕、受伤甚至更糟：警察会枪杀抗议者。

抵抗从突然的生存性危机中萌生：种族主义、暴力、失业、移民、贫穷和污染都有"2.0"版本。在这种情况下，采取行动并不是无聊或繁荣的表现，社会行动人士有紧迫的事情要解决。不过，紧迫性本身不太容易转化为具体的政治形式，我们需要不断"发明"它们，谁也不能替我们创造"新的制度形式"。"我们的机构发出耀眼的光芒，这使我想起那些还在闪耀、但天文学家说早已死去的星星。"米歇尔·塞尔说道。他注意到，哲学家们未能预见到未来的知识形式。那我们当前的知识形式是怎样的？激进智囊团或"思想共同体"怎么样？我们能超越 NGO 的办公室文化和创业文化吗？帮派和部落是过去的社会单位，取代他们的是什么？集群、暴民、网络？

正如"加速主义宣言"（The Accelerate Manifesto）所说，"我们需要建立一个智识基础设施"。[10] 比如在各国、各大洲之间建立起牢固联系的、传播进步知识的可持续网络。确实，有必要描绘并建立更大的结构，但接连不断的灾难似乎像雪崩一样越来越多。行动主义最初是一种冲动，如今已迅速沦为日常的信息常规。问题不在于意识或承诺，而在于能够表达不满并在此基础上改进，使不满转化为一种不依赖剥削和大规模破坏的可持续的组织形式。这就解释了为什么人们的注意力转向了五星运动（Five Star Movement）、瑞典和德国的海盗党，还有希腊的激进左翼联盟（Syriza）、斯洛文尼亚的联合左翼和西班牙的"我们能"（Podemos）等政党；开始关注诸众（multitude）和集群（swarm）等流行概念、对水平主义的新批判，以及一些新兴网络政治实体，比如维基解密、匿名者和Avaaz。

对社会运动的大多批评都是众所周知的，它们有正当的理由，而且大多都是料想得到的。确实，占领运动这样的社会运动"在内部直接民主程序和情感化的自我赋值方面花费的精力，远超过对策略有效性的关注。它们提出的常常是新原始主义地方主义的种种变体，仿佛要用脆弱、短暂的社区直接互动的'真诚'对抗全球化资本的抽象暴力"（加速主义宣言）。该批评对美国的行动主义来说或许有效，但似乎不太符合南欧和中东的状况——在那里"集体治疗"还没那么重要。欧洲西北部的行动主义需要多一些有争议的辩论，少一些共识。排外主义的生活方式暗示着，部落以外的其他人就不要费心试图加入了。占领运动的问题不在于它执着于自己的决策仪式，而在于它在建立联盟方面的能力有限。这个问题成了一个操演性（performativity）的陷阱。内部争论和集体确证的强度要在某个节点上转向外部，投身于它厌恶的东西。行动主义一旦以"反文化"自称，它的迷因从具体话题和语境向外扩展的能力就会受限，并开始与"99 %"的口号相违背。赛博政治也面临类似的问题：我们该如何摆脱它的自由主义／自由派的时髦形象，将全球失业的年轻人群体政治化？毕竟他们永远无法分享"他们的"谷歌和脸书的巨额利润。何时才能看到用户要求终结"免费"的罢工？

11 出自朱迪斯·巴特勒的《操演性集会理论笔记》（*Notes Toward a Performative Theory of Assembly*），马萨诸塞州，剑桥，Harvard University Press，2015 年。

行动主义说："够了就是够了！我们必须站起来做点什么。"拒绝是最重要的，你只要说不，大喊说你再也受不了了，告诉全世界你不在乎了。对于实证主义的管理阶层来说，这是最难应对的一部分，因为他们更愿意忽略当今社会精神分裂的部分，只和有理性、心平气和、一致同意实施自下而上的替代方案的人打交道。对这些完美的人来说，抵抗只是个理性的选择，与任何身体问题或生存疑惑都无关。在实证主义者看来，组织一场革命就像运营任何一个需要后勤、代表和相关决策过程（包括随之而来的社会噪音）的事件一样。我们仍然担心，各种情绪最终会导致斯大林主义或法西斯主义。反抗者的绝望的确往往以灾难性的暴力事件告终，但这种事件是由其他势力的各种议程多重决定的。

大型集会的自我创生（Autopoiesis）

社会运动已经经历过了"大型集会"（general assembly）的模式，他们宣称自己正在（重新）发明民主。他们关注的重点是为现实生活中聚集起来的广大选民寻求共识的新模式。然而，尝试"大会"模式产生了一个黑箱，集体决定究竟是如何执行的？当"无组织运动"达成共识会发生什么？同样重要的是，在事件结束后我们该如何反思它？一旦令人振奋和疲惫的聚会因被驱散等原因而无法再举行，我们便很容易沉迷于"操演性"的重复说辞，对"身体的协同行动"（如朱迪斯·巴特勒［Judith Butler］所说的）[11] 和公共集会生机勃勃的决策仪式的社会景观感到兴奋。在这里，我们不是要批判反抗成为娱乐，和在媒体舞台上演的模拟政治，而是要提出多重组织性支柱的替代方案，来平衡仪式化的集会的集中性，从而强化运动的基础结构。

玛丽娜·斯特林（Marina Sitrin）和达里奥·阿泽里尼（Dario Azzellini）评论道："拒绝的运动越来越多——拒绝同时也包含着创造的运动。"[12] 但被创造的究竟是什么？是事件本身，是社会性在某个临时自治空间内的显现，它撕裂了日常生活中那些单调的单子（monads）。事件本身就是目的，是纯粹的自我破坏行动。这一刻我们活在当下，加入孤独之心俱乐部乐队（lonely heart's club band）即兴演奏至深夜。人无法独自摆脱平常的生活，消费主义时代的解放只能通过一种类似宗教忏悔的集体行动来实现。人们提出的问题和要求通常并不激进，但它的形式是激进的。

直接民主如果没有自己的执行机构，那么无论它规模多小，都很容易沦为一场没有结果的景观。人们对水平性（horizontality）的强调正开始变为戏剧表演。来自雅典的阿奈斯提斯（Anestis）在宪法广场的大型集会上详细复述了这种情况：

我们为很多东西投票，但所投的每一样东西都没有具体的结果。我们投票赞成拒付地铁票、公交票，但第二天却不会有人去地铁站和车站和人说话、阻止他们付钱。我们投票说需要一部新宪法，是啊……哈哈，我们反对偿还国债，但那又怎样？我们意识到自己说得太多，却缺乏实际行动。[13]

12 玛丽娜·斯特林和达里奥·阿泽里尼，《他们不能代表我们！从希腊到占领运动重新发明民主》（They Can't Represent Us! Reinventing Democracy from Greece to Occupy），伦敦/纽约，Verso，第 5 页。

13 斯特林和阿泽里尼，《他们不能代表我们！》，第 96 页。

大型集会不是一个无权力的地带。与所有其他政治进程一样，议程的制定是决定性的，它对执行机构的权力也是决定性的。"倾听对方的需要"本身无疑也有价值，但这只是故事的一半。集会这种基于信任的情感性政治创造了一种社会交往的感受，许多年来这种感受已经丧失了。社会运动践行的民主，首先是一种内部事务，它也反对从自发兴起的社会运动中产生的那些隐含的、不可见的前卫分子。它强调社会运动本身的民主化，过去，它不得不处理"捣乱的个人"、大男子主义和"怪人的暴政"（the tyranny of the eccentric）。[14] 而缺失的另一半是沉默的大多数，自由派的主流。在许多情形下，不同派别之间往往没有明显的分歧。这是大型集会着眼于达成共识的主要原因，人们想要逃离模糊不清的疑云。集会仪式的主要任务是表达显而易见的东西，而不是克服敌对派系之间的根本分歧，更别说在事件的狂喜之后，执行那些幸存下来的方案，实施社会政治基础架构了。

大型集会的目的是精简共同语言。聚集起来的群体已经是同质的了，它只需要通过交换意见找出共识的内容。不用说，这是个无法提前预知结果的漫长过程。尚塔尔·墨菲（Chantal Mouffe）所说的对抗性政治在此已经不合时宜。[15] 集会程序的主要问题，不在于它们再生产了一种空洞的仪式、一种新的、不可避免的排外形式，而在于假定这场集会能代表社会、重塑整个民主制。在这短暂的一刻，所有人都打起了精神：我们正在克服过去的宗派分歧，站在多数人的立场上提出新的主张。从包容性的"99％"口号，到2014年"我们能"党（Podemos）的民粹主义言论（它不再想采取防御性姿态，

14 斯特林和阿泽里尼，《他们不能代表我们！》，第64-65页。他写道，这里主要的威胁是"讨论是……由个人主导的"。

15 在此我同意托尼·朱迪特（Tony Judt）的后期观点。在他的2010年的政治圣经《沉疴遍地》（*Ill Fares the Land*）（纽约，Penguin Books，2010年）中，他写道："反对、拒绝和持异议的倾向——无论当它走向极端会变得多么易怒——是开放社会的命脉。我们需要那些反对主流意见的有品德的人。永远的共识的民主不是好民主。"（第180页）不用说，朱迪特几乎是个"土著"，他一次都没有提到过互联网或媒体，所以恶搞不太符合他的方案。我们无疑需要培养可见的、有组织的派系。列宁主义者厌恶这样做，因为派系会威胁到由政党表述和综合起来的有机体。列宁主义本身也滋养了宗派主义、阴谋和最终的驱逐。可惜这些历史还没有结束，而幸运的是，理论上从来就没有过共识，有的只是关于该属于谁、属于什么的焦虑。

而要恢复必然取胜的自信），都体现了这一承诺。[16] 派系和少数派都已不复存在。这条消息很清楚：我们终于超越了碎片化的阶段。一时间我们仿佛看到德里达的"即将到来的民主"出现在我们眼前，它不是一种制度，而是行动中的民主文化。但是否真的能通过这种短暂的集体经验重塑民主，依然是个问题。如果集会不仅仅扩大规模，而且延伸到那些真正重要的事务，从而超越危机阶段，成为一种更持久的模式，会怎么样？这就完全是另一回事了，只有到这时，代议制民主才会遭遇真正的挑战。

在不了解人类学的人看来，集会期间无声、有趣又有些神经质的打手势仪式显得很奇怪。群众打手势似乎表明人们对语言表达和修辞越来越不信任，手势被看作是有效的交流方式，也能吸引人观看、参与并喜爱上它。我们不想再听那些老套的争论，真正重要的是不受打断（却冗长）的程序的稳定之流。在熟悉了社交的肢体语言后，我们很容易观察到，这种由相似的团体带来，并由训练有素的协调人维持的NGO 语言，与其他决策过程并没有区别。这种直接民主形式尽管要花上许多小时，依然被认为是相当有效的，很适合时间紧迫的民众——他们知道这场运动随时都可能且将要解散。我们都同意下台、一起消失。摆手势、要求澄清、提出控告、直接回答同意或不同意，都有助于"在人数众多的辩论中捕捉意见倾向"[17]。为避免投票而引入的"温度测试"（temperature checks）是为了使人集体体验到明显可见的共识，以免出现不同的派系，陷入将运动分裂为固定的"多数 - 少数"的僵局。[18]

16 见卢克·斯多巴特（Luke Stobart），《理解Podemos》（understanding Podemos），第 1-3 部分（2014 年 11/12 月）。

17 斯特林和阿泽里尼，《他们不能代表我们！》，第 65 页。

18 这些观察部分基于我自己参与"反思阿姆斯特丹大学"（Rethink UvA）小组的经历，该小组是 2014 年 3—4 月占领阿姆斯特丹大学的主行政楼 Maagdenhuis 期间设立的。这一章真正有启发性的资料，是斯特林和阿泽里尼对最近希腊、西班牙和美国的社会运动与早先在阿根廷和委内瑞拉的社会运动的比较。这种积极的反思有时和宗教近似，但给批判性自我反思留下了足够的空间——这是有待进一步理论化的宝贵的原创研究。

19 斯特林和阿泽里尼，《他们不能代表我们！》，第86页。

在新的政治形式背景下，想要克服1990年代现实与虚拟的二分法，意味着我们一方面要拒绝持续存在的数字焦虑和离线浪漫主义——它是对这种焦虑的粗糙解决方案。"切断电子绳索"（cutting the electronic leash）是一句公司行话，指让员工休假，而不是革命性的策略。我们并不是出于想和"太过人性"的他者重新建立联系的怀旧理由，才在实地、地方、各处与人接触和共事。来自塞萨洛尼基的西奥（Theo）这样说道："反法西斯主义斗争意味着要深入社区、了解邻居，与他们一起组织起来，在社区中为我们的权利展开小规模的斗争。这也是建立真正的社会关系的第一步。对，这也意味着在法西斯面前保护自己。"[19] 这是我们面临的任务和挑战，与这相比，互联网参与是次要的。

注意！敌人正在偷听！（Achtung! Feind hört mit!）运动一旦展开，人们很快就会发现，借助安全的点对点通信的网络，与其他更混杂的交流方式有很大差别。互联网，尤其是社交媒体会被用来制造"公共阴谋"，最好不要在线争论内部策略，或者讨论未来的直接行动计划。关于社会运动的讨论还没有解决斯诺登事件后的安全问题，虽然有些人已经敏锐地注意到了这一点，并提倡在未来行动的电子化组织方面使用加密方法。这个问题的紧要程度远远超出了社会运动及其活跃成员是否应该借助脸书、推特，还是用其他替代平台这一道德问题。个体化自我的政治现实，是与网络社会中特定的技术社会条件相匹配的。中间偏左党派的策略并不是默认模式。如今，发言人和"领袖"的角色之所以成问题是有原因的，这原因不在于过去的无政府主义取得了迟来的胜利，或者坚定的行动主义阵营中混入了许多伪装的无政府主义者。无中心网络的逻辑来自媒体，并深深渗入了文化，改变了社会运动中的权力关系。要想把运动推回自上而下的模式，将需要大量的（内部）暴力。正是这种社会学的现实，要求我们进一步推进概念、规划组织化网络（orgnets）议程：组织的问题（该怎么做？）与先验的网络已经密不可分。

如今的社会运动面临着两个关键问题：一是根本没有时间让事件发挥真正的潜力，二是完全缺乏执行自己的决定的自组织能力。这两方面最终是相关的。如果运动组织得更好，它们在理论上就更有可能抵御挫折、重振旗鼓。但由于目前的运动采用的是相对一次性的组织形式，组织化网络无法避免事件被缩减为一种压缩的景观——为此，我们需要一种"药理性组合"：一方面要实施慢速政治，另一方面则要具有在时机成熟时加速行动的能力。但组织化网络也可以成为改善自组织形式的长期策略的一部分。社会运动需要有长期的考量，应开始建设自己的基础设施。其他人不能替我们做这些。

马克·布雷（Mark Bray）在他 2013 年出版的《转译无政府状态：占领华尔街的无政府主义》（*Translating Anarchy: The Anarchism of Occupy Wall Street*）一书中讨论了策略的多样性，这也完全适用于社会行动者对主流媒体和替代性（社交）媒体的不同使用。布雷在有关非暴力策略 *vs.* 武力策略（如破坏财产）的持续争论的背景下，讨论了策略问题。《Unlike Us 读本》中收录一篇狄泽亚娜·泰拉诺娃（Tiziana Terranova）和胡安·多诺万（Joan Donovan）关于社交媒体在洛杉矶占领运动中的使用的文章，布雷的文章

20 狄泽亚娜·泰拉诺娃和胡安·多诺万，《占领社交网络：在网络化运动中使用企业社交媒体的悖论》（Occupy Social Networks: The Paradoxes of Using Corporate Social Media in Networked Movements），选自基尔特·洛夫克和米里亚姆·拉希，《Unlike Us 读本：社交媒体垄断与其替代物》（Unlike Us Reader: Social Media Monopolies and their Alternatives），阿姆斯特丹，网络文化研究所，2013 年，第 296–311 页。

21 琳达·埃雷拉，《社交媒体时代的革命：埃及大众起义与互联网》，伦敦/纽约，Verso，2014 年，第 7 页。

则研究了这一运动如何在不同的立场和使用文化之间转换。[20] 尽管《转译无政府状态》一书在身份主义者的自我审视方面浪费了几页篇幅，它依然为我们展现了一段颇有助益的内部故事，帮助我们理解占领华尔街运动（OWS）的内部运作，以及其受共识驱动的决策流程。不过这本书在批判性媒介意识方面相当薄弱，毕竟我们知道，身份主义的无政府主义者马克·布雷在祖科蒂公园事件期间和之后，曾经是为占领华尔街运动工作的媒体集团的一员，与数百名记者交流过。

琳达·埃雷拉（Linda Herrera）的《社交媒体时代的革命：埃及大众起义与互联网》（Revolution in the Age of Social Media：The Egyptian Popular Insurrection and the Internet）一书，提供了另一份有用的内部视角的叙述。在这本书中，她为我们详细描述了 2011 年 1 月 25 日埃及革命的导火索。埃雷拉讲到了"我们都是哈立德·赛义德（Khaled Said）"这个脸书页面的历史。2011 年 1 月，在这个页面最火爆的时候，它有 39 万名关注者，每日点击量高达 900 万次。埃雷拉并没有否认这个页面的影响力，但反驳了西方媒体从那时以来就流行的"脸书革命"迷因："为了更广泛地接触公众，占领运动运用了他们可用的媒体，这既不新奇也不出乎意料。给起义贴上'数字'或'脸书革命'的标签的做法，从好的角度看是一种误解，从坏的角度看则是一种故意淡化它们的企图。"[21]不过，她也解释了脸书页面如何促进了 1 月 25 日的革命："该页面本身没有引发革命，网络青年也不是唯一活跃的群体。但我们很难想象，如果没有突尼斯革命，以及随后埃及连线青年的政治文化、心态和网络行为的变化，起义如何能够开展。"[22] 埃雷拉总结道："拥有社交媒体、虚拟价值和虚拟智慧的下一代，将有破解意识形态机制的巨大能力。"考虑到在我们的时代组织问题的紧迫性，这种"解构"倾向也许是必要和解放性的，但该如何让它超越个体层面，创造出不被脸书的商业策略和模板设计所局限的（这两者都影响对组织模式有影响）新的社会交往形式？

22 埃雷拉，《社交媒体时代的革命》，第5页。

作为基本单元（Basic Units）的组织化网络

组织终归只是合作和团结的实践，是社会生活自然且必要的条件。

——艾瑞柯·马拉泰斯塔（Errico alatesta）

如果说 19 世纪和 20 世纪主要关注的是社会问题（Social Question），我们最近试图理解的是媒体问题（Media Question），那么，21 世纪的主导问题便是组织问题（Organization Question）。有什么能取代政党、教会和国家的神圣三角，激起喧哗大众的渴望？我们会不会迎来社会运动本身的彻底改造？对于如何该以不同的方式安排社会，我们可能都有好主意，也能交流这些想法，但该如何实现它们呢？网络、公司、团体或社区能取代旧的社会形式吗？正如"隐形委员会"（Invisible Committee）所说：

组织是我们自我组织的障碍。事实上，在我们是什么、做什么，和正在成为什么之间没有

23 《不可见委员会：即
将到来的起义》（*The
Invisible Committee, The
Coming Insurrection*），
洛杉矶，Semiotext（e），
2009 年，第 15 页。
24 大卫·福斯特·华莱
士，《崛起吧，辛巴》
（Up Simba），选自《龙
虾考》（*Consider the
Lobster*），纽约，Back
Bay Books，2005 年，第
186–187 页。

差别。组织，无论是政治还是劳工组织、法西斯或无政府主义组织，为了能建立起来，总是要出于实践的考虑，拆分存在的不同方面。然后，它们便很容易把愚蠢的形式主义当作弥补这种分离的唯一办法。去建立组织并不是要把弱点结构化，而是首先要建立纽带。[23]

我们可以自问：在厌倦结束之后会发生什么？大卫·福斯特·华莱士（David Foster Wallace）准确描述了无聊的阶段，他在关于2000 年麦凯恩竞选的文章中问道，年轻选民为什么对政治如此不感兴趣。他发现，"几乎不可能让一个人认真思考他为什么对某件事情不感兴趣。无聊本身预先阻止了追问：存在这种感觉的事实就够了"。让·鲍德里亚对惰性和大众沉默的观察也表明了同样的道理。但这种情况总要在某一刻结束。一旦派对开始，人就很难置身事外。华莱士评论说，政治不够酷："酷、有趣、有活力的人貌似不会对政治进程感兴趣"[24]。一种"深深的脱离感往往是防御痛苦和悲伤的手段"，呈现为炫酷的节日形式的示威活动，通过建立一种远远超出了过去的诸众的包容性"临时的自治区"，克服了这种零度心态（zero-degree mindset）。这种形式基于一种纯粹身体性的情感政治，也终于不再胡乱使用1930 年代的视觉语言(本雅明曾质疑过它)。美学的政治或许本质上就是听觉 - 心理（audio-psychic）的。

数字网络时代丧失的和渴望的是什么？这听起来也许有些空洞，甚至有些乌托邦，但它实际不是这个意思。人们往往用离线浪漫主义的语言来回答这个问题，只能把出路理解为从技术中脱离出来，技术性的提议则经常被斥为

"解决主义"（叶夫根尼·莫罗佐夫）。我们该如何设计出能避免以上两种极端的激进议程？正如芝加哥市长拉姆·伊曼纽尔（Rahm Emanuel）曾说的："不要浪费任何一场危机，危机是做大事的机会。"让我们抓住这一刻吧，忘掉那些一味强调个人解决方案、将参与化简为输入设备的改革主义议程吧。在抵抗审查、监视以及国家和垄断企业控制（通过废除实际的基础架构）的过程中，可能会形成一种新的去中心化文化，它能在联盟的层次上协商权利，提出有利于所有人的标准和协议。

25 引自科瑞·罗宾《反动派心态》中的一个片段（稍有变化），纽约，Oxford University Press，2013 年，第 172-173 页。

只是重获否定的力量，还不能解释超大型运动看似无中生有的突然出现。在科瑞·罗宾《反动派心态》一书中描述的当代保守主义的一个变体中，我们会发现，这些后冷战时代的社会运动首先不是欲望或需求，而是对丧失的文化（culture of loss）的表达。他们哀悼错失了的未来。面对公共基础设施和社会场所（教育、医疗保健、廉价住房）的缺乏、有保障工作的消失、债务下收入不确定的生活前景，他们表达了集体性的绝望。在罗宾作品的一个变体中，我们可以说抗议者并不要求我们服从他们，而是要求我们为他们感到难过。他们希望被看作光荣的失败者，他们表达失败，庆祝他们受害者的地位。被激怒的他们只想要我们的同情。

1990 年代对默认和谐的假设，以及"不愿拥抱充满权力、暴力冲突、悲剧和破裂的黑暗世界"的希望，早已不复存在。[25] 我们提出的组织化网络的概念，可以说是整个世界寻求适用于数字媒体时代的组织形式的下一个阶段，它从社会事件中自发出现的工作小组演变而来，但更强调自组织的可持续性。事件是短暂的、令人狂喜的，它在本质上是地方性的。组织化网络却能在维持地方性的同时，吸取其他地方的知识和经验，并关注事件进展之外的观念实现、项目和协作。事件倾向于通过一切可能的渠道即时扩张、变得更可见，而小型组织单位关心如何在幕后完成工作，它首先关注的是把大会期间、在线论坛上或团体本身所做的决定付诸实行。

组织活动不是一种中介活动（mediating）。如果可能的话，团体会在线下合谋。当我们想组织一次事件，我们会互相沟通，尽量不对外透露我们的意图。我们安排、讨论、协调、罗列要做的事情和通讯，我们先把必要的工具和设备准备好，再走上街头迎接我们的政治命运。要记住这一点：通知你的同伴不是一件媒体工作。在社交媒体时代，动员和公共关系开始融合，这令社会行动者和机构内人士、媒体和社会都感到困惑。社会行动者依然能区分内部渠道和主流电台、报纸、电视，但当我们想到互联网，这种区分就变得模糊了。发推文、写博客、更新状态、在邮件列表中发言和回复消息，这些究竟是再现层面的象征工作，还是一种物质性、社会性活动，亦或两者皆有？协调、动员和宣传之间内在的不可区分性，是推动当前社交媒体和行动主义辩论的主要驱力之一。

我们常常会忽视，一个小型网络或局部的争议突然转变成群众运动的神秘临界点。内部人士或许能够重构这个特定时刻，但这种一次性经历能否转化为所有人的战略知识？组织化网络也无法解答这一当代谜团。为了解决这一问题和其他重要却被忽视的运动组织问题，2005 年，我的澳大利亚朋友、媒介理论学者奈德·罗西特（Ned Rossiter）提出了"组织网络"（orgnets）的概念。这一主张也许能克服政党、工会和西方议会制等传统机构的危机下，作为用户的主体的孤立状态。社交媒体倾向于孤立个体化的用户。在这种情况下，想做好事的人只能以个体化的方式做出改变。组织网络或许能应对互联网巨头公司的策略，这些公司为了扩大业务范围、满足不断增长的对数据的渴望，热衷于从我们薄弱的人际纽带（朋友的朋友）中榨取利益。[26] 我们该怎么削弱消耗着我们自己的社交生活的趋势？认识网络反对作为不断扩张的潜在客户和同盟世界的"社交"概念，强调以完成事情为目的的紧密人际联系的重要性。企业社交网络通过共享和更新，推进持续的超速增长，而组织网络则专注于进一步发展（实时）协作平台。

组织网络是软件和技术生活中的物质凝聚体，提昆（Tiqqun）称之为"承诺的承诺"（commitment to commitment）。社会行动者知道，在算法中是找不到真相的。算法模型无关紧要，它们唯一的目的是管理世界。组织网络这类概念旨在将如今的数据流结构化，这个提议的（潜在）力量类似于观念艺术，并与我们时代特有的全球网络架构的激烈斗争交织在一起。操作系统需要代码，应用程序、数据库和界面高度依赖抽象概念。这正是科幻作家、哲学家、文学评论家和艺术家能发挥作用的地方。软件不是给定的、从天而降的外星黑箱（即使我们经常有这种感觉）——它是我们身边的技客写出来的。

组织网络的概念明确而简单：它不想进一步利用主流社交网站中的弱人际联系，而强调

26 也可以把组织网络的提议解读为对"卡尔·萨根（Carl Sagan）的德勒兹主义"的回应，正如亚历山大·盖洛威所说："你还记得卡尔·萨根和他对'成千上万的星星'的令人敬畏的颂歌吗？"出自《与大卫·M.贝利和亚历山大·R.盖洛威的对话》（Conversation between David M. Berry and Alexander R. Galloway），《理论，文化与社会》（Theory, Culture & Society），2015年6月。

27 近年来的实验都是偏小型且短暂的，但也都很有趣。比如占领运动期间，以及西班牙 Podemos 党内部对 Loomio 软件的使用，还有德国海盗党的 Liquid Feedback 实验。更多的内容可以参考安雅·阿德勒（Anja Adler）在埃森和柏林对该话题的重要研究，见《新世界学术读本 3：无领袖的政治学》（*New World Academy Reader #3: Leaderless Politics*），乌得勒支，Utrecht，BAK，2013 年。

在有限的参与用户群中进行密切协作。互联网的潜力不应局限在那些以转售我们的私人数据为代价、供我们免费使用的公司平台，它们向你提供成熟的信息谷仓，供国家安全局掠夺。组织网络既不是先锋队，也不是只关心自己的细胞，而强调"器官"。"器官"指的不是回归自然或退回到（社会）身体的态度，也不是指亚里士多德的六卷本的《工具论》（*Organon*）一书，更不是指"无器官的身体"这一概念（或者齐泽克对这一概念的颠倒）。组织网络的"器官"是一种社会技术设备（social-technical device），可以通过它开发项目、建立关系、进行干预。我们讨论的是软件文化和社会欲望的结合。这二者的关系的关键点是算法架构的问题，许多激进运动在很大程度上都忽视了这一点。他们似乎毫无顾忌地采用了脸书、推特和 Google+ 等受商业目的驱动、在政治持妥协态度的社交媒体平台。

至于我们中的实用主义者伙伴，我们可以想象一种能和协助动员的出版或社会运动平台一起运作的新一代工作组软件。我们目前还缺少以完成任务为目标的小型决策应用程序，它能提供类似聊天的环境，能摆脱那些专为电脑的大屏幕设计的复杂论坛软件。目前在这一领域占据主导地位的是谷歌，包括 Google+ 和 Writely 软件（可惜它被谷歌收购了，更名为 Google Docs）。

与大卫·格雷伯等参与了美国占领运动的人不同，我并不痴迷于"民主"问题。比起共识的仪式，我更喜欢探索决策软件，我相信一场运动应该鼓励而不是害怕争议。[27] 一场运动是否分裂不是目前最重要的问题，我们应记住，分叉（forking）正是社会技术基础设施扩展和改进的方式。我们提倡的并不是进一步实验整体论的社区模型和它的治理方案。组织网络是我们时代特有的东西，因为它们正在努力摸索一些方法，使技术能渗入团体的动力学。组织化网络扭转了社交的流程，直接从网络层面出发。这个网络并非1970年代意识形态所说的自发、自下而上的团体联盟，而是表现为日常社会生活的主导形式。一个有意思的问题是，各个组织网络是如何彼此关联，又是如何与其他组织形式关联起来的？但只要组织的轮廓还模糊不清，这个问题就无法得到妥善处理。我们必须在这个基本层面上更好地理解正在发生的、可能发生的事情。格雷伯写道："如果可能的话，最好是在工作组、亲密团体和集体这一类小型群体中做决定。活动的发起应当是自下而上的。在不会造成什么伤害的情况下，一个人不需要其他人的授权，甚至不需要大型集会（也就是每个人）本身的授权。"[28]

我们需要对人们所谓的网络"生机论冲动"（vitalist impulse）提出合理的批判。应当质疑"社会结构是突然产生的"这一假设。不存在涌现（emergence），不存在无摩擦的生成，只有尝试和错误，目的在于达到群聚效应，然后建立联盟，把单独的行动像滚雪球一样汇集成更大的事件。这些柏格森式的比喻似乎暗示着，运动必须从内部解放能量：解放内部的欲望，以连接进更大的移动集群中。社会运动往往使我们（尤其是参与度最高的人）感到惊讶。与其驳斥"涌现"的概念，不如从历史角度制定特定的政治结构，比照着40年前动荡的时代（流行文化和女权运动、占屋、武装斗争、去殖民

28 大卫·格雷伯，《民主计划：历史，危机与运动》（The Democracy Project: A History, a Crisis, a Movement），纽约，Spiegel & Grau，2013年，第78页。

29 译注：彩虹联盟是一个活跃于 20 世纪 60 年代末和 70 年代初的联盟，由黑豹党的弗雷德·汉普顿在伊利诺伊州的芝加哥成立。

30 根据新闻网站 Mashable 的报道，推特于 2009 年 11 月起将标语从"你在做什么？"（What are you doing?）改为"有什么新鲜事？"这一转变"表明推特已经成长得远远超出它最初希望汇集的更个人化的状态更新，转变为一种始终连线的、来源不可知的信息网络"。

化、日益增长的环保/核意识的黄金时代），看看还有什么能在现在派上用场。如今的状况与近期历史很不同的是，"彩虹联盟"（rainbow coalition）[29] 的艺术水平很差，曾有人说它是"少数派的拼凑"。现在我们没有"亲密团体"（affinity groups），只有一种基于非正式核心的不稳定网络，以及网络中大多数人之间的微弱联系，尤其是边缘成员之间的联系更弱。

在如今的网络中，我们互相转发着状态。如果分析一下推特的问题"有什么新鲜事？"（What's happening?）便会发现事件被当成了给定的。[30] 推特公司假设，我们生活中总会有可以谈论的事件发生，无论多么小。营销专家感兴趣的也是这种闲谈。我们既不追寻事件的根源，也不会解构那种将发生的事情塞进"新闻"类别下的迫切需求。微博的服务可以改提"该怎么办？"（What's to be done?）这种策略问题吗？它的设计会是什么样？关键是，要在软件层面实施所谓的"公开阴谋"（open conspiracy）。

与其假设存在着一场运动，不如说是存在着许多核心、细胞和小型结构，它们努力推动着事情展开。这些群体往往是在不同位置、不同背景下运作，几乎不了解彼此。但有一点可以肯定：他们的工作没有什么英雄色彩。我们无法预测他们的努力将走向何方。自 1970 年代以来，网络造事是发起和运营运动最重要的第一步。这种草根方法与地方背景下的直接民主理念紧密相关，与之相对的，通常是"峰会跳"（summit hopping）的附加模式，比如全球正义运动（Global Justice Movement）所做的——在全球精英自己的领地里，在 G8 峰会、G20 峰会、欧盟大会、国际货币基金组织和世界银行大会上，向他们发起挑战。这种做法构成了一种间歇性的短暂反抗，网络协调只发生在事件进行期间（如 2005 年巴黎、2011 年伦敦的暴动和 2015 年 3 月反对在法兰克福开设欧洲央行总部的封锁占领运动［Blockupy protests］[31]）。2011—2013 年的一波抗议浪潮可以说是一种更混杂的模式，它们包含了上述两种抗议形式的要素。它们的行动旨在影响地方或国家，但我们也能很容易看到它们在全球范围内的影响。目前，社会运动的规模扩展迅速（部分原因是在动员期间使用了社交媒体），但是作为街头的一群人，他们瓦解的速度也一样快。

31 封锁占领（Blockupy）是欧洲的一个宽泛的网络，汇集着各种社会运动活跃者、替代模式主义者（altermondialists）、移民、无业者、流动劳工和工业工人、党员、工会成员等。我们想一起使我们的斗争和力量超越国界线，创造一场团结在多样性名下的共同的欧洲运动，它将打破紧缩的统治，开始自下而上地建立民主和团结。作为跨国运动，我们明确反对一切种族主义、民族主义或反犹主义企图，以及一切对世界的阴谋论解释。

无领袖的事件

将目前有关组织的辩论与联邦德国水平主义者"Spontis"进行对比，会很有帮助。水平主义者（horizontalists）反对那种他们自上而下的先锋队战略。Spontis 相信小型地方组织的力量，这些组织会在各种不同背景下出乎意料地出现，每次都使用不同的名字，也没有发言人。如今，集群的大众自发产生，消费 - 自由主义共识不再能轻而易举地编制他们。但起义似乎也不再是由一小撮（无政府主义）激进分子"发起"的。目前的起义很难预测，通常也没有明确的意识形态议程。2013—2014 年在基辅举行的亲欧盟示威（Euromaidan）是一个突出的例子：起义者来自各个派别，从无政府主义者、市民社会中产阶级自由派，到好战的民族主义者和法西斯主义者无所不有。在这种情况下，滚雪球

32 亚当·科提斯（Adam Curtis）在他2002年的纪录片系列《自我的世纪》（*Century of the Self*）中，极好地解释了个体（individual）位置的变化：从群众中的一员、可能会有危险（随时会崛起、发动袭击）的暴民中毫无吸引力的匿名成员，到不再关心周围的人的处境的孤立、内向的消费者。这一文化转型，与大众心理学学科中文化悲观主义的消失是同步的，这种悲观主义被（社交）媒体的营销技术的科学实证主义取代了。

33 见埃利亚斯·卡内蒂的人群结晶化理论（crowd crystal theory），《人群与权力》（*Crowds and Power*），伦敦，Penguin Press，1981年，第85-87页："人群结晶体是一小群坚定的人，他们被严格地界定、目标坚定，加速着人群的形成。……他们的同一性比规模更重要。"卡内蒂评论说，人群结晶体是一贯的，它的规模一直不会变。

般的网络效应压倒了组织能力。通过荒谬和戏谑的干预来"打破"传统意义的讽刺性策略已经不再能引发事件了。媒体本身已经提供了足够的矛盾材料去创造"一千零一个事件"的辩证连环，但这并不重要。压倒性的证据呈现在我们面前。数据或大或小都没关系。群众意识已经存在，工作已经做好，辩论已经展开，问题一次次地被指认出来。现在缺少的，是以另外一种更可持续的方式组织教育、住房、通信、交通和工作的集体想象力。

在"前西方"，人群已不再是威胁。它充其量是个狂欢的象征、社会摩擦的信号（但是哪些摩擦呢？）。我们都是这个自我世纪（The Century of the Self）的产物。[32] 无论抗议者大型集会的景象多么强有力，但它总还包含着为个人消费而制造的娱乐成分。对许多人来说，暴乱是一种极端的运动形式，对抗着移动监控设备支持下的警察军队混合体。除了暴力以外，这里的问题是该如何构建在后台运作的非事件的组织形式，从而在诸多事件之间建立可能的桥梁。"结晶体"（crystals）依然是事件的原因吗？[33] 如果答案是肯定的，那么我们就要创造一个、两个、多个结晶体，而不再一味等待时代精神的改变。

互联网文化中的领导问题很主要。在这里，名声并不那么重要。事实证明，维基解密的朱利安·阿桑奇采用的以名人为中心的单人组织（Single Person Organization）模式是灾难性的，它类似于封闭的"阴谋集团"，这也是维基百科停滞不前的主要原因。另一种不那么有争议的是轮换调控模式（rotating moderation models），如 Empyre 一类的电子邮件列表，还有由用户运作的"积分"（karma）投票系统，如 Slashdot。新闻阅读器"黑客新闻"也用到了类似的系统来权衡技客论坛网站上帖子的排名。但到目前为止，还没有哪种投票或调控系统在艺术家和社会行动人士的圈子里受到欢迎。相反，我们大多数人更愿意以点赞和转发的形式，给脸书和推特投票。

目前另一个问题是政治需求的缺席。在目前的技术环境下，社交媒体并不注重设计一种透明技术，来为议程制定、政策的话语准备和决策程序服务。大卫·格雷伯写道："我们设想不到，如果自由的人能不受约束地运用想象力来实际解决集体问题，而不是让状况变得更糟的话，将会出现怎样的组织或者技术。"[34] 很明显，这个问题不能局限在多样性困局和实际存在的利益分歧上。在线的缺席他者（Online Absent Other）的（潜在）影响，与社会运动和组织化网络二者都有关。认为不能亲自到场的其他人也不仅能见证事件，还能掌控事件的进展的主张，这种观点不仅政治正确，也会让人人都觉得欣慰。《全球之声》（Global Voices）的卡梅伦·阿什拉夫（Cameran Ashraf）表示："我相信，与和你没有联系的事物如此紧密地联系在一起，会使你的心灵深感不安。迟早有一天，你的头脑会意识到观看、阅读和生活完全是两回事。等到那一刻，你会'下线'（go dark），然后消失。"

解密项目和其他项目一样，面临着需求、执行和联系的问题。2013 年 9 月，在爱德华·斯诺登／国家安全局丑闻爆发三个月后，斯拉沃热·齐泽克在《卫报》上写道："我们需要一

34 见格雷伯，《民主计划》（*The Democracy Project*）以及卡里发·桑内（Kelefa Sanneh）在《纽约客》上的书评。

35 斯拉沃热·齐泽克，《爱德华·斯诺登、切尔西·曼宁和朱利安·阿桑奇：我们的英雄》（Edward Snowden, Chelsea Manning and Julian Assange: our new heroes），《卫报》，2013 年 9 月 3 日。

种新的国际网络来组织保护解密者和他们的消息的传播。"[35] 我们会注意到，齐泽克用上了这里讨论的两个核心概念：一个网络，并且这个网络能进行组织。一旦我们都同意了这项任务，就有必要进一步推进讨论，在组织层面仔细考察这一恰逢其时的尝试。

现在，维基解密有很多一次性的克隆版本，但只有巴尔干解密（Balkan Leaks）和全球解密（Global Leaks）等部分网站得以幸存。就如何构建运行良好的匿名提交网关来说，我们仍有技术争论没有解决。我已经明确表示，维基解密本身是个反面教材，这是由于对维基解密创始人兼总编朱利安·阿桑奇的个人崇拜，他失败的合作与争吵的记录令人印象深刻，更别提那场导致他自愿一直躲藏在伦敦厄瓜多尔大使馆的不合时宜的"性别戏剧"了（这在黑客圈并不少见）。除了这场有关管理（governance）的争论外，我们还需要进一步探讨在这种背景下，网络模式究竟还需要什么。维基解密始终不敢迈出按照不同民族国家或语言区，在各国设立分支这一步。

正如齐泽克所说，运营一个虚拟的全球倡议网络似乎很迷人，因为它具有成本效益高、灵活性强的特点，但小规模的单人组织也使各方面的游说和新联盟的建立变得困难。现有国家数字民权组织的网络应当在这里发挥作用，但它们目前还没有做什么。另外也需要讨论，为什么像美国电子前线基金会（Electronic Frontier Foundation）、欧洲数字权利网络（European Digital Rights network）或者德国混沌计算机俱乐部（Chaos Computer Club）这样的数字民权组织，至今还没有建立一个有吸引力的阵营，让艺术家、知识分子、作家、记者、设计师、黑客和其他非常规人员在保持各自差异的同时，能够协调努力。可以说透明国际（Transparency International）和记者工会也面临同样的质疑。倡导者的 IT 性质似乎使现有机构很难承担起维护并参与这种新形式行动主义的任务。2013 年 6 月，解密者爱德华·斯诺登对国家安全局信息的披露，为建立新的联盟提供了机会，这一次，格兰·格林沃德（Glenn Greenwald）、劳拉·珀特阿斯（Laura Poitras）、雅各布·阿佩尔鲍姆（Jacob Appelbaum）等人实现了更好的协作，他们一起分析资料，并通过西方主流媒体（从《卫报》到《镜报》[*Der Spiegel*]）将文件发布出来。

伴随着大众网络设备的发展，主流社交媒体平台几乎都有能力扩大规模，但它们依然存在问题，其中许多问题是我们熟悉的：通信安全（潜入、监视和故意无视隐私）、通信的逻辑或结构（朋友间的聊天与你自己订阅的云端信息会混在一起发送新消息通知），和"免费劳动"的经济（用户生成的数据，或"价值的社会生产"）。社交媒体架构有鼓励消极攻击行为（passive-aggressive behaviour）的倾向。用户保持安全距离监视别人的举动，同时不断微调着嫉妒的程度。我们可以很容易地更新个人资料，告诉全世界我们在做什么。在这种"分享"文化中，我们能做的只有展示我们虚拟的同理心。组织化网络彻底打破了更新与监控的逻辑，它把注意力从观察和跟踪分散的网络，转向一起完成事情上。

自治、自组织和集体财产，这些价值观念让我们不合时宜的"太空船"能继续飘浮，确保我们能将友善延续至下一代人。但我们也知道，当对替代性空间的管理本身成为目标时，会产生无聊、重复和例行公事的危险，最后将不可避免地走向衰败。重新规划争议空间（contested spaces）不是解决当前问题的正确方式。人们通常认为，动手参与修整工作是摆脱日常烦恼的最佳方法，但实际上并非如此。在过去的 10 ~ 15 年间，我们面临着"社会交往"本身的变化。如果人们不再经常聚到一起，我们还需要集体空间吗？一旦你走出身份政治的死路和虚无主义的"无所谓"态度，一系列新的问题就会显现，等着被解决。当艺术家主要的工作都要用电脑完成，他们未来的工作室会是什么样子？我们该如何参与替代性货币问题的辩论和设计工作？为什么在没有人阅读，书店纷纷倒闭的情况下，图书馆和咖啡馆却如此受欢迎？在理查德·桑内特、伯纳德·斯蒂格勒和彼得·斯洛特戴克的启发下，一种不迷恋复古的未来工艺品将是怎样的？未来具有颠覆性的职业是什么？我们能不能突破对可持续性的呼唤，将数字与社交充分融合进城市组织中？能不能提出替代优步、airbnb 和"星巴克办公室"模式的激进方案？该如何发明出新型生产力，它能超越破败的服务经济的低收入（McJobs）模式？

与其一味关注（自我）管理的世界中的恶化趋势，不如抛弃阴云不散的忧郁、打破与过去亚文化的可见残余相关的压抑心态，看看怎么才能重建社会了。给我们看看你的设计吧。协作该是什么样的？我们说的分散式和邦联是什么意思？要想实现重建社会的目标，我们需要迈出激进的、对某些人来说有些令人不快的一步：要意识到如今的社会交往是技术性的。尽管阅读政治经济学也能得到有趣启发（流动性、中产阶级衰落、贫困和工作全球化），但从组织的角度来看，也必须考虑到媒体形式和网络架构。

我在这里提出的问题是，该如何创建在后台完成工作的非事件性组织形式。如果说群众"结晶体"、列宁主义小核心、托洛茨基主义秘密小组和其他先锋的社会形态无法再作为原因产生事件，我们大概不得不彻底摆脱因-果的思维方式。具有自动生成的强烈情感（auto-generated intensity of affect）的景观，与组织的时间（Time of Organization）背道而驰。不同层次和兴趣之间复杂而含混的协调战胜不了迷因的实时传播。组织化网络回应着算法的通用解决方案，也不断发展。我们为反对聚合、增值和规模化而组织起来，我们想实现的是系列性（seriality）而不是规模，我们自愿和病毒式模式保持距离，这种模式必然会在抛售的反弹和首次公开募股（Initial Public Offering，这是网络公司时代的"杀虫剂"，指公司成立几个月后就进入股票市场）的时候达到顶峰，导致管理层收购（management buy-outs）和第一波裁员。要当心：你还能经受多少次友谊破裂，就会没有朋友？没有多少次了。越来越多的运动都取消了领袖，发展得也很好。

回顾最近的动荡，我们会看到"社交媒体"活动的爆发。从塔里尔到塔克西姆、从特拉维夫到马德里、从索菲亚到圣保罗和美国的黑人生命平权运动（Black Lives Matter），这一系列活动的共同点是交流达到了巅峰。但在最初的兴奋过后，它们很快就消失了，一同消失的还有驱动事件社会（Society of the Event）的节日经济。另外，这里还存在一个特殊的反馈回路，即事件的紧迫性与主流媒体的 24 小时新闻循环捆绑在一起。一旦事件景观中有新闻价值的内容被滤去，政治激情的协调似乎就迷失了方向。推特、脸书等公司社交网络平台在传播谣言、转发图片和报告、评论现有媒体（包括网络）等方面卓有成效。但无论街头的事件有多激烈，它们往往都无法突破"短期关系"。它们建立的临时自治空间似乎更像是节日，是一种无法产生后果的反抗。

人们对以事件为中心的运动越来越不满。如何达到群聚效应的问题在此至关重要。与其将列宁主义的政党模式与无政府 - 水平主义的大型集会庆祝进行对比，组织网络的提议是，不如将总的网络化智慧融入关于组织的辩论中。有关马克思与巴枯宁的争论已经过去了150 年，现在是时候将科技融入社会组织，而不再把计算机和智能手机看作外来的工具了。和大多数网络应用一样，组织化网络模式也有个奢侈的问题：它可能无法应对参与其中的数以千（万）计的用户。这是事件和历史占据主导地位的例外状况，我们经历了短暂的超技术（extra-technological）时刻。但这只是例外。未来几年我们要重点关注间隙的时刻（time in between），关注那些足够在现场建立可持续的网络、交流思想、设立工作组，实现不可能的事情的较长间隔。

今天的起义不再是在背后大规模组织准备的结果，也不再产生新的"牢固联系"网络。剩下的只有一种共同的感受：又一代人诞生了。尽管一些小团体已经花了许多年处理这一问题，但他们的努力通常集中于倡议工作、规划运动，以及做传统的媒体工作，或者组织那些直接受到实地危机影响的人——这项工作很重要，但它并没有为大规模暴动（the Big Riot）做准备。

当世界似乎处于永恒的流变中，渴望可持续的组织形式是不是太过分了？据我们所知，不稳定是劳动和生活的特点。意识形态已经运转了几十年，社会行动者的政治网络也是如此。我们至多可以说，一系列出乎意料的的临时联盟产生了。我们可以抱怨说社交媒体导致了孤独，但如果不彻底重新审视社交媒体架构，这种社会学观察很容易变为怨恨的形式。如今，以社交媒体批判的形式呈现出来的东西，往往会让用户产生负罪感，于是这些用户除了回去找脸书上的那些老"朋友"或推特上的"关注者"之外，再无别的选择。这个世界上除了自我提升和赋权以外还有很多其他事情可以做。网络架构需要从以用户为中心的进路，转向受保护模式下的任务相关设计（task-related design）。

我们首先要观察到，齐泽克关于阿桑奇、曼宁（Manning）和斯诺登的名单中少了匿名者。尽管遭遇了几次挫折，匿名者仍然是一种揭露秘密并公开它们的有效的分散式尝试，它打破了新自由主义的假设，这种假设把个体看作出于主观冲动破解密码以公开敏感材料的英雄。匿名网络的一大优点是，它们摆脱了印刷和广播媒体的传统逻辑，这些传统媒体需要将故事个人化，创造一个又一个名人。不只是Lulzsec[36]，匿名者的数量也很庞大。

在尚塔尔·墨菲 2013 年的著作《论冲突：政治地思考世界》（*Agonistics：Thinking the World Politically*）一书的结尾处，她呼吁社会运

36 译注：LulzSec 是 2011 年出现的一个黑客组织，因在两个月内成功袭击了中央情报局、美国参议院、任天堂、索尼等多家机构而名声大噪。他们发起称为"反安全行动"的计划，目标是整个计算机安全工业。2011 年 6 月中旬，LulzSec 宣布停止攻击，另一个黑客组织匿名者（Anonymous）接替了他们发动新一轮攻击。

37 尚塔尔·墨菲，《论冲突：政治地思考世界》，伦敦/纽约，Verso Books，2013 年，第 127 页。

动和政党派系"在各种形式的干预之间建立协同。这样做的目标是共同发动一种对抗新自由主义的反霸权攻势。对自发主义和水平主义的浪漫化该结束了"。她呼吁社会活动人士，要"接受成为进步性'集体意志'的一部分，这种集体意志参与到'立场之争'（war of position）中，以将民主机构激进化，建立新的领导权"。[37] 这种以权力为目标，并要求领导权的说法似乎是策略性的，但它没有谈到运动的民主化所需的技术（与网络）。在我们匆忙地结成联盟之前，需要先想好该如何增强运动本身的适应性，使它有能力重整旗鼓、重新登台。

网络本身不是目标，它应当从属于组织性的目的。基于互联网和智能手机的通信一度新颖而令人兴奋，它带来了一些消遣（distraction），但消遣本身也正变得无聊。与群组相比，网络的积极面仍然是它开放的架构。它仍需"学习"的是该如何在变得过大的时候拆分或分叉。智能软件可以帮助我们切断连接、关闭对话和删除群组（一旦它们的任务完成）。在不断寻求社会交往的转变的过程中，我们永远也不必害怕结束派对。

图书在版编目（CIP）数据

社交媒体深渊：批判的互联网文化与否定之力 /
(荷) 基尔特·洛文克 (Geert Lovink) 著；苏子滢译
. —重庆：重庆大学出版社，2020.8
（腮红猫丛书）
书名原文：Social Media Abyss: Critical
Internet Cultures and the Force of Negation
ISBN 978-7-5689-2284-5

Ⅰ.①社…　Ⅱ.①基…②苏…　Ⅲ.①互联网络—传
播媒介—研究　Ⅳ.①G206.2

中国版本图书馆CIP数据核字（2020）第114821号

社交媒体深渊
批判的互联网文化与否定之力

SHEJIAO MEITI SHENYUAN

PIPAN DE HULIANWANG WENHUA YU FOUDING ZHI LI

[荷] 基尔特·洛文克　著
苏子滢　译
黄孙权　校译
策划编辑：贾　曼　陈　康
责任编辑：贾　曼　　　书籍设计：偏飞设计事务所
责任校对：张红梅　　　责任印制：张　策

*

重庆大学出版社出版发行
出版人：饶帮华
社址：重庆市沙坪坝区大学城西路21号
邮编：401331
电话：（023）88617190　88617185（中小学）
传真：（023）88617186　88617166
网址：http://www.cqup.com.cn
邮箱：fxk@cqup.com.cn（营销中心）
全国新华书店经销
重庆市正前方彩色印刷有限公司印刷

*

开本：890mm×1168mm　1/32　印张：10.375　字数：323千
2020年8月第1版　　2020年8月第1次印刷
ISBN 978-7-5689-2284-5　　定价：58.00元

版贸核渝字（2020）第 168 号